"十四五"职业教育国家规划教材

酒店管理与数字化运营专业新形态一体化系列教材

现代饭店管理

（第五版）

主编 朱承强 童俊 王晨

中国教育出版传媒集团

高等教育出版社·北京

内容提要

本书为"十四五"职业教育国家规划教材，也是新形态一体化教材。本书围绕现代饭店的运营过程，从饭店的战略模式与选择、投资与决策分析、组织与机构设置、市场营销策划与实施、收益管理方法与技巧、服务质量测定与控制、人力资源开发与管理、绩效评价体系与分析及饭店管理的数字化运营等方面系统地介绍了现代饭店管理的原理、内容和方法。本书充分体现了系统性、实用性和创新性的特色。同时，根据教学和企业应用的实际需要，在本书中融合了职业教育新政策和行业新趋势，以及丰富真实的实践案例。

本书配套建设丰富的数字化教学资源，可通过扫描二维码进行在线学习，提升学生学习兴趣，助力学生在学习的同时进行多元化能力的提升。本书可作为高等职业教育专科及本科酒店类等相关专业的教材，也可作为1+X现代酒店服务质量管理职业技能配套教材（高级），还可作为从业人员的业务参考书。

教师如需获取本书授课用PPT、电子教案、习题答案等配套资源，请登录"高等教育出版社产品信息检索系统"（https://xuanshu.hep.com.cn/）免费下载。

图书在版编目（CIP）数据

现代饭店管理 / 朱承强，童俊，王晨主编. -- 5版. -- 北京：高等教育出版社，2025.4. -- ISBN 978-7-04-062962-0

Ⅰ. F719.2

中国国家版本馆CIP数据核字第2024W9J545号

Xiandai Fandian Guanli

策划编辑	陈 瑛	责任编辑	张 卫　张曦卓	封面设计	王 琰	版式设计	明 艳
责任绘图	黄云燕	责任校对	刘丽娴	责任印制	存 怡		

出版发行	高等教育出版社	网　　址	http://www.hep.edu.cn
社　　址	北京市西城区德外大街4号		http://www.hep.com.cn
邮政编码	100120	网上订购	http://www.hepmall.com.cn
印　　刷	河间市华新印业有限公司		http://www.hepmall.com
开　　本	787mm×1092mm 1/16		http://www.hepmall.cn
印　　张	16	版　　次	2003年8月第1版
字　　数	350千字		2025年4月第5版
购书热线	010-58581118	印　　次	2025年4月第1次印刷
咨询电话	400-810-0598	定　　价	59.00元

本书如有缺页、倒页、脱页等质量问题，请到所购图书销售部门联系调换
版权所有　侵权必究
物　料　号　62962-00

第五版前言

党的二十大对加快建设网络强国、数字中国作出一系列新部署,指出要加快发展数字经济,促进数字经济和实体经济深度融合。当前,中国已进入数字化发展的时代,数字化技术在饭店业的运用日益广泛。本教材自出版以来,获得全国广大院校和饭店业界同行的广泛认可,先后四次修订再版,已累计发行二十多万册,先后入选"十二五""十四五"职业教育国家规划教材,也是上海市级精品课程和国家级精品课程配套教材,并曾先后荣获上海市高校优秀教材二等奖和全国首届旅游专业优秀教材奖。

高科技、高效能和高质量是新质生产力的三个基本特征。在本教材的修订过程中,携手华住集团共同打造教材,增加了"饭店管理的数字化运营"一章内容,并在基本保留原书体例基础上,补充了许多来自一线的饭店经营管理案例,力图体现在数字化的背景下,饭店业在新质生产力方面的实践探索。

同时,本次修订有机融入 1+X 职业技能等级证书的有关要求,将院校的"知识体系"架构与行业的"技术技能"要求相结合,以更好地推进"课证融通"的实施与普及。

本次修订参阅了国内外的相关教材和资料,在此谨向有关文献的编著者表示感谢。同时感谢参与本次修订的编委会成员:上海杉达学院管理学院继续教育中心主任陈维勇、副主任冯海霞,上海旅游高等专科学院餐饮管理专业主任杨瑜、华住集团研学中心总监管宁、培训高级经理于铭汇、培训经理翁馨。最后,也由衷地感谢高等教育出版社和本书责任编辑的大力支持与帮助。由于作者水平有限,本书中不妥或疏漏之处,诚望同仁和广大读者不吝赐教。

编者
2024 年 5 月于上海杉达学院

第一版前言

我和上海旅游高等专科学校常务副校长余炳炎教授于20世纪90年代合作编写的《现代饭店管理》一书自出版以来,已累计发行7万余册,广泛用于高等院校旅游与饭店管理专业的教学,受到社会普遍好评。进入21世纪,随着服务经济时代的到来和我国加入世界贸易组织,传统的饭店经营理念、管理哲学、营销方法和服务手段,正面临全面挑战,发生重大变化。为了能更好地反映饭店业发展的现状和趋势,以及现代管理理论、技术和方法在饭店管理中的应用,以便更好地适应各类旅游高等院校饭店管理专业的专业教学和行业培训的需要,本书根据教育部普通高等教育"十五"国家级规划教材(高职高专教育)的要求,注重吸收中外饭店管理的最新研究成果,注意贴近饭店经营管理的实践,力求体现系统性、创新性和实用性三大特色。

本书根据"观念是先导、战略是方向、组织是基础、决策是关键、营销是龙头、质量是生命、人才是核心、效益是根本、创新是灵魂"这九大现代饭店经营管理的主题,构筑框架体系,内容包括概论、现代饭店的经营理念与实践、饭店经营战略的选择与实施、饭店的组织结构与管理体制、饭店投资决策的内容与方法、饭店市场营销的策划与实施、饭店服务质量的测定与控制、饭店人力资源的开发与管理、饭店经营绩效的分析与评价等。本书内容曾多次在上海旅游高等专科学校饭店管理专业、全国旅游饭店管理专业证书班、全国旅游饭店总经理、部门经理岗位职务培训班等讲授,得到较高评价,被普遍认为具有理论与实际、系统与创新相结合的特点。

为了适应高职高专教学模式的改革,本书在编写体例和编排形式的设计上,从有利于素质教育和能力培养的角度出发,做了一些尝试。例如,在各章标题之下,列出本章的"学习目标",便于学员掌握学习的主动权;又如,为了使学员真正理解并灵活运用现代饭店经营管理的基本理论、基本原则和基本方法,在某些重点章节内附有"案例研究",以便组织学员进行讨论与分析。再如,各章最后都列有"本章小结",目的在于使学员对本章内容有一个完整、系统的理解。紧随其后的"问题讨论",其目的则在于启发学员思考、理解和运用本章"学习目标"中所要求掌握的基本内容。另外,结合每章主题附有饭店经营管理实例,这些资料部分来自中外成功饭店经验的汇编,部分源于作者参与饭店管理咨询的成果浓缩,既有助于学员加深对本书内容的理解,也不失为饭店行业管理人员的有益参考。

在本书的编写过程中,参阅了国内外同行的有关教材和资料(参考文献见书后),在此谨向有关文献的编著者表示感谢。同时,我也由衷地感谢高等教育出版社的大力支持和赵洁编辑等的帮助,正是由于他们的辛勤工作,使本书能以一种新的风格及时问世。

由于作者水平有限,本书中不妥或疏漏之处,诚望国内同仁和广大读者不吝赐教。

朱承强
2003年3月于上海旅游高等专科学校

目录

第一章 概论 / 001
学习目标 / 001
第一节 饭店的基本概念与类型 / 002
第二节 中外饭店业的发展历史 / 009
第三节 饭店的经营理念与实践 / 016
本章小结 / 026
赛证直通 / 026

第二章 饭店的战略模式与选择 / 029
学习目标 / 029
第一节 饭店基本战略的内容与特点 / 030
第二节 饭店发展战略的模式与选择 / 033
第三节 饭店竞争战略的模式与运用 / 036
本章小结 / 041
赛证直通 / 041

第三章 饭店的投资与决策分析 / 043
学习目标 / 043
第一节 饭店筹资的方式与策略 / 044
第二节 饭店投资的可行性研究 / 049
第三节 饭店的决策分析与技术 / 060
本章小结 / 068
赛证直通 / 068

第四章 饭店的组织与机构设置 / 071
学习目标 / 071
第一节 饭店组织设计的原则与程序 / 072
第二节 饭店组织结构的类型与层次 / 076
第三节 饭店的机构设置与组织制度 / 081
本章小结 / 086
赛证直通 / 086

第五章 饭店市场营销策划与实施 / 089

学习目标 / 089

第一节　饭店市场营销分析与策划 / 090

第二节　饭店市场营销任务与策略 / 099

第三节　饭店市场营销模式的创新 / 116

本章小结 / 123

赛证直通 / 123

第六章　饭店收益管理方法与技巧 / 125

学习目标 / 125

第一节　饭店收益管理的基本概念 / 126

第二节　饭店收益管理的主要方法 / 136

第三节　饭店收益管理的实战技巧 / 144

本章小结 / 152

赛证直通 / 152

第七章　饭店服务质量测定与控制 / 155

学习目标 / 155

第一节　饭店服务质量要素与属性 / 156

第二节　顾客满意度的调查与分析 / 161

第三节　服务质量管理理念与方法 / 168

本章小结 / 179

赛证直通 / 180

第八章　饭店人力资源开发与管理 / 181

学习目标 / 181

第一节　饭店人力资源的规划 / 182

第二节　饭店人力资源的开发 / 189

第三节　饭店人力资源的管理 / 195

本章小结 / 203

赛证直通 / 204

第九章　饭店绩效评价体系与分析 / 205

学习目标 / 205

第一节　饭店绩效评价系统的建立 / 206

第二节　饭店绩效评价的指标体系 / 208

第三节　饭店绩效评价指标的分析 / 214

本章小结 / 224

赛证直通 / 225

第十章　饭店管理的数字化运营 / 227

学习目标 / 227

第一节　饭店管理的数字化运营概述 / 228

第二节　饭店经营管理的数字化应用 / 232

第三节　饭店顾客体验的数字化应用 / 237

本章小结 / 239

赛证直通 / 239

参考文献 / 241

二维码资源目录

二维码对应资源	页码	二维码对应资源	页码
视频：饭店的基本概念与类型	002	视频：饭店市场营销分析与策划	090
资料：中国旅游星级饭店评定标准	005	资料："爱干净，住汉庭"	099
资料：汉庭"洗好澡、睡好觉、上好网"	006	视频：饭店市场营销任务与策略	099
资料：武汉洋行漫心府	007	视频：饭店市场营销模式的创新	116
资料：长隆熊猫酒店	008	视频：数字酒店之会员管理	118
资料：莫干山民宿	009	资料：华住会	119
视频：饭店的发展史	009	在线练习5	123
资料：法国雅高酒店管理集团	012	视频：饭店收益管理的基本概念	126
视频：饭店管理的内容与经营理念	016	资料：国内外知名在线旅游服务平台介绍	132
资料：锦江集团的经营管理特色	026	视频：饭店收益管理的主要方法	136
在线练习1	026	视频：饭店收益管理的实战技巧	144
视频：饭店基本战略的内容与特点	030	在线练习6	152
视频：饭店发展战略的模式与选择	033	视频：饭店服务质量要素与属性	156
视频：饭店竞争战略的模式与运用	037	视频：顾客满意度的调查与分析	161
在线练习2	041	视频：服务质量管理理念与方法	168
资料：酒店集团企业战略	042	资料：饭店的服务补救	173
视频：饭店筹资的方式与策略	044	资料：慢下来的旅途，在艺术范与烟火气之间	177
视频：饭店投资的可行性研究	049	在线练习7	180
视频：饭店的决策分析与技术	060	视频：饭店人力资源的规划	182
在线练习3	068	资料：数字化运营赋能酒店人效提升	187
视频：饭店组织设计的原则与程序	072	视频：饭店人力资源的开发	189
视频：饭店组织结构的类型与层次	076	视频：饭店人力资源的管理	196
视频：数字化酒店组织架构	080	在线练习8	204
视频：饭店的机构设置与组织制度	081	视频：饭店绩效评价系统的建立	206
在线练习4	086	视频：饭店绩效评价的指标体系	208

续表

二维码对应资源	页码	二维码对应资源	页码
视频：饭店绩效评价指标的分析	214	资料：华住集团组织数字化方案	235
在线练习9	225	视频：华住易带教系统	236
视频：饭店管理的数字化运营概述	228	视频：饭店顾客体验的数字化应用	237
视频：饭店经营管理的数字化应用	232	资料：华住数字化宾客体验	239
视频：数字酒店之运营管理	234	在线练习10	239
视频：数字酒店之客房管理	235		

第一章 概论

学习目标

知识目标

1. 理解饭店的定义、特性和作用。
2. 掌握饭店的分类和发展趋势。
3. 了解中外饭店业的发展历史。

能力目标

1. 能分析饭店在不同发展阶段的特征。
2. 能解读饭店经营理念并进行应用。
3. 形成对饭店行业的整体认知。

素养目标

1. 培养职业素养和职业自信。
2. 培养职业习惯和敬业精神。
3. 培养创新思维,适应行业发展变化。

第一节　饭店的基本概念与类型

视频：饭店的基本概念与类型

饭店业是人类最古老的职业之一，其起源可追溯到史前洞穴时期。饭店业伴随着人类社会的发展而不断变化。现代的饭店，就是从中国的驿馆、中东的商队客店、古罗马的棚舍、欧洲的路边旅馆及美国的马车客栈等演变而来的。

在过去的100多年间，随着经济的发展、闲暇时间的增多、交通的完善，饭店业发生了巨大的变化。今天，饭店业已成为全球旅游热中不可缺少的一部分，是商业全球化发展的主力军。饭店业的迅猛发展，会给当地社会的政治、经济、文化等方面带来重要影响，是一个地区整体发展水平的重要标志。

一、饭店的基本概念

饭店（hotel）一词源于法语，原指贵族在乡间招待贵宾的别墅。后来，英、美等国沿用了这一名称来泛指所有商业性的住宿设施。中文里表示住宿设施的名称有很多，如"宾馆""酒店""饭店""旅馆"等。因为我国旅游行政管理部门将现代宾馆、酒店等统称为旅游饭店，所以本书就选用了"饭店"这一规范的名称。在后面章节中，除涉及品牌名称外，统称"饭店"。

（一）饭店的定义

国内外的权威专家曾对"饭店"有过以下定义：

饭店是向旅游者提供住宿、餐饮、购物和娱乐等服务项目的企业。

饭店是指"为公众提供住宿设施与膳食的商业性的建筑设施。"

在中国《旅游饭店星级的划分与评定》（GB/T 14308-2023）的国家标准中，对饭店的定义是："以间（套）夜为时间单位出租客房，以住宿服务为主，并提供商务、会议、休闲、度假等相应服务的住宿设施，按不同习惯可能也被称为宾馆、酒店、旅馆、旅社、宾舍、度假村、俱乐部、大厦、中心等。"

该定义反映了饭店产品具有空间、时间和服务三个基本要素。

第一，"住宿设施"的定义表明，客房及其服务是饭店最基本的必备功能，也是对饭店建筑内空间的一种规定，即客房始终是饭店的主体。

第二，"提供……相应服务"的定义表明，与住宿相配套的其他服务是饭店产品的基本组成因素，也是饭店与单纯房产出租的基本区别。

第三，"以间（套）夜为时间单位出租"的定义表明，饭店产品在具备间（套）等空间要素的同时，具有包括以预订为界限，以过夜为单位的时间要素。

（二）饭店的特性

作为综合性服务企业，饭店的经营活动主要受到以下几个特性的制约。

1. 高额的经营成本

饭店既是资本密集型企业,又是劳动密集型企业。饭店不仅初期投资大,而且具有很高的固定成本。因此,要达到收支平衡,需要很高的客房出租率。

2. 价值的不易保存性

饭店的空房与航班的空座位、未出售的电视广告一样,不能保留。今天的客房没卖出去,今天的价值就失去了。饭店产品作为一种使用的权利,无法像实物产品那样储存起来。

3. 空间的不可转移性

饭店的产品通常是以相应的建筑为依托的,由此决定了饭店无法将自己的产品做空间上的转移。业界专家曾经用"饭店经营成功的三大法宝,一是位置,二是位置,第三还是位置"的说法来强调位置对饭店的重要性。

4. 销量的季节波动性

饭店业是极具季节性的行业,不仅一年中有淡季、平季、旺季,甚至一周、一天中都会有销售波动。航空公司可以通过增加或取消一些航班的线路来调节飞机座位的数量,而饭店不仅有固定的位置,也有固定的客房供应量,销量的季节波动十分明显。

(三) 饭店的作用

饭店的最初功能是为旅途中的人们提供过夜住宿服务。随着人类社会的发展,饭店已成为具有向客人提供住宿、餐饮、购物、娱乐、健身、商务等诸多功能的综合性服务企业,它与旅行社、旅游交通企业一起被称为旅游业的三大支柱,是旅游供给的基本构成要素。现代饭店业的作用,主要体现在以下四个方面。

1. 社交活动的中心

饭店业的发展会给当地社会的政治、经济、文化诸方面的发展带来重要影响,会刺激、促进和活跃当地社会的对外交往、经济发展和文化交流。

2. 提供广泛就业机会

饭店能为社会创造直接和间接就业的机会。按目前中国饭店的人员配备状况,一家饭店的开业,不仅能创造如前厅、客房、餐厅等直接就业机会,同时,又能为相关行业(如饭店设备、物品的生产和供应行业)提供大量的间接就业机会。

3. 促进消费方式变革

饭店业的发展促进了社会消费方式和结构的发展变化。饭店向所在地的居民提供活动的场所,无疑会带来当地人们消费观念和行为的改变,有利于社会经济的发展。

4. 带动相关行业发展

据有关资料统计,一位饭店住客开支的近60%花费在饭店以外的行业,而且住客在饭店消费的物品大多也是社会其他相关行业提供的。因此,饭店业的发展也刺激了其他行业的发展。

二、饭店的分类方法

按照饭店服务对象、规模、等级和计价方式分类,是四种传统的分类方法。根据某些特定标准对饭店进行分类,一是有利于顾客选择,二是有利于饭店的市场营销,三是便于同行业的比较。

(一) 按服务对象分类

根据饭店服务对象的特点,一般把饭店分为商务型饭店、度假型饭店和公寓型饭店三种。

1. 商务型饭店（Commercial Hotel）

商务型饭店也称暂住型饭店（Transient Hotel）。此类饭店多位于城市的商业区,接待商务客人、观光度假客人及因其他原因短暂逗留的客人。这类饭店的顾客,在饭店平均逗留期较短、流动性较大,饭店的服务及设施配备的适应性较广,在饭店业中所占比例最大。为方便商务客人开展各种商务活动,饭店往往为顾客提供各类会议室供商务洽谈之用,有的饭店还提供办公用品、宽带设施等。高档饭店还设置"行政楼层"（Executive Floor）,专门为高级行政人员服务,并在行政楼层配有商务套房和商务中心。

2. 度假型饭店（Resort Hotel）

度假型饭店传统上以接待休闲度假的宾客为主。此类饭店多位于海滨、山区、温泉、海岛、森林等旅游胜地,开设各种娱乐、体育项目,如滑雪、骑马、狩猎、垂钓、划船、潜水、冲浪、高尔夫球、网球等,这是因为,度假地区的景观及其旅游活动的吸引力是一个度假型饭店成功的关键。度假型饭店因易受淡旺季的影响而采取较灵活的经营方式,如实行淡季价、旺季价,拉大价格差距。不少度假型饭店还增设了会议设施,吸引各种会议客人。商务与度假相结合,是度假型饭店的一种发展趋势。近些年来,不少旅游胜地还出现了分时度假型饭店。

3. 公寓型饭店（Apartment Hotel）

公寓型饭店也称长住型饭店（Resident Hotel）。此类饭店一般采用公寓式建筑的造型与布局,适合住宿期较长、在当地短期工作或休假的客人或家庭居住。长住型饭店的设施及管理较其他类型的饭店相对简单,饭店一般只提供住宿服务,并根据顾客的需要提供餐饮及其他辅助性服务。饭店与顾客之间通过签订租约的形式,确定租赁的法律关系。客房多采用家庭式布局,以套房为主,配备适合宾客长住和自理饮食的家具、电器设备和厨房设备。在服务形式上讲究家庭式氛围,在服务特点上突出亲切、周到和针对性。

从发展趋势看,公寓型饭店一是向豪华型发展,服务设施和服务项目日趋完备,如不少大城市的高档酒店式公寓;二是分单元向客人出售产权,成为提供饭店服务的共管式公寓（Condominium）。不少饭店还实行定时分享制,与其他地方相同类型设施的所有者交换使用。

(二) 按饭店规模分类

饭店的规模可以用很多标准来衡量,而按照饭店拥有客房数量来表示饭店规模,是一种传统的分类标准,它在各种衡量标准中最为客观。目前,国际上通行的划分方法是按客房数量把饭店分为大、中、小三种类型。

1. 小型饭店

一般把客房数在 100 间以下的饭店称为小型饭店。在中国饭店业中,小型饭店数约占 56%,客房总数约占 27%。在小型饭店中,顾客较易得到家庭式的服务。但是,由于受建筑设施和经济实力等方面的限制,小型饭店在宣传招徕和综合服务等方面的竞争能力较弱。

2. 中型饭店

一般把客房数在 100~500 间的饭店称为中型饭店。中型饭店的设施相对来说较为齐全,能够提供舒适方便的客房、餐厅、酒吧、康乐设施、健身设施等服务,是一般旅游者理想的休息娱乐场所。在中国饭店业中,中型饭店数约占 43%,客房总数约占 67%。

3. 大型饭店

一般把客房数在 500 间以上的饭店称为大型饭店。在中国,大型饭店数量约占 1%,客房总数约占 6%。大型饭店的设施和服务项目十分齐全,一般有各种大小规格的会议厅、宴会厅、健身设施、康乐设施、酒吧等。大型饭店在宣传招徕和综合服务等方面具有明显的优势,但在经营方面所承担的风险也很大,因此,必须采用先进的设备和科学的管理手段,具备良好的营销能力。

(三) 按饭店等级分类

饭店有着严格的等级划分。饭店等级划分有两种客观的方法:一种方法是用平均房价来衡量,而另一种则是世界通用的等级评定标准。

全世界有近 100 种等级评定系统,不同的国家和地区采用的等级标准不同,用以表示级别的标志与名称也不一样。目前,世界上通用的饭店等级制定与表示方法大致有以下几种。

1. 星级制

星级制是指根据一定的标准把饭店分成的等级用星号(★)表示出来,以区别其等级的制度。比较流行的是五星制,星号越多,等级越高。一般来说,五星级饭店属于豪华饭店;四星级饭店属于高档饭店;一星级、二星级和三星级饭店属于有限服务饭店。

资料:中国旅游星级饭店评定标准

2. 字母表示法

许多国家将饭店的等级用英文字母表示,即 A、B、C、D、E 五个等级,A 为最高级,E 为最低级。有的国家虽采用五级制,但用 A、B、C、D 四个字母表示,最高级用 A_1 来表示。

3. 数字表示法

用数字表示饭店等级的方法,一般最高级用豪华表示,继豪华之后由高到低依次排序为 1、2、3、4,数字越大,档次越低。

三、饭店业态的变化

饭店业在最近几十年发生了重大的变革,传统的分类方法已不足以涵盖今天的饭店业,饭店业正按照新的模式调整自身的结构。目前存在多个权威机构对饭店的分级体系,将饭店划分为星级或奢华、超高端、高端、中高端、中档和经济型;根据饭店提供的服务进行业态分类,则可以分为有限服务型(Limited-service)、精选服务型(Selected-service)、全服务型(Full-service)和民宿。

(一) 有限服务型饭店(Limited-service hotel)

近年来,有限服务型饭店发展较为迅速,世界上规模较大的饭店集团在其品牌系列中几乎都包括了一个甚至多个有限服务型饭店品牌。近十年来,在中国以"汉庭""全季""桔子""锦江之星"为代表的一大批有限服务型饭店日益受到消费者的青睐。

有限服务型饭店就是指提供的服务和设施是有限度的,虽然大多数的有限服务型饭店不包括会议、娱乐和零售设施,但是在提供食品、洗衣和健身设施方面却非常多样化,当然也不是所有的有限服务型饭店都提供餐饮设施和服务。通常这类饭店的房价极具性价比,因此能够为顾客提供更加经济实惠的住宿选择。这种类型的饭店适合不介意较少服务选择、寻求性价比的顾客。例如,商务顾客可能更关心饭店的位置和价格,而不是饭店提供的额外服务。

连锁有限服务型饭店通过标准化的产品设计降低建造成本,通过标准化配置饭店设施和服务减少劳动成本,并且通过精心选择饭店的地段、适当降低客房面积标准,从而获得良好的经济效益。

汉庭"洗好澡、睡好觉、上好网"

资料:汉庭"洗好澡、睡好觉、上好网"

许多人对经济型酒店的记忆,是从汉庭开始的。2005年,汉庭的第一家酒店正式开业,以"比招待所更好,适合商务出行的你"为卖点,成为国内首家真正解决商务出行消费痛点的连锁酒店品牌。

对于以汉庭为代表的连锁酒店的快速崛起,业内学者认为这是对酒店行业的管理再造。酒店行业的本质与核心是什么?是洗澡、睡觉、上网。汉庭针对这些核心需求提供有限服务,打出了"洗好澡、睡好觉、上好网"的口号,精准击中了消费者的内心。这种建立在技术、流量和品牌基础上的连锁酒店,打破了传统酒店业的常规,让很多人耳目一新,开创了中国酒店业的一个新时代。扫描二维码查看完整资料。

【思考】

请选择资料中的一项创新举措,分析其思路来源、实施过程及对提升客户体验的作用。

(二) 精选服务型饭店(Selected-service Hotel)

精选服务型饭店是近年来兴起的一种新型饭店业态。它结合了传统全服务型饭店和有限服务型饭店的特点,并在服务、设计和客户体验方面进行了创新。精选服务型饭店通常指提供高品质、个性化服务、在设计和装修风格上追求独特性和创新性、饭店文化内涵丰富、能够为客户提供独特的住宿体验。

在服务方面,精选服务型饭店通常提供住宿、餐饮、娱乐、商务等服务。但与传统的全服务型饭店不同的是,精选服务型饭店更注重个性化的服务,以满足不同客人的需求。在设计和装修风格上,精选服务型饭店通常追求独特性和创新性,以区别于传统的饭店。饭店可能会采用独特的设计风格、艺术品装饰、主题元素等,以营造独特的氛围和提供独特的住宿体验。总体来说,精选服务型饭店是一种注重个性化、高品质服务和独特设计风格的酒店业态。它旨在为客人提供独特而难忘的住宿体验,并在饭店行业中树立新的标杆。

精选服务型饭店的目标顾客是寻求比经济型饭店更优质的服务和设施,但又不需要全服务饭店所有奢华设施的旅客。这类饭店适合商务旅行者、家庭旅客及小型团体旅客,因为他们通常寻求性价比高且服务便捷的住宿体验。

武汉洋行漫心府

武汉的保安洋行是武汉市文物保护单位,距今已有一百多年。保安洋行是巴洛克风格古典主义建筑,底层拱券大门,门框雕花精美,建筑结构凸出而饱满。2022年,保安洋行漫心府开业,漫心品牌将"拒绝平庸,活色生香"的理念融入百年建筑中,彰显浑厚的文化底蕴与独特的酒店风格,将其打造为中高端酒店,为客人带来独特的体验。扫描二维码查看完整资料。

资料:武汉洋行漫心府

【思考】

结合案例,思考"精选服务型"酒店的特点有哪些?其与"有限服务型"酒店的差异是什么?

图1-1 武汉洋行漫心府

(三)全服务型饭店(Full-service hotel)

全服务型饭店是指提供全方位服务的酒店,通常包括住宿、餐饮、会议、宴会、健身、娱乐等多种设施和服务。这种类型饭店通常设施完善,饭店规模较大,服务全面,能够满足客人的各种需求。

在高品质设备设施投入的前提下,在专业人员齐全的配置下,通过饭店的品牌效应和提供的优质服务,全服务型饭店中的其他服务如餐饮、娱乐、场馆等可以产生超出客房产品的营收,也就是说全服务型饭店的品牌、品质和服务是有溢价的。

因此,全服务型饭店的成本通常较高,因此房价也相对较高。选择全服务型饭店的旅客通常不介意支付更高的费用以换取全面的便利、舒适和高品质的服务,他们可能更看重饭店服务的全面性和专业性,而不仅仅是价格。这类饭店适合出席活动或会议的商务旅客、高端休闲度假旅客、家庭旅客或举办聚会如婚礼、庆典活动等。

全服务型饭店的表现形式多样化,如度假饭店、主题饭店等。主题饭店是将某一特定的元素或风格,融进饭店的建筑、形象、服务和文化中。独特性、新颖性、文化性是主题饭店生存与发展的基础。

长隆熊猫酒店

在广州长隆旅游度假区内,有一座充满童话色彩的长隆熊猫酒店。它于2018年开业,以熊猫三胞胎为原型,占地8万平方米。这里不仅有1 500间主题客房、多个主题餐厅,还有丰富的娱乐设施和动物展区。无论是孩子还是大人,都能在这里开启一段如童话般的精彩旅程,找寻最纯真的美好,感受主题酒店的独特魅力。扫描二维码查看完整资料。

资料:长隆熊猫酒店

【思考】
全服务型酒店的特点是什么?结合案例,找出其与经济型酒店和精选型酒店的差异体现在哪些方面?

(四)民宿

随着旅游市场的不断发展,人们的旅游方式从简单的观光式旅游向休闲体验式旅游转变,从而出现了一种新的饭店业态——民宿。民宿是在家庭旅馆和农家乐的基础上发展起来的,也是饭店业发展和转型中的新热点。

中国的民宿萌芽于20世纪90年代,当时多称呼为"客栈",首先出现在经济发达的沿海地区,多是自发形成,以乡村农家乐为主流,只能提供简单的餐饮娱乐和住宿服务。2012年前后,中国度假旅游需求迅速增长,大众出行类型由商务出行向个人旅游发展,游客对于客栈、民宿等个性化主题酒店需求增加。目前,中国的民宿发展经历了四个阶段。

民宿的第一个发展阶段:以农家乐为主。这种模式是乡村旅游发展初期,农民利用自家住房为旅游者提供住宿,条件较为简陋,管理也欠缺规范。

民宿的第二个发展阶段:精品民宿。随着乡村旅游的发展,大批城市居民想在乡村寻访一片宁静的乐土。因此出现了一些设计精美、主题性强、设置较为完善的民宿。

民宿的第三个发展阶段:连锁民宿。民宿业经历了迅速扩张、洗牌时期后,出现了一批领跑者,他们利用投融资的资金和自己积累的经验,在原来的基础上进行扩张和复制,如业内有名的松赞民宿从香格里拉出发,目前已经建成了8家连锁酒店。

民宿的第四个发展阶段:民宿村落。原来的单体民宿经过产业集聚,形成了多个民宿村落,发展成为民宿的集聚地和民宿旅游者的旅行目的地,如浙江的莫干山,桂林的阳朔,云南的丽江和大理等。从长远来看,我国民宿产业将贯穿融合餐饮、文化、农业、旅游、健康等领域,形成新业态和新消费模式,并且打造一批有影响力的中国品牌。

莫干山民宿

莫干山,地处浙江省湖州市德清县,拥有丰富的旅游资源,曾被《纽约时报》评为"全球值得去的45个地方"之一。民宿,是莫干山一个高光标识。莫干山民宿为何能在众多民宿中脱颖而出呢?让我们一起深入探究莫干山民宿的成功之道。扫描二维码查看完整资料。

资料:莫干山民宿

【思考】

莫干山民宿成功的优势具体体现在哪些方面?这些优势对其发展起到了怎样的作用?

第二节 中外饭店业的发展历史

饭店是伴随着人类旅行活动的开展而出现的。饭店最初的基本功能是为旅途中的游客提供过夜的住宿服务。随着人类社会的发展,饭店的服务功能及服务范围大大拓展,其设施的装备水平及服务手段也日趋现代化、专业化。由不同等级、类型、规模、经营方式的饭店所组成的饭店业,已成为现代社会中令人瞩目、具有发展潜力的产业。

视频:饭店的发展史

一、西方饭店业的发展历史

西方饭店业大体经历了客栈时期、大饭店时期、商业饭店时期和饭店联号时期四个发展阶段。

(一) 客栈时期

在西方,客栈时期一般是指12—18世纪这一历史时期。客栈是指乡间或路边的小旅店,供过往旅行者寄宿之用。早期的客栈规模小、设备简陋,除提供食宿之外,无其他服务。客栈的房舍是家庭住宅的一部分,家庭就是客栈的拥有者和经营者。到了15世纪,客栈开始盛行,有些客栈已拥有20~30间客房,条件好的客栈设有酒窖、食品室和厨房。到了18世纪,英国等地的客栈除了为过往旅客提供食宿,还成为人们聚会和交流信息的场所。当时的客栈往往坐落在乡镇人群活动的中心区域或公共马车站旁,成为当地社会政治与商业活动的中心。

(二) 大饭店时期

18世纪后叶,随着欧美国家进入工业化时代,世界饭店业也进入了大饭店时期。大饭店时期一般是指19世纪初到20世纪初这一历史时期。当时在欧洲的许多大城市里,大兴土木，争相建造豪华饭店。具有代表性的饭店有法国的巴黎大饭店和卢浮宫大饭店、德国的恺撒大饭店、英国的萨依伏大饭店等。大饭店一般建在繁华的大都市，建筑规模宏大，装饰华丽，服务一流，讲究礼仪，主要接待王公贵族和社会名流。饭店投资者、经营者的根本兴趣是取悦社会上流、求得社会声誉，往往不太注重经营成本。

大饭店时期，服务有了创新。作为本时期饭店经营者的代表人物，瑞士人恺撒·里兹提出了"客人永远是对的"这一著名的饭店经营格言。许多大饭店时期的经营、服务理念，至今仍在世界饭店业中被奉为圭臬，恪守不渝。

(三) 商业饭店时期

商业饭店时期是指从20世纪初到20世纪50年代的这一历史时期。美国的饭店大王埃尔斯沃思·斯塔特勒被公认为商业饭店的创始人。斯塔特勒凭着自己多年从事饭店经营的经验及对市场需求的了解，立志要建造一种"在一般公众能负担的价格之内提供必要的舒适与方便、优质服务与清洁卫生"的饭店，亮出了"平民化、大众化"的特点。1908年，他在美国纽约州布法罗建造了第一家由他亲自设计并用自己名字命名的斯塔特勒饭店，一个带卫生间的客房房价仅为1美元50美分。斯塔特勒不仅强调了位置是饭店经营成功的根本要素，还提出了"饭店所销售的唯一商品是服务"等至理名言。

斯塔特勒所创建的饭店被誉为现代商业饭店的里程碑。商业饭店的特点是：服务对象主要是商务旅行者；服务设施讲求舒适、方便、清洁、安全与实用，不刻意追求豪华与奢侈；价格合理，使客人感到物有所值；在经营管理上讲究经营艺术，注重质量标准化，通过降低成本以获取最大的利润。

商业饭店时期是世界饭店史上最重要的阶段，也是世界各国饭店业最活跃的时期，从各方面奠定了现代饭店业的基础。

(四) 饭店联号时期

饭店联号时期(Hotel Chain Operation)也称饭店连锁经营时期，是从20世纪50年代开始至今。20世纪50年代，随着欧美国家战后的经济复苏，人们在国内、国际上的旅游活动日益频繁。在大中城市里，大型高层的饭店数量倍增，公路两旁的汽车旅馆更是星罗棋布。一些有实力的饭店公司，以签订管理合同、授让特许经营权等形式，进行国内甚至跨国的连锁经营，逐渐形成了一大批使用统一名称、统一标志，在饭店建造、设备设施、服务程序、物资采购与人才培训等方面统一标准的饭店集团。21世纪以来，国际性连锁经营的饭店集团数量日渐增多，规模日益扩大，实力不断增强，在国际旅游市场中占有越来越大的客源份额(见表1-1)。

表1-1 世界十大饭店集团排名(2023年)

排名	饭店集团	客房数/间
1	万豪国际(Marriott International)	1 560 687
2	锦江国际集团(Jin Jiang International Holdings Co.Ltd.)	1 342 161
3	希尔顿(Hilton)	1 182 937

续表

排名	饭店集团	客房数/间
4	洲际酒店集团（IHG Hotels & Resorts）	946 203
5	华住酒店集团（H World Group Limited）	912 444
6	温德姆酒店集团（Wyndham Hotels & Resorts）	871 794
7	雅高酒店集团（Accor）	821 000
8	精选国际酒店集团（Choice Hotels International）	632 986
9	首旅如家酒店集团（BTG Hotels Group Co.）	481 503
10	贝斯特韦斯特国际酒店集团（BWH Hotels）	339 234

现代饭店连锁经营的优势主要体现在以下几方面。

1. 管理优势

饭店集团一般多有较为先进、完善的管理系统，因而能为所属的连锁饭店制定统一的经营管理方法和程序，为饭店的建筑设计、内部装饰和硬件设施规定严格的标准，为饭店的服务订立统一的操作规程。这些标准和规范被编写成经营手册分发给各所属饭店，以使各连锁饭店的经营管理达到所要求的水平。同时，根据经营环境的变化，及时改进饭店的经营管理方法和操作程序，确保饭店集团经营管理的先进性。

饭店集团定期派遣巡视人员到所属饭店检查，及时对饭店在经营与服务中的问题提出建议和指导。饭店集团内部还设有培训部门，负责拟订培训计划并提供饭店经营专家，如工程技术、内部装饰、财务会计、市场营销、计算机等方面的专业人员，对所属饭店员工进行在职培训。

2. 技术优势

饭店集团有能力向所属饭店提供各种技术上的服务和帮助，例如，集团性经营的饭店公司能为所属饭店提供集中采购服务。由于饭店集团要求所属饭店实现设备、设施和经营用品标准化、规格化，因而一些大型饭店集团专门设立负责饭店物资供应的分公司或总部采购部，向各所属饭店提供统一规格的、标准化的设备和用品，从而形成比较完善的集团物资供应系统。而集中大批量购买又能获得较大的价格折扣，使饭店经营成本降低。

饭店集团化经营也为生产和技术的专业化、部门化提供了条件。例如，在生产上，对食品生产加工、设备维修改造、棉织品洗涤等方面进行集中管理，以达到降低饭店经营成本的目的；在技术上，提供饭店开发阶段或更新改造时所需的可行性研究等服务。

3. 财务优势

一般来说，独立的饭店企业不易得到金融机构的信任，在筹措资金时有可能遇到困难。加入饭店集团则可使金融机构对其经营成功的信任度增加，从而愿意提供贷款，因为饭店集团以其庞大的规模、雄厚的资本和可靠的信誉提高了所属饭店的可信度。同时，饭店集团还能为所属饭店提供金融机构的信息并帮助推荐贷款机构。

4. 营销优势

饭店集团一般规模宏大，经营较为成功，因而在国际上享有较高的声誉，在公众心中产生较深刻的印象。加入了饭店集团就可以使用集团的名称和店标，这对广告宣传极为有利。特别是在拓展国际市场时，一个为公众所熟悉的国际饭店集团，往往更容易使宾客对饭店产品产生信赖感，更能吸引宾客。

单一经营的饭店通常缺乏足够的资金进行大力广告宣传，尤其是国际性广告宣传。而饭店集团则可以进行大规模广告宣传，有能力每年派代表到世界各地参加旅游交易会、展览会，并与旅游经营商直接交易，推销各所属饭店的产品。这种联合广告可使集团中每个饭店的知名度都大大提高。

同时，饭店集团有较先进的客房预订系统，配备高效率的预订中心，为集团成员饭店处理客房预订业务，并在各饭店间互荐客源。饭店集团在各地区的销售队伍，不仅向各饭店及时提供市场信息，而且在各大市场为各所属饭店招徕团队和会议业务，有利于饭店开发国际市场。

法国雅高酒店管理集团

资料：法国雅高酒店管理集团

法国雅高酒店管理集团成立于1967年，总部在巴黎，如今已成为欧洲最大、世界知名的酒店集团之一。从最初的诺富特酒店起步，雅高快速成长，涵盖不同档次的酒店服务。纵观雅高酒店管理集团的成长过程，它抓住了行业高速增长期的战略机遇，利用借贷、连锁经营、合同管理等多种方式扩大酒店规模，并利用规模优势提升了企业竞争力。扫描二维码查看完整资料。

【思考】

雅高学习标杆企业的具体做法及影响是什么？对其他酒店集团有何启示？

二、中国饭店业的发展历史

中国饭店业是一个古老而又新兴的行业。在中国，饭店业已有3 000多年的历史，曾经历了驿站、客栈时期。19世纪末，随着资本主义生产方式的输入，又出现了一大批大型西式饭店。中华人民共和国成立后，特别是随着改革开放政策的实行，中国饭店业进入了迅速发展的现代饭店时期。

(一) 中国古代饭店业

在中国，最早的饭店设施可追溯到春秋战国或更远古的时期。数千年来，中国的唐、宋、明、清被认为是饭店业发展较快的时期。在中国古代，住宿设施大体可分为官办设施和民间旅店两类。

古代官方开办的住宿设施主要有驿站和迎宾馆两种。驿站是中国历史上最古老的一种官办住宿设施,专门接待往来信使和公差人员。到了唐代,驿站广泛接待过往官员及文人雅士。元代时,驿站除接待信使、公差外,还接待过往商旅及达官贵人。迎宾馆是古代官方用来款待外国使者、外民族代表及商客的住宿设施。在古代,曾有"四夷馆""四方馆""会同馆"等各种称谓,"迎宾馆"的称呼则始于清末。中国古代迎宾馆作为一种官办接待设施,适应了古代民族交往和中外往来的需要,它对中国古代的政治、经济和文化交流起了不可忽视的作用。

古代的民间旅店在3 000多年前就出现了。它的产生和发展与商贸活动的兴衰及交通运输条件密切相关。秦、汉两代是中国古代商业较兴旺发达的时期,民间旅店业也因此有了发展。在唐代盛世,经济繁荣、社会安定,旅店业也得到了大发展,民间旅店进入商业都市,遍布繁华街道。明清时期,由于封建科举制度的进一步发展,在各省城和京城出现了许多各地的赴考学子,民间旅店业更加兴旺。

(二) 中国近代饭店业

中国近代的饭店业除了传统的旅馆,还出现了西式饭店和中西式饭店。

西式饭店是对19世纪初外国列强侵入中国后由外国资本建造并由外国人经营的饭店的统称。这类饭店在建筑式样、设施设备、内部装修、服务对象及经营方式等方面都与中国的传统旅馆不同。西式饭店规模宏大,装饰华丽,设备先进,经营人员皆来自英、法、德等西方国家,接待对象以来华外国人为主,也包括当时中国上层社会人物及达官贵人。一方面,西式饭店是帝国主义列强入侵中国的产物,为帝国主义的政治、经济、文化服务。另一方面,西式饭店的出现对中国近代饭店业的发展起了一定的促进作用。当时,西式饭店经营者中有不少人受过饭店经营的专业教育和训练,他们把当时西式饭店的服务方式、经营管理的理念和方法带到了中国。

中西式饭店是在西式饭店带动下,由中国的民族资本投资兴建的一大批中西风格结合的新式饭店。这类饭店在建筑式样、店内设备、服务项目和经营方式上都受到了西式饭店的影响,而且在经营体制方面效仿西式饭店的模式,实行饭店与银行、交通等行业联营。至20世纪30年代,中西式饭店的发展达到了鼎盛时期,在当时的各大城市中均可看到这类饭店。中西式饭店将欧美饭店业经营观念和方法与中国饭店经营环境的实际相融合,成为中国近代饭店业中引人注目的部分,为中国饭店业进入现代饭店时期奠定了良好的基础。

(三) 中国现代饭店业

中国现代饭店业的发展历史不长,但速度惊人。自1978年实行对外开放政策以来,中国大力发展旅游业,为中国现代饭店业的兴起和发展创造了前所未有的良好机遇。从1978年至今,大体经历了四个发展阶段。

1. 第一阶段(1978—1983年),旅游饭店业的初创阶段

这一时期的饭店,很大部分是从以前政府的高级招待所转变而来的,处于从原来的接待型事业单位向经营型企业单位转化的时期。

2. 第二阶段(1983—1988年),旅游饭店业的稳步发展阶段

在这一时期,饭店业基本完成了由事业单位向企业的转变,迅速走上了科学管理的轨

道。它的标志是1984年在全行业推广北京建国饭店的管理经验。北京建国饭店是北京第一家中外合资饭店,也是全国第一家聘请海外饭店管理集团管理的饭店。1984年3月,中央和国务院领导批示国有饭店也应按照北京建国饭店的科学方法进行管理,并在全国102家饭店进行了试点。通过推行这套管理方法,饭店业在管理、经营、服务等方面都发生了深刻的变化,迈上了科学管理之路。

3. 第三阶段(1988—1994年),饭店业推行星级评定制度,与国际饭店业接轨的阶段

1988年,中国饭店业已拥有旅游涉外饭店1 496座,客房22万间。为使中国迅速发展的饭店业能规范、有序地发展,1988年,原国家旅游局颁布了饭店星级标准,开始对旅游涉外饭店进行星级评定。中国的饭店星级标准,是在世界旅游组织的专家指导下,参照国际通行标准并结合中国实际情况制定出来的。中国饭店业实行星级制度,可以促使饭店的服务和管理符合国际惯例。

4. 第四阶段(1994年至今),中国饭店业进入专业化、集团化经营管理的新阶段

20世纪80年代以来,国际上许多知名饭店管理集团纷纷进入中国饭店市场,向中国饭店业界展示了专业化、集团化管理的优越性。中国饭店业通过资产重组和体制创新,也逐步向专业化、集团化经营管理迈进。

1978年,全国只有137家带卫生间的适合接待境外客人的饭店;2019年年底,中国星级饭店达14 099家,是1978年全国饭店数的100多倍。

过去几年,国际酒店品牌加快在中国市场的扩张脚步,将新的酒店产品引入中国市场,试图从多个维度覆盖中国市场。洲际、万豪、希尔顿、雅高、凯悦等多家国际酒店巨头,均提出要加码中国市场。近几年,由国际饭店集团管理的饭店数量不断增加,它们在中国的发展有以下过程。

第一,从一线城市向二线城市扩展。国际饭店集团进入中国市场时,选择经济发达的中心城市或旅游资源丰富的城市立足,目前众多国际饭店集团加紧向二线城市扩张。

第二,从单一品牌向多品牌发展。洲际集团有皇冠假日、洲际、假日酒店等品牌;万豪集团有丽思卡尔顿、万豪、万丽、万怡等。

第三,从个别超豪华品牌饭店向批量超豪华品牌饭店发展。著名饭店集团纷纷推出超豪华品牌饭店,在中国打造自己的旗舰,如北京东方君悦大酒店是凯悦集团在中国继上海金茂君悦大酒店之后管理的第二家君悦品牌饭店,曾经红极一时的上海四季饭店是国际著名的四季饭店集团在中国开业的第一家饭店。

第四,从中高档饭店向经济型饭店发展。在国际饭店集团积极扩大在中国的中高档饭店市场份额的时候,一些国际饭店集团已开始关注经济型饭店。如希尔顿、洲际等集团的高层纷纷调研中国市场,希望在拓展豪华品牌饭店的同时,也以经济型饭店品牌进入中国市场。

三、现代饭店业的发展趋势

在21世纪,饭店业面临着新的经营环境:在市场方面,消费者的需求不断增加并日益个性化;在行业内部,饭店间的竞争更加激烈,并向深层次发展;在技术环境方面,数字化

的应用正对消费市场和饭店产生着深刻的影响。随着科技的迅猛发展和产业结构的深刻变革,认知、理解和发展新质生产力已成为当下中国实现产业转型升级和高质量发展的内在要求和重要着力点。

(一)中国饭店产业的发展环境

饭店产业的发展,与其依存的社会经济环境、经营制度环境和科学技术环境密切相关。

1. 产业发展的社会经济环境

随着中国经济的持续发展、居民可支配收入的提高、闲暇时间的增多,以及社会的稳定、人民的安居乐业,旅游消费需求高速增长。而作为旅游链条中相当重要的一环,饭店业也伴随着旅游发展而快速成长起来。全球一体化、全国工业化、全面城市化和全方位的市场化趋势为中国饭店业的发展提供了坚实的基础。以前,饭店主要建在城市中心和度假地。随着商业和工业从城市中心向郊区、农村地区转移,投资者开始在这些新兴地区开发饭店,城镇化进程的加快、交通基础设施的大力建设和投资融资环境的极大改善都有效促进了中国饭店产业的发展。

人口数量的增长和人口结构的变动,也是饭店业发展和业态创新的重要动力。随着国家经济的发展、人均收入水平的提高,旅游休闲度假活动开始成为人们生活的一部分,从而推动着中国饭店业繁荣发展,饭店新业态也层出不穷。随着中国进入老龄化时代,医疗养生和休闲度假等类型的饭店潜力逐渐显露。

新质生产力带来了消费升级和需求多元化,使得饭店业必须不断创新服务模式,提供个性化、高品质的服务来满足消费者的需求。同时,新质生产力也推动了饭店业与旅游、文化、科技等产业的深度融合,形成了新的业态。

2. 产业发展的经营制度环境

国家也出台了一系列政策来引导和规范连锁饭店行业的发展,包括支持饭店行业做大做强、对饭店的星级评定机制不断完善、规范连锁饭店客房价格的制定、引导连锁饭店绿色化和生态化发展等。近年来,国家还提出支持和鼓励连锁饭店行业细分市场业态的发展。例如,2021年6月,文化和旅游部发布的《"十四五"文化和旅游发展规划》提出了推进文化和旅游业态融合,支持发展文化主题饭店。

新质生产力要求饭店业进行制度创新,以适应快速变化的市场环境。这包括灵活的用人机制、高效的决策流程、创新的商业模式等。通过制度创新,饭店业能够更好地应对市场挑战,提升经营效率。

3. 产业发展的科学技术环境

科学技术环境是新质生产力影响饭店业发展的另一个重要方面。新技术的应用,如人工智能、大数据、物联网等,正在改变饭店业的运营模式和服务方式。智能化客房、无人化服务、在线预订系统等都是新质生产力在饭店业的具体体现。这些新技术的应用不仅提高了饭店业的运营效率,也极大地提升了顾客的入住体验。

综上所述,新质生产力在现代饭店业的发展趋势中发挥着重要作用。它不仅推动了饭店业的科技创新和制度创新,也引领了饭店业服务模式的变革,为饭店业的高质量发展注入了新的动力。

(二)中国饭店产业的发展态势

目前中国饭店产业在运行过程中,逐渐形成了集群化、集团化、低碳化及国际化的发展态势。

1. 饭店的集群化发展态势

饭店的集群化发展大致有三种趋势:首先是城市商业区的饭店集群化发展。例如,北京的国贸中央商务区(CBD)、上海的陆家嘴金融区、广州的天河商业区等,饭店密度很大,逐渐形成了规模庞大的饭店群。其次是著名的旅游目的地聚集大量饭店。例如,三亚亚龙湾、大东海、三亚湾三个度假群落;丽江的饭店也在一定区域内大量集聚。最后,就是旅游综合体内的饭店集群,如由融创文旅集团推出的世界级特大型文旅综合体——成都融创文旅城便坐落于都江堰滨江新区。

2. 饭店的集团化发展态势

中国目前已经出现一批以饭店经营为核心业务的大型国有饭店集团,例如,锦江集团、首旅集团、金陵饭店集团和华天集团等。一批新兴的饭店集团也正在成长,如杭州旅游集团、四川旅游集团等。以民营资本为主体的饭店集团实力也不断壮大,如华住集团、浙江开元饭店集团、君澜饭店集团等。这些饭店集团资产规模庞大,实力较为雄厚,管理也越来越规范化,在饭店业内或某一领域具有较大的影响力,对行业发展具有一定的导向性。

3. 饭店的低碳化发展态势

饭店业近些年来十分注重环保节能和绿色化,已经走在了低碳化经济时代的前列。《绿色旅游饭店》评定标准,对全国饭店业关注环保节能问题起到了极大的促进作用。2010年版饭店星级评定标准,也强化了对饭店绿色化的要求。国务院《关于加快发展旅游业的意见》明确提出,要推进节能环保,支持饭店积极利用新能源、新材料,广泛运用节能节水减排技术,实行合同能源管理,实施高效照明改造,减少温室气体排放,积极发展循环经济,创建绿色环保企业。低碳化发展成为现代中国饭店业的主旋律。

4. 饭店的国际化发展态势

在海外品牌抢占中国市场的同时,中国本土饭店也在布局海外市场。如锦江国际集团正推进深度国际化布局,继2015年成功收购卢浮集团、战略投资铂涛集团后,于2018年完成了对丽笙集团的收购。华住集团于2019年在新加坡开出第一家海外全季酒店,并于2020年1月完成了对德意志酒店集团100%股权收购协议的签署。

第三节 饭店的经营理念与实践

视频:饭店管理的内容与经营理念

一、饭店经营理念

饭店的经营理念,就是管理者追求饭店绩效的根据,是对员工价值观与正确经营行为的确认,是在经营过程中所坚持的价值观和经营原则。经营理念即是系统的、根本的管理思想。顾客满意理念、顾客忠诚度理念、员工满意理念是饭店常使用的三种经营理念。

(一) 顾客满意理念

1. 顾客满意理念的概念

顾客满意理念是指企业为了不断地满足顾客的要求,通过客观、系统地调研顾客满意度,了解顾客的需求和期望,并采取相应措施,一体化地提高产品和服务质量,从而持续改进业绩的一种企业经营理念。

在此基础上形成了顾客满意经营战略,关注的焦点是顾客,核心是使顾客满意。其主要方法是通过顾客满意度指数的测定来提高产品和服务的质量,满足顾客的需求;目标是赢得顾客的信任与喜爱,从而赢得市场,赢得利润。实现了从"企业生产什么,顾客接受什么"转向"顾客需要什么,企业生产什么"的变革。

2. 顾客满意理念的内涵

在顾客满意理念中,顾客满意具有某种特定的意义,主要包括以下两个层面。

(1) 在横向层面上,包括五个方面。

① 理念满意:即企业经营理念带给顾客的满足状态,包括经营宗旨满意、经营哲学满意和经营价值观满意等。

② 行为满意:即企业整体的运行状况带给顾客的满足状态,包括行为机制满意、行为规则满意和行为模式满意等。

③ 视听满意:即企业以其具有可视性和可听性的外在形象带给顾客的满足状态,包括企业标志(名称和图案)满意、标准字满意、标准色满意及上述三个基本要素的视觉应用系统满意等。

④ 产品满意:即企业产品带给顾客的满足状态,包括产品质量满意、产品功能满意、产品设计满意、产品包装满意、产品品位满意和产品价格满意等。

⑤ 服务满意:即企业服务带给顾客的满足状态,包括效率满意、保障满意、情绪满意和环境满意等。

(2) 在纵向层次上,包括三个逐次递进的满意层次。

① 物质满意层次:即顾客对企业产品的核心层,如产品的功能、质量、设计和品类等所产生的满意感。

② 精神满意层次:即顾客对企业产品的形式层和外延层,如产品的外观、色彩、装饰、服务及文化等所产生的满意感。

③ 社会满意层次。主要指顾客整体(全体公众)的社会满意程度。它要求企业在提供产品和顾客消费的过程中,维护符合社会整体利益的道德、政治和生态价值观。

3. 顾客满意理念的应用

顾客满意经营理念强调从顾客视角出发来开展企业的一切经营活动,以实现顾客满意和企业目标的目的。"让客价值"就是基于这样的理念提出的。"让客价值"是指顾客购买一种商品或服务,要付出的是一笔"顾客总成本",而获得的是一笔"顾客总价值"。顾客总价值与顾客总成本的差值,就是让客价值。即:

让客价值＝顾客总价值－顾客总成本

让客价值的构成要素如图1-2所示。

图1-2 让客价值的构成要素

(1) 顾客总价值。顾客总价值是指顾客购买和消费产品或服务时所获得的一组利益，它主要由产品价值、服务价值、人员价值和形象价值构成。

① 产品价值：产品价值是指由产品的功能、特性、品质、种类与款式等所产生的价值。

② 服务价值：服务价值是指企业向顾客提供的各种附加服务，即为满足顾客对产品或服务的外延需求所提供的服务，包括产品介绍、售后服务及其他各种承诺等所产生的价值。

③ 人员价值：人员价值是指企业员工的价值观念、职业道德、质量意识、知识水平、业务能力、工作效率、应变能力和服务水平等所产生的价值。

④ 形象价值：形象价值是指企业及其产品或服务在社会公众中形成的总体形象所产生的价值。良好的形象，是饭店的战略资源，也是饭店的无形资产。

(2) 顾客总成本。顾客总成本是指顾客为购买和消费产品或服务所耗费的时间、精神、体力及所支付的货币资金等，主要包括货币成本、时间成本、精神成本和体力成本。

① 货币成本：货币成本是指顾客在消费产品或服务的全过程中所支付的全部货币。

② 时间成本：时间成本是指顾客在消费产品或服务时所花费的全部时间。

③ 精神成本：精神成本是指顾客消费产品或服务时，在精神方面的耗费与支出。

④ 体力成本：体力成本是指顾客消费产品或服务的过程中，在体力方面的耗费与支出。

顾客在购买商品时，总希望把相关成本降到最低并从中获得更多的实际利益，以使自己的需要得到最大限度的满足。因此，顾客在选购商品时，往往会在价值与成本两个方面进行比较分析，从中选择价值最高、成本最低，即"让客价值"最大的商品作为优先选购的对象。

饭店要在竞争中战胜对手、吸引更多的顾客，就必须向顾客提供比竞争对手具有更多"让客价值"的产品，这样才能使自己的产品进入消费者的选择范围，最终使顾客购买饭店的产品。为此，饭店可从两个方面改进自己的工作：一是通过提高饭店的产品、服务、人员及形象的价值从而提高产品的总价值；二是通过降低生产和销售成本，减少顾客购买产品或服务的精神成本和体力成本，从而降低货币与非货币成本。

饭店可从以下四个方面设法提高"让客价值"。

(1) 降低顾客成本。顾客成本是指顾客在交易中的付出,表现为金钱、时间、精力等方面的损耗。饭店要吸引顾客,首先要评估顾客的关键要求,然后设法降低顾客总成本,提高让客价值。因此,分析和控制成本,不能只站在饭店的立场上,还要从顾客的角度进行全面、系统、综合的评价,才能得到正确的答案。为此,饭店应鼓励从事顾客服务工作的员工,树立顾客总成本的意识,不要只把眼光放在饭店的成本上。

(2) 理顺服务流程。饭店要提高顾客总价值、降低顾客总成本而实现更多的让客价值,使自己的产品和服务满足并超出顾客的预期,就必须对饭店的组织和业务流程重新进行设计。要实现这种业务流程重组,首先要以顾客需求为出发点,确定服务规范和工作流程,只有让饭店所有经营活动都指向同一个目标,才能使顾客获得更多的让客价值。

(3) 重视内部顾客。顾客的购买行为是一个在消费中寻求尊重的过程,而员工对顾客服务时的积极性,很大程度上影响着顾客满意度。在对顾客服务的研究中,发现员工满意度与企业利润之间存在"价值链"关系:利润增长主要是由于顾客忠诚度提升;忠诚是顾客满意的直接结果;顾客满意在很大程度上受到服务价值的影响;服务价值是由员工的满意、忠诚和效率创造的;员工满意主要来自企业高质量的支持和激励。

(4) 改进绩效考核。优秀的饭店都把顾客满意度作为最重要的竞争要素,其经营的唯一宗旨是让顾客满意。因此,它们评价各部门的绩效指标和对管理人员、营销人员的考核指标,这些都是与顾客满意度有关的指标。利益的一致性使员工服务更加发自内心,饭店的销售量自然也会不断提高。

(二) 顾客忠诚理念

顾客忠诚理念是指顾客对饭店与品牌形成的信任、承诺、情感维系和情感依赖。在饭店与顾客长期互惠的基础上,在顾客长期、反复购买和使用饭店的产品与服务中形成。

1. 培养忠诚顾客的意义

对饭店来讲,培养忠诚顾客的意义可以归纳为以下几方面。

(1) 有利于降低市场开发费用。任何企业的产品和服务都必须被市场接受,否则这个企业就不可能生存下去,而市场开发的费用一般是很高昂的。由于饭店产品与服务的相对固定性,建立顾客忠诚度更有特殊意义。如能引导顾客多次反复购买,可大大降低市场开发费用。据估计,保住一个老顾客的费用只相当于吸引一个新顾客的费用的 1/6,而且老顾客对企业的忠诚和对该企业产品与服务高度的信任,还会吸引更多的新顾客。在企业推广新产品时,由于忠诚顾客的存在,可以很快打入市场、打开销路,从而节省新产品的市场开发费用。

(2) 有利于增加饭店经营利润。越来越多的饭店认识到忠诚顾客是饭店的依靠力量和宝贵财富。有调查结论指出,多次惠顾的顾客比初次登门者可为饭店带来更多利润;随着饭店忠诚顾客的增加,饭店利润大幅增加。

(3) 有利于增强饭店竞争力。饭店之间的竞争,主要在于争夺顾客。实施顾客忠诚战略,不仅可以有效地防止原有顾客转移,而且有助于饭店赢取正面口碑,树立良好形象。借助忠诚顾客的积极影响,还有助于化解不满意顾客的抱怨,扩大忠诚顾客队伍,使饭店走上良性循环发展之路。饭店要培育忠诚顾客,首先应区分出对本饭店有重要影响的目标顾客。

2. 顾客忠诚度的衡量标准

顾客忠诚度的高低,一般可以从下面六个方面进行衡量。

(1) 顾客重复购买的次数。在一定时期内,顾客对某一品牌产品重复购买的次数越多,说明顾客对这一品牌的忠诚度越高;反之则越低。

(2) 顾客挑选购买的时间。消费心理研究者认为,顾客购买商品前都要经过挑选这一过程。但由于依赖程度的差异,顾客购买不同产品时的挑选时间也不尽相同。因此,从挑选购买时间的长短上,也可以鉴别其对某一品牌的忠诚度。

(3) 顾客对价格的敏感程度。顾客对产品的价格一般都比较重视,但这并不意味着顾客对各种产品价格的敏感程度都相同。事实表明,对于顾客喜爱和信赖的产品,顾客对其价格变动的承受能力较强,即敏感度较低。而对于不喜爱和不信赖的产品,顾客对其价格变动的承受能力较弱,即敏感度较高。所以,可以根据这一标准来衡量顾客对某一品牌的忠诚度。

在运用这一标准时,要考虑产品对于顾客的必需程度。产品的必需程度越高,人们对价格的敏感度越低;必需程度越低,则对价格的敏感度越高。当某种产品供不应求时,人们往往对价格不敏感,价格的上涨也不会导致需求的大幅度减少;当供过于求时,人们对价格变动就非常敏感,价格稍有上涨,就可能滞销。

产品的市场竞争程度也会影响人们对产品价格的敏感度。当市场上某种产品的替代品种多了,竞争会更激烈,人们对价格的敏感度会更高;如果某种产品在市场上还处于垄断地位,没有竞争对手,那么,人们对它的价格敏感度就会低。在实际工作中,只有排除上面几个因素的干扰,才能通过价格敏感指标科学地评价消费者对某一品牌的忠诚度。

(4) 顾客对竞争产品的态度。人们对某一品牌的态度变化,在大多数情况下是通过与竞争产品的比较而产生的。所以根据顾客对竞争产品的态度,能够从反面判断其对某一品牌的忠诚度。

(5) 顾客对产品质量问题的承受能力。任何一种产品都可能因某种原因出现质量问题,即使是品牌产品也很难幸免。若顾客对某一品牌的忠诚度高,则对其产品出现的质量问题会以宽容的态度对待,不会因此而拒绝购买这一产品。若顾客对某一品牌的忠诚度不高,产品一旦出现质量问题(即使是偶然的质量问题),顾客也会非常反感,很有可能从此不再买该产品。当然,运用这一标准衡量顾客对某品牌的忠诚度时,要注意区别产品质量问题的性质,分清楚是严重问题还是一般问题,是经常发生的问题还是偶然发生的问题。

(6) 购买周期。购买周期用来描述两次购买产品间隔的时间。购买周期是一个非常关键的因素,如果购买周期较长,顾客就可能淡忘之前的消费经历,这样就给竞争对手带来机会。饭店可以通过有效的方式,保持与老顾客的联系。

显然,顾客忠诚度的高低是由许多因素决定的,而且每一因素的重要性及影响程度也都不同。因此,衡量顾客忠诚度必须综合考虑各种因素指标。

3. 顾客忠诚理念在饭店中的运用

顾客忠诚理念侧重于企业的长远利益,注重于培养一批忠诚顾客。强调以满足顾客的需求和期望为目标,有效地预防和处理顾客的抱怨和投诉,不断提高顾客满意度,在企业与顾客之间建立起一种相互信任、相互依赖的"质量价值链"。

"消费者非常满意"理论认为:顾客在购买一家企业的产品后是否会再次购买,取决于顾客对所购产品的消费结果是否满意。如果产品提供的实际利益低于顾客的期望,顾客就会不满意,则不再购买这一产品;如果产品提供的实际利益等于顾客的期望,顾客就会感到满意,但是否继续购买这一产品,仍然具有很大的不确定性;如果产品提供的实际利益超过了顾客的期望,顾客就会非常满意,从而产生继续购买的行为。因此,顾客的购后行为取决于他的购买评价,而购买评价又源自购买结果。饭店要想培养出重复购买产品的忠诚顾客,就要使顾客感到非常满意(如图1-3所示)。

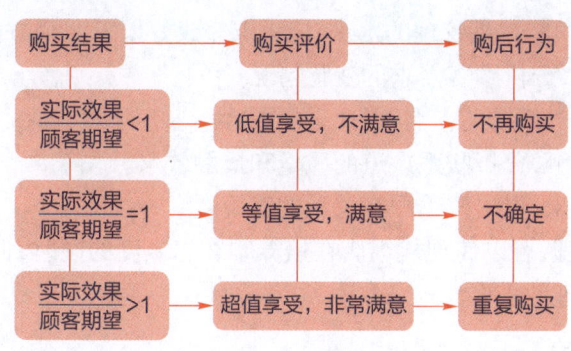

图1-3 购买结果与购后行为关系

一般来说,顾客对产品的期望来源于他们过去的购买经历、他人的介绍及企业的广告承诺等。因此,饭店首先要将顾客的期望值调节到适当的水平,然后设法超越顾客期望值,给客人一份意外的惊喜。

(1)做好顾客期望管理

饭店可以通过及时提供所承诺的服务,并与顾客进行有效的沟通,对顾客期望进行有效的管理。

① 保证承诺反映现实。明确的和暗示的服务承诺都在饭店的可控范围内,对这些承诺进行管理是一种直接、可靠的管理期望的方法。但仍有许多饭店避开这种方法,而过分地进行承诺,则将损害顾客的信任,破坏顾客的容忍度。顾客对服务的期望是相当关键的,饭店应该将精力集中在基本服务项目上,并用明确的描述(如广告和人员推销)和暗示的方法(如服务设施的外观和服务价格)为服务提供反映客观现实的说明。

② 与顾客进行沟通。与顾客进行有效的沟通,有助于在发生服务问题时减少或避免顾客的不满,从而使顾客树立对饭店的信任和忠诚。

(2)设法超越顾客期望

期望管理为超出期望打下基础。饭店应利用好每一个服务环节,抓住机会来超出顾客的期望。

在现代市场竞争中,饭店要靠为顾客创造全新服务、全新价值,换取长期的顾客忠诚,形成竞争者难以取代的竞争力,并与顾客建立长期的互惠互存关系,才能得以生存。越来越多的饭店开始通过"顾客关系管理"来赢得更多的顾客并提高顾客忠诚度。

顾客关系管理是通过详细掌握顾客有关资料,对饭店与顾客之间的关系进行有效的控制并不断加以改进,以实现顾客价值最大化的协调活动。顾客关系管理源于"以顾客为中心"的经营模式,是一个不断加强与顾客交流,不断了解顾客需求,不断对产品及服务进行完善,以满足顾客需求的持续过程。

要做好顾客关系管理,首先要形成完整的运作流程。包括收集顾客资料、对顾客进行分类、规划与设计营销活动、例行活动管理、建立标准化分析与评价模型。以上的各个环节必须环环相扣,形成一个不断循环的运作流程,从而以最适当的途径、在正确的时点上,将最适合的产品和服务传递给真正有需求的顾客,创造饭店与顾客双赢的局面。

现代饭店要提高顾客关系管理的水平,应重点完成好以下四个方面的工作。

① 不断了解顾客,分析顾客需求的变化情况。
② 识别不同顾客对饭店的影响,抓住重点顾客。
③ 加强与顾客接触,分析联系渠道的质量和接触效果。
④ 根据分析的结果,提出改善顾客关系的对策。

推行顾客关系管理,可以使现代饭店在培养顾客忠诚度的同时,促进饭店组织变革,从而适应新时代饭店管理的需要。

(三) 员工满意理念

1. 概念与意义

员工满意理念的基本含义是:现代企业只有赢得员工满意,才会赢得顾客满意。因为员工是联系企业与顾客的纽带,他们的行为及行为结果是顾客评估服务质量的直接依据,因此企业必须有效地选择、培训和激励与顾客接触的员工,在他们满意的同时使顾客也感到满意。

员工满意经营战略注重企业文化建设和员工忠诚感的培养,把人力资源管理作为企业竞争优势的源泉,把员工满意作为达到顾客满意这一企业目标的出发点。员工满意理念的强化,源于"服务利润链"理论研究的结果。"服务利润链"理论认为,在企业利润、成长性、顾客忠诚、顾客满意提供给顾客的产品与服务的价值、员工能力、员工满意、员工忠诚及效率之间存在直接相关的联系,如图1-4所示。

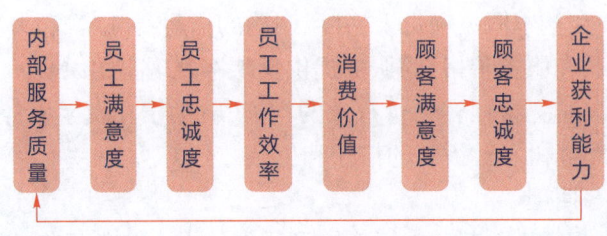

图1-4 服务利润链构成因素

服务利润链所揭示的一系列因素相互之间的关系表明，一个企业要获得顾客的满意，首先必须让员工满意。

2. 员工满意理念在饭店中的运用

员工满意理念注重培养员工忠诚感，把员工满意作为达到顾客满意目标的出发点。内部营销是指成功地选择、培训员工和尽可能激励员工很好地为顾客服务的管理工作。它包括两个要点：一是服务企业的员工是内部顾客，企业的部门是内部供应商。当企业员工在内部受到最好服务而向外部提供最好服务时，企业的运行状况可以达到最优；二是所有员工一致地认同企业的任务、战略和目标，并在对顾客的服务中成为企业的忠实代理人。服务人员与服务是不可分的，服务首先是一种行为，这种行为又是劳动密集型的。因此，服务企业的员工的素质影响服务的质量，进而影响市场营销的效率。为了成功地进行市场营销，现代饭店首先必须进行成功的内部营销。

内部营销是一项管理战略，其核心是增强员工是内部顾客的意识，在把产品和服务通过营销活动推向外部市场之前，应先对内部员工进行营销。内部营销强调的是企业在成功实现与外部市场有关的目标之前，必须有效地完成组织与其员工之间的内部交换过程。内部营销的最终目标是鼓励高效的市场营销行为，内部营销的最终策略是把员工培养成"真正的顾客"。

从管理层次上看，内部营销的目标是：争取到具有自发性和顾客意识的员工。从策略层次上看，内部营销的目标是：创造一种内部环境，以促使员工之间维持顾客意识和对销售的关注。从战术层次上看，内部营销的目标是：向员工推销服务，宣传并激励营销工作。

内部营销意味着现代饭店管理者必须实施两种类型的管理：态度管理和沟通管理。

（1）态度管理。态度管理，就是确立员工的正确态度，使员工树立顾客意识和服务观念。态度管理经常支配着在饭店内部营销中为取得竞争优势而推行的服务战略。

（2）沟通管理。沟通管理，就是在管理工作中，向员工提供大量的信息，这些信息可能包括工作计划、产品和服务的特征、对顾客的承诺等。员工也需要向上沟通，如表达自己的要求、改进工作的意见及发现的顾客的需求等，这些就是内部营销的沟通管理。

3. 企业文化的培养

现代饭店注重企业文化。所谓企业文化，就是企业员工在长期的生产经营活动中培养形成并共同遵守的最高目标、价值标准、基本信念及行为规范。主要包括企业的最高目标和宗旨、共同的价值观、行为规范和规章制度、企业环境和公共关系、企业形象识别系统、培育和造就团队中杰出的人物。

（1）企业文化的内涵。

① 企业文化是一种经济文化。首先，企业是通过一定的资源投入获得产出的基本经济单位，因此，企业文化必然反映企业的最高经营目标、经营思想、经营哲学、发展战略及有关制度等。其次，企业文化会伴随内外环境的变化而不断发展，有时需要局部的调整，有时则要作较大的变动，根本原因在于企业文化是为经营目标服务的。最后，企业经营活动中的物质形态也会折射出企业文化的不同层面，产品的特色反映了企业的经营观和顾客观，

工作环境折射出企业的审美观和对员工的情感。

② 企业文化是一种管理文化。管理是通过有效配置企业的资源,以达到组织目标的过程。人是管理中最核心、最复杂的要素,只有人才能调动、利用其他资源,也只有人开展的创造性的活动才能使企业的管理有条不紊。因此,管理中的核心内容就是发挥人的主动性、积极性、创造性,并与其他资源有机结合起来,提高资源的配置效率,从而为实现企业的目标服务。

③ 企业文化是一种组织文化。通过企业文化可以形成共同的群体意识及行为标准,使组织内部权力、责任明确,利益均衡,团结互助气氛强烈。制度与文化双层约束机制可以有效保证组织目标的实现。另外,企业文化产生于特定的组织,当组织原则、组织结构、组织过程及组织环境发生变化时,企业文化的动态性就要表现出来,否则企业文化将制约组织目标的实现。

(2) 企业文化的特性。

① 时代性:企业文化应对时代特征和时代精神有所反映,如市场经济意识、竞争与协作意识、顾客至上意识、战略管理意识等。同时,企业文化也反映社会未来的发展趋势,如环保意识、绿色产品、网络经济、电子商务等。

② 人文性。企业文化是围绕企业的总目标而建立的,是人们形成的共同价值观,以调节人与人之间最基本的关系为目的。企业文化对人际关系的调节不依自然规律进行,而有自身的运动规律,即文化特有的规律——人文性。

③ 多样性。不同企业构建企业文化的基础差别很大,因此,企业文化具有鲜明的个性。虽然企业文化有共同的特征和属性,但每个企业文化的差异性构成了企业文化的多样性。

④ 可塑性。企业文化的形成是一个复杂的文化演变过程,即使在企业文化形成后,由于内外环境的相互作用,还是需要不断更新企业文化,以使其保持活力。

⑤ 系统性。企业文化是一个微观文化系统,是企业之间相互联系、相互依赖、相互作用的不同层次、不同部分结合而成的有机整体。第一,企业文化的建设要立足于整个社会并具体表现在企业的各个层面上;第二,企业文化的组成要素要以一定的方式排列,按照严密的程序结合在一起,以形成整体大于局部总和的特点;第三,企业有自己的目标体系,这是企业前进的内动力。企业文化把企业目标内化为企业的价值系统,通过运转价值系统推动企业目标的实现。

⑥ 无形性。企业文化内化为共同的理想、价值观念和行为准则,贯穿在员工的思维方式和行为态度中,它对员工的影响是长期的、潜移默化的。企业文化的无形性可以通过有形的载体表现出来,例如,员工的行为、举止、精神风貌等,产品的质量、包装、售后服务等。

⑦ 稳定性。企业文化的诞生有一个过程,表现为思想和意识的稳定性。稳定性是相对的,由于内外条件的不断变化,要将稳定性与灵活性相结合,及时调整企业文化中过时的部分,充实新鲜的内容,这样才能保持企业的活力。

⑧ 软约束性。企业文化以各种形式熏陶、感染、引导员工,使员工对企业目标、行为规

范及价值观念产生认同,从而自觉遵守组织中共同的价值观和行为准则。这种约束不是强制性的,而是通过群体意识的影响力,使员工在遵守企业文化时,得到群体的认同和赞扬,产生心理的平衡感和满足感。

⑨ 鲜明个性。企业文化是共性和个性的统一体,无论何种企业文化,都会提倡调动员工的积极性和创造性,都会以顾客为核心制定战略。由于行业特点、经营环境、产品特性、历史特点、社区条件等方面的差异,企业文化也会表现出鲜明的个性。

(3) 企业文化的功能。

① 引导功能:企业文化以各种方式引导员工为实现企业的目标而自觉努力。一方面是直接引导员工的心理、思维和行为;另一方面是通过整体价值观的认同,引导员工进行自我约束,调整公私之间的平衡。良好的企业文化应当引导员工自觉投身到企业的发展和建设中。

② 整合功能。企业文化以巧妙的方式来沟通与员工的感情,在无形中将群体的不同信念、理想、作风、情操融合在一起,形成群体的认同感,将所有成员团结在一起。

③ 激励作用。在企业中,对员工最好的激励是尊重的气氛和自我发展的空间。企业文化通过创造人文主义的氛围,使员工感受到企业对他们的尊重,从而激发出极大的工作热情。另外,企业文化通过塑造一种和谐、宽松的气氛,为员工创造自由发挥的空间,使他们把自我实现的心理需求与企业的目标有机结合起来,从而产生一种极大的激励作用。激励功能的效果是长久的。

④ 约束功能。企业正常运转需要约束机制将不同个性的员工思想和行为统一化。企业文化在这方面发挥着巨大的作用。文字形式的管理制度是企业文化的表层约束机制,企业文化更注重深层次的约束,即通过社会文化亲和力来实现约束功能。

⑤ 辐射功能。在企业发展的初始阶段,企业文化的影响力较小,仅限于组织内部。当企业实力逐渐增强之后,企业与外界交往也会日渐增多,企业文化开始向外扩展,通过公共关系、业务关系、企业形象等渠道,将丰富的文化内涵展现在公众面前,这种辐射作用会传递到周围区域,使某些社区具有企业文化的特征。

⑥ 稳定功能。企业文化的精神内容会逐渐渗透到企业的各个层面上,一旦确立就很难在短期内改变,其发挥的作用将持续较长时期,甚至当外界环境发生变化时,都不会轻易改变。稳定功能可以使企业文化中的精华长久地保存下去,促进企业健康发展。

(4) 企业文化的建设。现代饭店企业文化建设是一项长期的任务,需要广泛而持久的行动计划的支持。其做法包括以下几方面。

① 确立服务战略。根据市场竞争的需要确立服务导向战略,战略主要反映在服务理念、工作宗旨、人际关系和用人哲学上,由此引导企业文化的建立。

② 优化组织结构模式。通过组织的扁平化减少管理层次,实现人力资源结构的合理配置,充实直接面向顾客的服务队伍,保证服务组织的有效性,同时进行运作体系、日常规范和工作流程的改进。

③ 提高领导能力。建立服务导向的领导体系可以促进良好服务的实现。领导以身作则,与员工沟通并关心员工,由此形成融洽的工作氛围,使建设企业文化成为所有员工的共

同愿景。

资料:锦江集团的经营管理特色

④ 服务培训引导。自上而下的培训是形成企业文化的重要保证,知识和态度的培训应相辅相成。

饭店管理是从饭店本身的经营管理特点出发而形成的一门研究,它是以管理学的一般原理为基础的。饭店管理者要进行有效的管理,还应了解人类管理思想的发展过程及其理论来源。

本 章 小 结

- 现代饭店是以间(套)夜为时间单位出租客房,以住宿服务为主,并提供商务、会议、休闲、度假等相应服务的住宿设施。对饭店定义的分析、饭店分类方法的了解及现代饭店业态变化的研究,有助于对现代饭店进行全面了解。

- 随着人类社会的发展,饭店的服务功能及范围大大拓展,其设施设备的装备水平及服务手段也日趋现代化、专业化,已成为现代社会中极具发展潜力的产业。通过对中外饭店业发展历史的回顾及饭店业发展趋势的展望,有助于人们把握饭店业发展的新动向。

- 理论源于实践又指导实践。现代饭店管理理论是以管理学的一般原理为基础的,把管理学的一般原理及其方法运用于饭店管理实践,形成了饭店经营管理的特有理念,包括顾客满意理念、顾客忠诚理念和员工满意理念。这些理念在指导现代饭店经营中发挥了举足轻重的作用,值得饭店从业人员及管理者进行系统学习。

赛 证 直 通

一、在线练习

扫描二维码,进行在线练习。

在线练习1

二、问题思考

1. 根据饭店提供的服务进行业态分类,饭店分为哪几类?每一类饭店的代表性品牌有哪些?
2. 中国饭店产业的发展环境和发展态势分别是什么?
3. 饭店管理的基本内容有哪些?

4. 顾客忠诚度的衡量标准有哪几个？如何在饭店经营中培育忠诚顾客？

三、拓展训练

三至四人为一小组，通过网络查找资料或实地考察饭店的方式，进行以下问题的研究，将调研结果在课堂上进行小组演示讲解。

1. 明确该饭店的类型及其品牌特点，描述该品牌的主要客户群体及群体的主要特征。
2. 列出该饭店品牌的产品风格、饭店设施及提供的服务。

第二章 饭店的战略模式与选择

学习目标

知识目标

1. 了解饭店基本战略的内容、特点和制定过程。
2. 熟悉饭店发展战略的基本模式和选择方法。
3. 理解影响饭店战略选择的环境因素。

能力目标

1. 能结合影响战略选择的环境因素分析饭店发展战略的选择。
2. 能明确三大竞争战略的适用条件。
3. 能应用三大竞争战略进行案例分析。

素养目标

1. 培养战略思维,树立对饭店战略的基本认知。
2. 培养对饭店管理的热情,提升职业认同感。
3. 促进对不同层次的饭店战略的理解。

第一节　饭店基本战略的内容与特点

视频：饭店基本战略的内容与特点

战略一词源于军事活动的术语，是指军事统帅指导战争全局的谋略。企业管理者逐渐认识到外部环境对企业生存和发展的重要影响，开始把管理的重心从满足职能领域的有效管理转移到企业的战略管理。

如果说管理的职能是决定如何做，即如何以最佳方式完成一项工作，那么战略管理则是确定做什么，即确定自己的发展目标和决定一个组织应该做些什么。

一、饭店基本战略的内容

战略是企业为了求得持续、稳定的发展，在预测和把握企业外部环境和内部条件变化的基础上，对企业发展的总体目标作出的谋划和根本对策。饭店的战略可分为基本战略、发展战略和竞争战略三个层次。

基本战略是饭店第一层次的战略，其内容主要包括以下四个方面。

（一）战略方向

饭店的战略方向，是指在饭店管理者经营思想的指导下，决定的饭店长远发展方向，是饭店领导者对饭店未来的构思和设想。其主要内容包括以下几点。

1. 确定饭店未来的发展方向

它要求饭店在市场调查和预测的基础上，确定自己的客源市场和经营范围。饭店属于综合性企业，经营的项目很多，如客房、餐饮、会议设施、酒吧、康乐设施等。不同的经营项目，其经营收入是不同的。但从构成饭店的主体而言，客房和餐饮是饭店的主要经营项目，饭店的资源应主要集中在这两个方面。但是，随着现代饭店日益成为开展社会政治、经济等活动的重要场所，饭店的经营范围也发生了很大的变化。任何饭店都应根据市场需求的变化来确定未来的发展方向。

2. 确定饭店企业开拓市场的发展方向

饭店的市场开发是饭店经营的重要问题。饭店未来的服务对象是谁？主攻的目标市场在哪里？这些问题直接关系到饭店经营的成败。

确定饭店开拓市场的发展方向，目标市场的确定是核心。它要求饭店在客源市场需求分析的基础上，结合自己的特点，确定自己的服务对象、服务标准及基本的经营方针。例如，商务型饭店的客源主要是商务旅游者，因此，饭店的设施和服务要求会与度假型饭店有许多区别。

3. 确定饭店未来的规模和发展水平

任何饭店，特别是大型饭店，都要在正确评估内部条件和设备的基础上，把握饭店所具有的一切发展因素，确定饭店在相当长的时期内的发展规模和水平。饭店的领导者，应当确定饭店在一个相当长的时期里主要干些什么，达到什么样的规模，在国内外同行业中应居于什么地位等。

（二）战略目标

饭店的战略目标是以一个或两个目标为主导的一组相互联系和相互制约的目标体系，其核心是以销售额和利润额为主导的战略目标体系。它要求饭店在高效率、低成本、不断扩大市场的基础上，以销售额保证利润额，二者同步增长。因此，可以说饭店的战略目标是实现饭店战略的一系列经济指标的总和。

确定饭店战略目标时应当注意以下几个问题。

1. 研究、考虑和预测未来的市场发展趋势

利用过去和现在的数据，来推断和预测未来的发展。

2. 分析饭店内部所具有的发展条件

其中包括可运用的发展资金、饭店员工的素质，同时也要预估饭店的设备情况，检查本饭店是否已经具备了实现饭店战略目标的条件。

3. 饭店的战略目标是一组相互联系和制约的目标系统

它是饭店总目标体系和部门目标体系的结合，确定战略目标，要使部门目标同总目标系统保持一致，并使部门之间的目标得以协调。

（三）战略方针

饭店的战略方针，就是饭店围绕实现战略目标所制定的行为规范和政策性的决策。它涉及饭店经营目的和方法，饭店与顾客、员工的关系等。战略方针将随着饭店内部环境的变化而变化，饭店在不同的时期会采取不同的战略方针。

饭店经营的总方针，通常是由饭店的最高领导者来制定的。为了能把总方针落实到各项具体工作中去，饭店各个部门也都有自己的一套方针，称为局部方针。局部方针是以总方针为基础形成的，是对总方针的扩大化和具体化。

按照饭店外部和内部的关联来制定方针是非常有效的方法。如上所述，饭店顾客、员工、合作者和供应商是经常要和饭店产生关联的四个群体。饭店的战略方针可以相对于他们而形成销售方针、服务方针、劳资方针、经营合作方针、采购方针等几个基本的方针。其中，饭店的销售方针是针对顾客而言的，又可称作顾客方针，它是饭店为了吸引顾客所采取的对策，如公平的价格、服务方式、服务态度和支付方式等。现在许多饭店企业提出的"多种经营""薄利多销"等方针，就属于销售方针的范畴。

（四）战略措施

饭店的战略措施是饭店为实现其战略目标，在战略方针的指导下，就饭店发展中的中短期的、局部的经营问题所采取的各种对策与措施的总称。战略措施是饭店基本战略的重要组成部分，是饭店基本战略的具体体现和实际运用，是确保战略目标实现的有效手段。战略措施集中体现在一系列饭店的经营计划和决策制定上。从这一意义上说，饭店的经营计划和决策是以饭店的基本战略为基础的，是战略的具体化。

二、饭店基本战略的特点

饭店的基本战略是饭店经营思想的集中体现，反映饭店发展的根本要求，也是饭店制

定计划和进行经营决策的基础。饭店的基本战略,应体现以下四个方面的特点。

(一) 长期性

基本战略是对饭店未来较长时期如何生存和发展通盘筹划的结果。它不是饭店对外部环境短期振荡和日常经营活动所作出的反应,它着眼于未来,关注的是饭店的长远利益,要解决的是饭店未来的经营方向和目标。饭店基本战略的实现,要求从根本上改变饭店的面貌,使饭店达到一个全新的发展水平。

(二) 全局性

基本战略是以饭店的全局为对象,根据饭店的总体发展的需要而制定的。全局性是战略的最根本的特征,一个饭店的基本战略,必须能从总体上统筹并指导企业的经营活动,其着眼点不是局部利益的得失,而是全局的发展,如果局部利益与全局利益发生冲突,往往要保证全局利益的发展。

(三) 稳定性

饭店战略与其他战略一样,要求具有稳定性,不能朝令夕改。饭店若要实现较长时期的战略目标,企业家在制定战略的时候,就要做深入细致的调查研究,客观地估量饭店在发展过程中可能出现的各种利弊条件,做出科学的预测,使饭店战略建立在既先进又稳妥可靠的基础上。

当然,稳定性并不排除基本战略的应变性。由于饭店的外部环境在不断地发生变化,因而要求饭店能适应环境的变化,特别是在经营环境发生重大变化之后,能够做出必要的调整。

(四) 竞争性

饭店是在激烈的竞争中求得生存和发展的。基本战略是饭店在激烈竞争中如何与竞争对手抗衡的行动方案。它与那些单纯以改善饭店现状、增强饭店效益、提高管理水平为目的的近期方案不同。它所谋求的是改变饭店在竞争中的力量对比,在全面分析竞争对手的基础上,扬长避短,发挥优势,不断提高饭店的市场占有率,从而使饭店在竞争中占据有利地位,不断发展和成长,最终成为胜利者。

三、饭店基本战略的制定过程

饭店基本战略的制定过程,就是在正确的战略思想的指导下,在对饭店所面临的外部环境和内部条件进行分析的基础上,确定饭店的战略目标,明确饭店的经营领域,以及制定相应的方针和策略的过程。它一般包括以下几个步骤。

(一) 确定饭店的使命

确定饭店的使命实际上是为了回答战略的核心定位问题,即"我们的饭店应该是什么样的饭店"。只有那些能够正确认识到自己使命的饭店,才能制定出行之有效的战略规划。

(二) 研究经营环境和经营能力

在明确了现代饭店的使命之后,就需要进行经营环境和经营能力的分析,把握其现状和未来发展趋势,以便为确定饭店的战略目标收集各种有关的经济信息,为确定基本战略提供必要的资料和依据。

（三）确定战略目标

将饭店面临的经营环境和自身的经营能力结合起来，把饭店的使命化为一系列具体的经营目标。如击败竞争对手、提高市场占有率等。饭店使命是内在的、永恒的、原则性的，而饭店目标则是外在的、阶段性的、具体化的、在饭店使命的指导下设定的。

（四）确定战略行动

当饭店的使命、战略目标确定以后，就要考虑如何来实现这些目标，使饭店不断成长发展。战略行动的确定要依靠饭店全体成员的共同努力。首先，要进行广泛讨论，让饭店各级人员畅所欲言，提出自己的见解，使战略行动方案具有群众性、民主性。其次，由饭店的智囊团运用现代科学方法进行系统的整合和论证，提出可行的战略行动方案。最后，由饭店领导抉择，确定饭店的战略行动。

（五）战略的总结、评价与修正

饭店的基本战略是主观思维活动的产物，它在实践中会与客观现实产生一些差距。因此，在基本战略的实施过程中，饭店必须对基本战略进行总结、评价，并加以修正。饭店要密切掌握外部环境和内部条件变化的动向，及时地修正战略中不适宜的部分，使基本战略始终与时俱进，保证基本战略对饭店经营活动的指导作用。

第二节　饭店发展战略的模式与选择

饭店的发展战略，是饭店第二层次的战略，包括饭店业务是采取快速发展战略还是采取稳定或紧缩的发展战略，是采取单一业务还是多元化发展战略等。现代饭店在实施经营活动时，必须明确饭店的发展战略，这是饭店发展的路径，也是饭店在复杂多变的环境中求得生存的保证。

视频：饭店发展战略的模式与选择

一、饭店发展战略的基本模式

根据饭店战略行为的各自特点，可以将饭店发展战略划分为以下四种基本模式。

（一）发展型战略

发展型战略就是对饭店经营范围从广度和深度上进行全面渗透和扩大的一种战略模式。具体来讲，有以下三种类型：

第一，市场渗透战略，是指饭店利用自己在市场上的优势，扩大经营业务，向纵深发展，在竞争中把更多的顾客吸引到自己这里来，以提高市场占有率。

第二，产品发展战略，是指饭店通过扩大经营品种、保证产品质量，以适应市场变化和消费者需要，不断扩大产品销售。

第三，市场开拓战略，饭店经营不断发展，而市场却受到很大的限制，因此，必须选择和发展新市场，如建立连锁经营网点、拓展经营渠道等。

（二）稳定型战略

稳定型战略又可具体分为稳定防御战略和先稳定后发展型战略。稳定防御战略，指饭店在现有经营条件下,采取以守为攻,以安全经营为宗旨,不冒大风险的一种战略。先稳定后发展战略则是先采取措施扭转内部劣势,伺机而动,在改善内部经营管理基础上再向外发展的一种战略。

(三)紧缩型战略

紧缩型战略是指饭店缩小经营规模、减少投入,以谋求摆脱困境的一种战略。饭店在经济不景气时期常采用这一战略,但在实行紧缩措施的同时,应加强预测,对经营业务作出调整,积极做好迎接新的增长的准备工作。

(四)多元化战略

多元化战略是指饭店利用现有资源和优势,发展不同行业的其他业务的战略。这种战略的特点是分散经营风险;把多元新产品和多个目标市场有机地结合起来,多方面地、长久地占领市场,提高了饭店的应变能力。这种战略的产生是市场扩大化和竞争复杂化的结果,但在给饭店创造新机会和提高资源利用率的同时,也给饭店带来很大的经营风险。

二、饭店发展战略的选择方法

饭店经营者可以采用SWOT分析法,来确定饭店的发展战略。S和W是指饭店内部的优势与劣势(Strengths and Weaknesses),O和T是指饭店外部的机会与威胁(Opportunities and Threats)。因此,SWOT分析也称经营环境分析,是广为应用的一种战略分析方法。饭店经营者通过对经营环境进行系统的、有目的的诊断,在明确本饭店的优势(S)、劣势(W)、机会(O)、威胁(T)的基础上,确定自身的发展战略。

(一)饭店经营的优势与劣势的分析

饭店的经营管理活动主要受到来自饭店内部和外部众多因素的影响。有利于饭店经营活动顺利而有成效开展的饭店内部因素,称为饭店经营的优势(S),如饭店优良的组织结构、现代化经营思想、优秀的饭店品牌文化及雄厚的企业资源等。反之,不利于饭店经营活动开展的饭店内部因素,称为饭店经营的劣势(W),如低劣的员工素质、紊乱的管理制度、不称职的管理人员、低品位的饭店品牌文化等。

(二)饭店经营的机会与威胁的分析

饭店经营的机会(O),是指有利于饭店开拓市场、有效地开展经营活动的饭店外部环境因素,如良好的国家经济政策、高速度增长的市场等。反之,不利于饭店开展经营活动的外部环境因素,称之为饭店经营的威胁(T),如竞争对手数量增多、竞争对手实力增强、目标市场萎缩等。

(三)饭店发展战略的选择

如果饭店外部有众多机会,内部又具有强大优势,可采用发展型战略;如果外部有机会,而内部条件不佳,宜采用稳定型战略;如外部有威胁,内部状况又不佳,应设法避开威胁、消除劣势,可采用紧缩型战略;当饭店拥有内部优势而外部存在威胁时,宜采用多元化战略,以分散风险,寻求新的机会(见图2-1)。

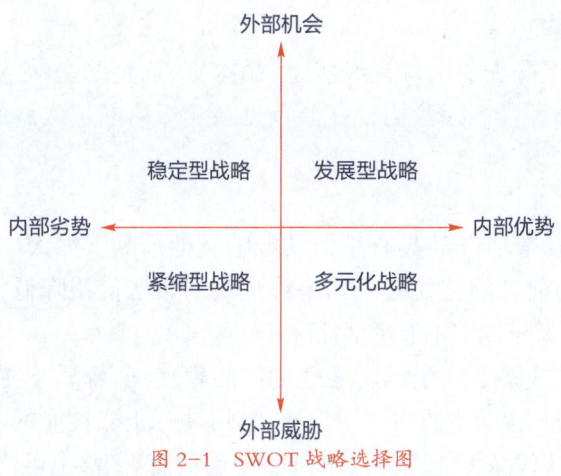

图 2-1 SWOT 战略选择图

三、影响饭店战略选择的环境因素

对饭店而言,经营环境可以分为两种:一种是饭店经营的宏观环境,它包括饭店所处的政治、经济、文化、技术、自然环境等。这些环境因素对饭店经营活动的影响是普遍的,因而可以视宏观环境为饭店经营活动的外生变量。另一种环境与饭店经营活动相关,并且饭店的经营活动会影响和改变这种环境,这就是饭店经营的微观环境,也称行业竞争环境,它是饭店在作发展战略选择时,必须着重分析的因素。

目前饭店在分析行业竞争时,普遍采用哈佛大学教授迈克尔·波特的五力分析模型。他认为,一个行业的激烈竞争不是事物的巧合,其根源在于其内在的行业结构(见图 2-2)。

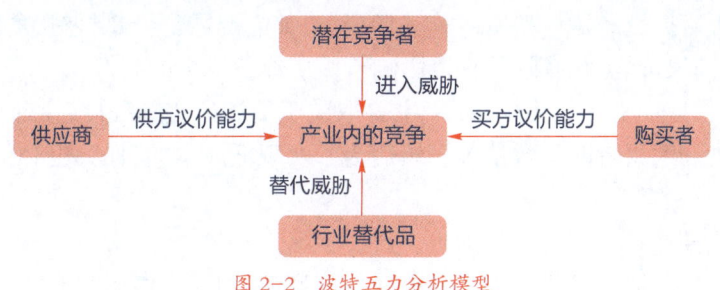

图 2-2 波特五力分析模型

现代饭店面临着五种基本力量的挑战,它们分别是:新建饭店的进入威胁、替代品威胁、购买者议价能力、供应商议价能力以及产业内的竞争。这五种基本力量的强弱及其组合决定了饭店业竞争的激烈程度,决定着每一家饭店盈利的最终潜力。其中,强度最大的作用力将决定饭店战略的形成。

(一)新建饭店的进入威胁

在市场容量与经济资源有限的情况下,新饭店的出现势必加剧原有饭店之间的竞争激烈程度,原有的饭店必定要采取相应的策略以对抗新饭店产生的威胁,以保证自己既得利益不受损失。进入威胁大小取决于进入壁垒的高低,如果饭店市场的进入壁垒高,进入的威胁就小。

饭店市场的进入壁垒主要由规模经济、产品差别、资金壁垒、企业转换成本、专业管理经验、政府管制及市场容量等因素构成。要预见新建饭店的进入威胁程度，就需做好上述因素的分析。

(二) 替代品威胁

替代品是指那些与饭店产品具有相似功能的其他产品。如饭店的餐厅与饭店周围的餐馆，后者就可以视为前者的替代品。如果替代品的市场价格降低，被替代的产品或服务的需求就会同步下降，除非被替代的产品价格同时下降。

应该指出，替代品威胁不同于饭店之间的产品替代，后者属于在同一行业中不同饭店提供的产品差别，而替代品通常是指不同行业之间具有相似功能的产品，如饭店的客房与新兴的物业写字楼。替代品可能因为技术进步与创新而出现，也可能因为其他行业的产品功能延伸而产生。因此，替代品的出现通常反映了时代的进步。

(三) 购买者议价能力

在饭店业竞争结构的要素组合中，唯有购买者愿意支付的价格水平才能形成饭店的收益。因此，购买者的压力直接决定着饭店的盈利水平。购买者的议价能力主要取决于对市场信息了解的充分程度、购买者的收入水平、购买者的消费偏好及购买产品的数量。

需要指出的是，在现实生活中，购买者并非就是服务或产品的消费者，购买者还可以是消费者的代理商或产品的中介。在饭店经营中，中介作为一类特殊的购买者，他们的购买主要不是为了消费，而是为了转售或组成各种旅游产品向最终消费者出售，因此，他们更关心饭店产品的价格，具有不同于一般购买者的特点。

(四) 供应商议价能力

供应商向饭店提供经营活动所需的一切资源，如能源、资金、原材料、食品饮料、易耗品等。因此，供应商议价能力的强弱，直接影响着饭店经营成本的高低。

一般而言，供应商竞争压力的大小，主要取决于资源的垄断程度、供应商的生产成本、资源的短缺程度和购买者购买数量等。饭店为了实现低成本的目的，也必须做好上述因素的分析。

(五) 产业内的竞争

影响饭店经营环境的最重要因素是产业内的竞争，即现有饭店之间的抗衡。由于各地饭店数量与结构不同，那么在不同地区、不同城市的饭店之间，竞争的激烈程度是不一样的。

总之，在行业竞争结构分析中，饭店经营者的任务，就是通过五种竞争力量的具体分析，明确自身所处的微观环境，寻求有利地位，制定切实可行的发展战略，以较好地防御这五种力量的威胁。

第三节　饭店竞争战略的模式与运用

竞争战略是饭店战略的第三层次。竞争战略关心的是相对于竞争者而言，企业在市场上的竞争地位。

当选择竞争战略时,饭店通常从两个方面评估竞争优势:企业经营成本低于竞争对手;产品具有某种特殊性能,并且能够以高价出售而弥补成本。

根据企业参与市场竞争的范围以及企业的竞争优势,可以分为三大通用竞争战略,即成本领先战略、差异化战略和专一化战略(见图2-3),这些也是饭店在不同发展时期,面对不同竞争环境所选择与实施的三种竞争战略。

视频:饭店竞争战略的模式与运用

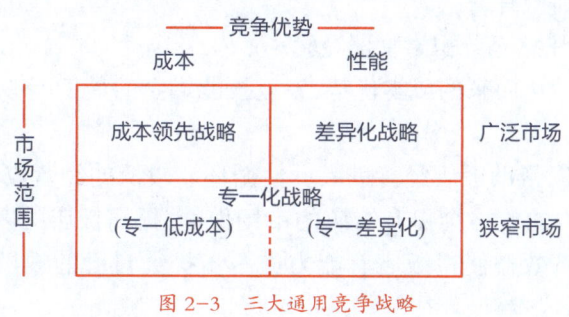

图2-3 三大通用竞争战略

一、饭店的成本领先战略

成本领先战略也称价格竞争战略。由于饭店产品价格的基础是经营成本,因而该战略的核心是努力降低自己产品的成本。虽然创造性的设计、产品质量、售后服务及其他方面也不容忽视,但是战略的中心是使成本低于竞争对手。

(一)成本领先战略的竞争优势

成本领先战略的竞争优势主要表现在:饭店的低成本地位有利于在强大的买方威胁中保护自己,抵抗竞争对手的价格压力,并使效率居于其次地位的竞争对手逐渐退出市场,从而使饭店处于市场垄断地位;较低的成本与价格水平也可以形成有效的市场进入壁垒,使新进入者举步维艰;在不断致力于将成本降至竞争对手之下的过程中,饭店的管理效率也得到了提高。

(二)成本领先战略的竞争风险

但成本领先战略并不是完美的。其经营风险主要表现在三个方面:对于低成本战略,竞争对手易于模仿且有时能够很成功地学会实施这种战略;竞争对手很可能凭借技术革新,获得更低的经营成本;由于饭店集中精力研究如何降低成本,很有可能忽视消费者需求发生的变化。

(三)成本领先战略在饭店的运用

20世纪50—70年代,产品标准化、连锁经营是这一时期饭店业最普遍的竞争策略。通过产品标准化,饭店降低了经营成本;在标准化基础上实施的连锁经营,又给饭店带来了规模效益,从而使饭店业进入了良性循环。

目前,饭店降低经营成本、提升竞争力的途径主要有以下几种。

1. 在饭店经营中努力追求规模经济效益

包括各种原材料的采购、饭店产品的营销、饭店内部的管理等各个环节，都存在产生规模经济效益的潜力。选择饭店最佳规模，是降低饭店经营成本最重要的问题。

2. 在饭店经营中努力实现联合成本优势

饭店服务多为综合性服务，使得某些成本可以被更多服务项目分摊，从而降低单项服务的支出水平。但是，联合成本优势并非就是饭店服务项目越多越明显，这种优势还与相应设施设备的利用率高低有关。

3. 在饭店经营中注意充分积累管理经验

这是一种由经验转化而来的成本优势，专业技能娴熟的员工能够有效地降低饭店服务的成本。

成本领先战略可以帮助饭店经营进入良性循环。较低的经营成本为有竞争力的价格奠定了基础；有竞争力的价格会提升饭店的市场份额，提高饭店的客房出租率，从而提高饭店收益；较高的经济效益使得饭店有能力进一步扩大自己的规模，增加自己的服务项目，从而形成新的较低成本，循环往复。

当然，要成功实施这一经营战略，应注意其中隐含的条件：第一，饭店之间的产品是同质无差别的；第二，在顾客心目中，价格比产品差别更重要；第三，饭店产品的需求弹性很大，降低价格能够有效刺激需求，使饭店出租率明显提高；第四，销售量的增加能够弥补因价格下降而给饭店带来的利润损失；第五，饭店规模的扩大、服务项目的增加，能够有效提高饭店吸引力，降低产品平均成本。

二、饭店的差异化战略

差异化战略是指将饭店提供的产品或服务与竞争对手区别开来，形成饭店在产业范围中具有的独特品质。它主要是利用需求者对各品牌的信任，以及由此产生的对价格敏感度的下降，使饭店避开竞争。饭店的产品或服务可以在许多方面实现别具一格，如品牌形象、客户服务、技术优势、产品更新、营销网络等。差异化战略实施的关键在于特色的选择必须有别于竞争对手，并且足以使溢价超过饭店追求差异化的成本。

(一) 差异化战略的竞争优势

差异化战略的竞争优势主要体现在产品差别使购买者选择范围缩小，削弱了购买者议价的能力，能够给企业带来较高的收益；消费者对符合自己偏好的产品会形成一种忠诚心理，这种顾客的忠诚度使得饭店避开了竞争；对产品差别的忠诚还会形成市场进入壁垒，从而有效地阻止新进入者。

(二) 差异化战略的竞争风险

差异化战略也会使饭店面临下列经营风险：如果饭店提供的产品或服务的独特性并未给消费者带来期望的价值，消费者将不会为该产品支付高价；如果产品的差别未能降低消费者对价格的敏感度，消费者可能放弃购买产品以节省费用；如果产品创新缺乏必要的制度保护，竞争者的模仿也将使差异减少。

（三）差异化战略在饭店的运用

20世纪80~90年代，饭店业竞争加剧。这种竞争压力迫使饭店经营战略从产品成本转向产品性能。质量管理、品牌打造是这个时期饭店业最普遍的竞争策略。通过质量管理，提升了饭店的竞争力；在质量管理基础上打造的饭店品牌，使企业与竞争对手的产品和服务相区别，培养、造就了一大批对饭店产品具有忠诚心理的消费者，而顾客的忠诚心理又为饭店带来了稳定的客源与收益，为饭店不断提高服务质量水平创造了良好的条件。

今天，饭店经营者可以依据饭店产品满足顾客三种利益的原理，塑造饭店产品区别于竞争对手的特性。

1. 产品的核心利益

这是消费者购买的根本原因，也是消费者需求的中心内容。例如，会议策划人员所要解决的问题，主要是寻找一个有吸引力的地方，同时他们希望这家饭店的设施、食品是一流的，有足够的客房来接待会议参加者。每个参加会议的人都希望多了解一些有关情况，能有机会与他人交换意见，进行社交活动。因此，接待会议的饭店，就需解决会议策划者以及会议参加者的一系列问题。饭店的任务就是发现人们的需求，创造满足需求的条件，把顾客所需的核心利益提供给顾客。比如五星饭店的核心利益是为顾客提供豪华、舒适的享受；经济型饭店的核心利益是整洁的客房与合理的价格。

2. 产品的展现利益

产品的展现利益是从物质上展示出产品核心利益的各种因素，如饭店地理位置、建筑特色、周边环境、内部装饰、员工形象等。为了提高饭店产品在市场上的信誉与吸引力，塑造饭店区别于竞争对手的鲜明形象，饭店经营者应设法通过饭店产品的包装，使核心利益具体化。

3. 产品的附加利益

附加利益是指顾客购买产品所得到的额外利益。现代饭店竞争，也是企业在给予顾客额外价值方面的竞争。这种超值服务，构成了现代饭店产品差别化的重要来源，对增加产品的吸引力会产生一定的影响，对培养饭店的忠诚顾客起到很大的作用。

三、饭店的专一化战略

虽然，低成本战略与差异化战略各自的出发点不同，前者希望通过以低成本为基础的低价格吸引客人，后者依赖自己产品与他人的差别来赢得消费者青睐。但是，两者有一点则是共同的，这两种战略都是面向整个市场。然而，在通常情况下，一家饭店无法满足所有消费者的需求，每家饭店只能以其中的一部分人作为自己的目标顾客，这些消费者在饭店的经营活动中应该占有重要的地位。饭店应该正确选择这些特定的消费群体，为他们提供行之有效的各项服务。

所谓专一化战略，是指饭店将自己的经营目标集中在特定的细分市场，并且在这一细分市场上建立起自己的产品差别与价格优势。采用专一化战略的基础是饭店能够以更高的效率、更好的效果为某一狭窄范围内的顾客服务，从而超过在更广范围内的竞争对手。即饭店选择一个或一组细分市场，实行成本专一化或差别专一化战略，向此细分市场提供与众不同的服务,期望在该市场上有较大的占有率。

(一)专一化战略的竞争优势

饭店采用专一化战略的长处是专业化服务与专一化分工导致的相对较低成本、较低的价格敏感度,可以给饭店带来较高的经营利润;以消费者偏好为基础提供的专一化服务,增加了目标市场顾客的满意度,由忠诚顾客形成的细分市场构成了新进入者的壁垒;针对目标市场设计的专业服务及其经验,使替代品的威胁降到最低水平。

(二)专一化战略的竞争风险

饭店实施专一化战略面临的主要风险为专一化经营使得饭店的市场范围缩小,经营风险增大;在与面向广泛市场的竞争者竞争时,饭店选择的细分市场必须是有吸引力的,但这通常是不易确定的;被饭店选定的目标市场的消费者需求可能与整个市场上的消费者需求相似,在这种情况下,专一化战略的优势就会丧失。

(三)专一化战略在饭店的运用

近年来,饭店所处的环境发生了巨大的变化,饭店产品的生命周期在不断缩短,数字化技术得到蓬勃发展,顾客追求个性化的欲望越来越强烈,以顾客为中心的竞争也变得越来越激烈,饭店的竞争战略也有了全新的发展。一种把定制的产品和服务进行个别化大规模生产的新模式,出现在21世纪饭店竞争的新前沿。大规模定制(Mass Customization)战略,把大规模生产和定制化生产这两种模式的优势有机地结合起来,在不牺牲饭店经济利益的前提下,以几乎每个人都付得起的价格提供差异化的产品,满足顾客个性化的需求。

当大多数饭店很难通过进一步降低成本、提升质量来赢得竞争优势时,关注个体(Individual Attention)成为饭店的核心战略。市场补缺策略、服务定制化策略成为现代饭店业流行的竞争策略。

1. 利基营销(Niche Marketing)

利基营销,又称"缝隙营销"或"补缺营销",就是在把自己的长处与竞争对手短处的比较中,选择饭店最有利的市场地位。市场已清楚地表明一种产品不能适应所有顾客,顾客也在寻找最适合自己的产品。利基营销要求饭店在确定自己强项与竞争者弱项的基础上,选择一个或一组细分市场,制定出一套有别于竞争对手的营销组合,集中力量争取在这些细分市场有较大的市场份额。找出某一竞争者无法比拟的特征强项,宁可在一个或一组细分市场上享有较大的市场占有率,而不愿在整个市场占有较小的市场份额。

2. 服务定制化

所谓产品或服务定制化策略,就是饭店为迎合消费者日益变化的消费需求,以针对性、差异化、个性化、人性化的产品和服务来打动顾客这种竞争策略的基本特征是:第一,饭店充分理解顾客的需求,即以顾客的需求作为服务的起点和终点。既要掌握顾客共性的、基本的需求,又要分析研究不同顾客的个性需求;既要注意客人的静态需求,又要在服务过程中随时注意观察顾客的动态需求;既要把握顾客的显性需求,又要努力发现顾客的隐性需求;既要满足顾客的当前需求,又要挖掘顾客的潜在需求。第二,个性化,即饭店要强调一对一的针对性服务。第三,人性化,即强调用心服务,真正体现一种真诚的人文关怀精神。第四,极致化,即在服务结果上追求尽善尽美,要求做到尽心和精心。

实施产品或服务定制化策略,就要求饭店细分客源,根据自身的经营条件选准客源市场中的一部分作为主攻对象;通过建立科学的客户档案,灵活提供各种恰到好处的服务;强化客源管理;以独特的品牌形象深入人心,在充分理解顾客需求、顾客心态的基础上,追求用心、极致的服务,和顾客建立一种稳定的、亲近的关系,在满足顾客个性需求的同时,为饭店赢得一大批忠诚顾客。

本 章 小 结

- 饭店战略的第一层次是基本战略,它是饭店经营者对饭店发展的总体目标作出的谋划和根本对策,具有长期性、全局性、稳定性、竞争性的特点。基本战略是饭店经营思想的集中表现,规定了饭店的发展方向。基本战略主要包括饭店战略方向、战略目标、战略方针以及战略措施。战略方向规定了饭店的发展方向;战略目标是饭店战略的具体化;战略方针是饭店为实现战略目标所制定的政策性决策;战略措施是在战略方针指导下就饭店发展中的经营问题采取的各种对策的总称。
- 战略的第二层次是发展战略。根据饭店战略行为的特点,饭店的发展战略可以划分为发展型、稳定型、紧缩型和多元化四种战略模式。饭店经营者可以通过SWOT分析方法,选择适合本饭店的发展战略。在进行战略选择时,必须研究潜在竞争者、行业替代品、供应商、购买者和产业内竞争五种基本竞争压力的影响。
- 战略的第三层次是竞争战略,它关心的是饭店相对于竞争者而言在市场上的竞争地位。在行业内处于有利地位的饭店,能够更好地对付五种基本竞争压力的挑战。饭店通常可以通过成本或性能与竞争对手比较,在特定的市场范围内,选择成本领先、差异化或专一化等通用竞争战略。

赛 证 直 通

一、在线练习

扫描二维码,进行在线练习。

在线练习2

二、问题思考

1. 饭店的基本战略包括哪些内容?具有什么特点?

2. 什么是SWOT分析法？

3. 饭店竞争战略有哪几种？每一种竞争战略的特点是什么，适合应用在哪种市场环境下？

三、讨论交流

以小组为单位，扫描二维码分析案例，对比万豪集团和华住集团的企业战略后，请找出两者在饭店发展周期中的战略共同点和不同点。

资料：酒店集团企业战略

第三章 饭店的投资与决策分析

学习目标

知识目标

1. 了解饭店筹资的主要方式和基本原则。
2. 理解饭店投资财务评价的主要方法和关键指标。
3. 熟悉在不同信息状态下的饭店决策分析和技术。

能力目标

1. 能进行饭店投资的整体可行性分析。
2. 根据饭店筹资的基本原则和策略选择,明确筹资资金的使用成本和防范风险。
3. 能运用饭店营业收入、营业费用指标预测饭店投资项目的可行性。

素养目标

1. 培养财务素养和系统思考的素养。
2. 培养饭店管理的宏观思维。
3. 通过了解中国饭店集团的发展成就来提升民族自豪感。

第一节　饭店筹资的方式与策略

资金是现代饭店企业开展经营活动的先决条件，没有资金的获取及其运行，饭店企业的经营活动便不能进行，饭店的战略目标就不可能实现。获取资金的过程也就是筹集资金的过程。

一、饭店筹资的主要方式

饭店筹资的方式主要包括：内部筹资，银行贷款，发行股票和债券，国际筹资，租赁筹资等。

（一）内部筹资

利用自有资金这条渠道筹措资金的好处，在于资金完全可以由企业自行安排支配，并且成本最低。但是内部筹资也有其缺陷，其中最主要的是筹资数量受到饭店自身实力的限制。饭店自有资金不仅包括闲置资金、专用资金，也包括饭店内部经济效益较低的占用资金。因此，饭店内部资金又可以分为以下几种形式。

1. 企业留利

这是指饭店上缴税利以后归自己支配的纯收入。从严格意义上说，企业内部筹资的来源是饭店经营的利润，利润资本化是其实质。

2. 折旧基金

固定资产折旧是饭店内部一项主要资金来源。折旧基金原则上用于保证固定资产简单再生产所需，其中一部分也可以用于扩大再生产。

3. 闲置资产的变卖

这是指饭店将自己一部分多余或低效的资产通过清算拍卖来筹措资金。通过这种办法，饭店不仅可以筹措到自己所需的资金，同时还可以优化饭店的经营结构。

4. 饭店应收账款

应收账款是饭店的债权，属于饭店内部资金。饭店可利用应收账款作为抵押获取银行贷款，或者将其出售以取得饭店所需资金。

5. 低效益资金占用转移

这部分资金一般较难界定，饭店应该根据自身经营状况，在与其他同类饭店比较的基础上进行相应的筹资活动。

（二）银行贷款

银行贷款是饭店筹集资金的重要来源。当饭店拥有良好的经营业绩与信誉时，可以通过银行贷款筹集资金。从筹资成本来看，银行贷款的成本饭店一般也能接受。通过银行贷款的主要问题在于这种方式的程序比较复杂，贷款规模与期限也有较强的限制。另外，国家金融政策的变动也会给饭店正常的筹资计划带来冲击。

在选择贷款银行时，饭店应该考虑以下几个方面的问题：① 贷款成本；② 承担风险的程度；③贷款专业化程度；④银行规模；⑤贷款附加服务。

饭店在向银行贷款前还应该考虑以下两个问题：其一是分析目标银行是否有发放贷款的能力；其二是分析饭店对于贷款的承受能力、贷款的支配能力以及贷款的偿还能力。饭店在贷款前应该对于自身的信誉、经营管理、发展潜力等进行评估，以判断是否符合银行贷款的有关要求。

（三）发行股票和债券

发行股票和债券筹集社会闲散资金，是饭店适应市场经济要求与社会化生产需要发展起来的一种重要的筹资途径。

1. 发行债券

债券主要是指公司债券，它是饭店为了筹集资金，依照法定的程序，约定在一定期间按票面金额还本付息的一种有价证券。债券代表持券人同饭店之间的债权债务关系，持券人可以按期取得固定利息，到期收回本金，但无权参与饭店经营管理，也不参加分红，持券人对饭店经营亏损不承担责任。发行债券是饭店筹措长期资金的主要方式。

债券的分类标准及种类很多。按发行方式划分，债券分为记名债券和不记名债券；按偿还方式划分，债券分为定期偿还债券和随时偿还债券；按有无抵押担保划分，债券又分为抵押债券和信用债券等。

2. 股票筹资

与债券不同，股票虽然也是饭店为了筹措资金而发行的一种有价证券，但是股票持有人对饭店资产拥有相应的所有权，可以凭股票领取股息或红利，并有权参加饭店股东大会，参与饭店的重大经营决策活动。

（四）国际筹资

国际筹资是指饭店通过各种方式引进吸收外国政府、企业和个人的资金，以满足饭店经营活动对资金的需要。饭店利用外资的方式可以归纳为直接利用外资与间接利用外资。

饭店直接利用外资一般不必对外举债，但是，饭店需要让渡部分资产所有权，并且与外方分享饭店经营利润。直接投资是国际长期资金流动的一种方式，其主要特点是投资者提供资金、技术与管理等方面的援助。外商独资、中外合资、中外合作都属于直接利用外资的形式。

间接利用外资一般不涉及饭店所有权的问题，但需要用外汇还本付息，因而经营风险较大。间接利用外资主要有以下几种形式。

（1）政府贷款。这是一国政府用其财政预算资金向另一国政府提供的优惠性贷款。这种贷款通常具有利率低、周期长的特点。

（2）国际金融机构贷款。这些金融机构包括国际货币基金组织、世界银行、亚洲开发银行等。

（3）发行国际债券。这是通过在国外发行债券来筹措资金的一种方式。

（4）出口信贷。这是外国政府为了鼓励商品出口，增强在国际市场上的竞争能力，通过本国银行向国外进口商提供的一种贷款。

(五) 租赁筹资

租赁是指有偿出让物件使用权的经济行为。从租赁的产生和发展看,其基本思想是"收益源于使用财产而非拥有财产"。这是一种用产品(包括设备)作为信贷的特殊方式,也是一种新型的融通中长期资金的有效手段。在租赁期间,饭店定期向租赁公司缴付租金,由此拥有设备的使用权,而出租人则享有设备最终意义上的所有权。租赁的方式可分为两种:经营租赁和融资租赁。

经营租赁是由租赁公司向饭店提供在短期内使用的设备,并提供设备的维修、保养、人员培训等其他相关服务。按照国家有关规定,短期租入的少量设备所付的租赁费可以计入成本。在这种租赁方式中,饭店可以不必先付款而取得设备的使用权。

融资租赁,又称资本租赁。其特点是:

(1) 由饭店而不是出租公司负责设备的选择、保险、保养和维修。出租公司负责垫付货款购买设备。

(2) 租赁期内设备的使用权和所有权分离,设备的所有权属出租公司,使用权归饭店。

(3) 租赁期满,饭店在付清最后一次租金并加付一定数额的转让费后,即取得这项设备的所有权。

(4) 租赁期内双方无权解除合同。

(5) 租赁期内,设备只租给一家饭店使用,租金大体上等于设备售价(包括运杂费和包装费)减去残值(如果有的话)加上贷款利息和租赁公司管理费。

(6) 租期较长,一般设备为3~5年,大型设备可以在10年以上。

融资租赁事先不必投资,只需预付10%~20%的保证金就可以获得设备并拥有使用权。租赁手续简便,引进设备速度快,并可以在纳税上获得好处。融资租赁不像经营租赁那样借物还物,定期付租,而是借物还钱,分期付款。融资租赁的优点在于饭店在某时急需某种设备,可及时向租赁公司租赁。有人把它比喻为"借鸡生蛋,用蛋还钱,还钱得鸡"。现在,饭店业的任何设备都可以租赁,租赁业已经成为银行业新的竞争者,成为饭店筹集资金、更新设备、扩大经营规模的手段。

二、饭店筹资的基本原则

饭店企业通过筹资活动,保证了企业经营活动的正常进行。但是,这并不意味着饭店可以无限制地借款举债,因为它同时也增大了饭店的经营风险。

例如,有A、B、C三家饭店,盈利率年均为20%,而银行借款利率为10%,则该饭店企业的经营结果如表3-1所示。

从表3-1可知,在盈利率大于银行借款利率的情况下,借入资金可以为饭店获得更多的盈利。但若上述三个饭店的盈利率均为10%,而银行借款利率为14%的话,则会得出相反的结论,这个结论可参见表3-2。

由此可见,饭店经营者必须对负债经营的风险有清醒的认识。在一般情况下,只有当饭店盈利率高于借款利率时,通过以股权资本作为基础得到的借入资金,才能为饭店获取更多的利润。

表 3-1　饭店经营利润表(1)

项目	A 饭店	B 饭店	C 饭店
注册股权资本 / 万元	1 000	1 000	1 000
借入资本 / 万元	0	1 000	2 000
经营资本总额 / 万元	1 000	2 000	3 000
财务杠杆作用 /%	0	50	67
企业盈利率 /%	20	20	20
盈利额 / 万元	200	400	600
减：利息支出 10%/ 万元	0	100	200
年度净利润额 / 万元	200	300	400

表 3-2　饭店经营利润表(2)

项目	A 饭店	B 饭店	C 饭店
注册股权资本 / 万元	1 000	1 000	1 000
借入资本 / 万元	0	1 000	2 000
经营资本总额 / 万元	1 000	2 000	3 000
财务杠杆作用 /%	0	50	67
企业盈利率 /%	10	10	10
盈利额 / 万元	100	200	300
减：利息支出 14%/ 万元	0	140	280
年度净利润额 / 万元	100	60	20

饭店在筹资过程中,应该遵循以下基本原则。

(一) 合理确定资金的需要量,控制资金投放时间

饭店的经营活动是在一定的时间范围内进行的。资金运转具有极强的时间性,资金只有在周转中才能创造效益。若是资金不足,会影响经营活动的正常开展,甚至会失去市场;若是资金过剩,会造成资金周转减慢,影响资金使用效果。由此可见,资金筹集、投放的时机是至关重要的。旅游活动是一种季节性很强的活动,因而为游客服务的饭店的经营活动也必然带有季节性,这样便造成资金需要量在不同季节是不同的。因此,要预测不同季节的资金需要量,合理安排资金的投放数量和投放时间,为加速资金周转、提高资金使用效果奠定基础。

(二) 考虑资金成本与资金效益的比例关系

资金的稀缺性决定了筹集资金必须付出代价,这一代价就是资金成本。资金来源的渠道不同,资金成本也就高低不等。而资金成本的高低是影响饭店盈利水平高低的重要因素。饭店筹资的目的是通过运用资金获得经济上的效益。资金成本是对资金的耗费,资金效益是使用资金的所得,所得大于所费,才能有经济上的效益可言;超过的越多,实现的效益越大。因此饭店在筹资时,一定要比较各种来源的资金成本,选择最有利的筹资方式组

合,争取以最低的资金成本获取最佳的资金效益。

(三) 控制负债资金比例,处理好筹资风险

饭店资金来源无外乎是自有资金和负债资金两种。在市场经济条件下,利用较多外借资金来经营,即负债经营,已成为现代企业资金营运的一种普遍形式。饭店作为一种企业,在资金营运中也必然会利用这种形式。使用负债资金虽然能带来经营上及财务上的利益,但如果控制不好或规模过大,就会造成债务危机,严重的会导致破产。因此,饭店在筹资时,必须掌握好负债资金的比例,注意筹资风险的防范,提高筹资效益。

三、饭店筹资策略的选择

一般而言,饭店企业的筹资主要与流动资产状况相联系。在饭店经营活动中,流动资产所占比重约为企业全部资金的30%。由于流动资金周转速度快、变现能力强,往往反映了饭店经营的总体效果。因此,如何筹资以融通流动资产是饭店筹资策略首先应考虑的问题。

由于饭店经营活动具有明显的淡旺季特点,相应的饭店流动资产也会出现类似的变化。一般而言,在旅游旺季,饭店对于资金会产生大量需求;到旅游淡季,市场需求疲软,饭店对于资金的需求就会大大减少。饭店筹资策略必须根据饭店经营的实际状况灵活选择。

在正常情况下,饭店的流动资产包括两个部分:一部分是永久性流动资产,这部分流动资产即使在旅游淡季也依然会保留;另一部分被称为临时性流动资产(图3-1)。

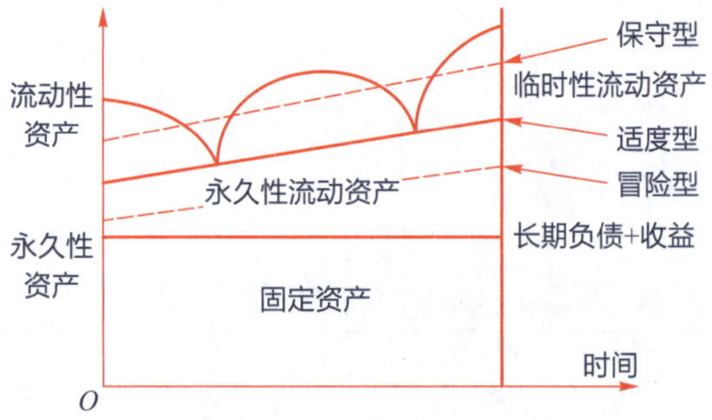

饭店筹资策略指的是与永久性流动资产和临时性流动资产有关的策略,也称短期筹资策略。

图 3-1 饭店筹资策略

(一) 冒险型筹资策略

这是一种积极的筹资策略。其特点表现为:饭店以长期负债与权益为条件来筹集永久性资产的一部分;其余的永久性资产与临时性资产则依靠短期资金来融通。采用这种筹资策略,饭店不仅要承担筹资困难的风险,还要面临由于利率上涨而支付更多利息的潜在风险。

此类策略虽然风险较大,但是如果饭店经营有方,其利润是十分可观的。

(二) 保守型筹资策略

这一筹资策略的主要特点在于:饭店不仅以长期资金来筹集永久性资产(包括流动资产与固定资产),而且以长期资金来满足由于淡旺季而产生的全部临时性资产的资金要求,几乎不需要短期资金的筹措,以至于有资金闲置。

饭店通常会将闲置资金投资于短期有价证券来获取报酬,在旺季时出售证券以满足饭店经营资金所需。

(三) 适度型筹资策略

这是一种比较普遍的饭店筹资策略,也是一种比较稳妥的饭店筹资策略。其特点为:

对于临时性资产以短期资金来筹措解决,而对于永久性资产均采取长期筹资方式来筹集所需的资金,从而使资产和负债的到期期限能相互配合。

选择此种策略,饭店可以降低其无法偿还的风险,避免陷入严重的财务危机。然而,由于饭店资产使用寿命的不确定性,做到完全的相互配合是有一定困难的。

第二节　饭店投资的可行性研究

投资是指通过资金的投入以期在未来获得预期收益的经济行为。饭店是资金密集型企业,饭店发展始终离不开投资支持,而投资行为发生后能否在未来获得预期收益,投资决策的正确与否至关重要。饭店投资的可行性研究,就是对投资成功前景所作的投入产出分析,它可以降低企业投资失败的概率,增加项目投资的信心,也有利于企业资金的筹集。

视频:饭店投资的可行性研究

一、饭店投资的分类

饭店的投资行为包括的内容较多,依据不同的目的可以进行不同的分类。下面是饭店投资行为的主要分类方法。

(一)按投资时间的长短分为短期投资和长期投资

短期投资是指能够随时变现的且投资时间不超过一年的短期性质的投资。在饭店经营活动中,现金流量是经常变动的,当现金流入量大于流出量的时候,就会产生现金闲置的状况,这种状况虽然会提升饭店的清偿能力,但却降低了饭店的盈利能力。这时饭店可以利用短期证券投资解决流动性与营利性的矛盾(因为短期证券流动性很强,仅次于现金,同时其盈利水平也高于同期存款利率)。

长期投资是指那些不准备短期内转让出去且持有时间在一年以上的有价证券或时间超过一年的其他投资。从长期投资的目的来看,主要包括积累资金、分散风险、控制其他企业、对重要的供应者提供财政援助等。

(二)按投资发生作用的地点分为对内投资和对外投资

对内投资是指为保证饭店正常的生产经营活动而进行的企业内的生产性投资。如购置新的固定资产、扩大经营规模、对老设备进行更新改造、大修理投资等。

对外投资是指饭店以各种形式,如现金、实物、无形资产、有价证券等方式对其他单位的投资。对外投资的目的具有多样性,但最根本的还是追求更多的收益。随着中国市场经济体制的建立,饭店经营的灵活性及风险性不断增强,企业间的相互渗透、对外联合越来越多,对外投资将日益活跃。对外投资从时间上来讲,包括短期投资和长期投资;从方式上来讲,包括证券投资和其他投资。

(三)按投资构成的资金性质分为固定资产投资和流动资金投资

固定资产投资指用于新建、扩建、改建或购置房屋建筑及机器设备等方面的投资,包括生产性投资和非生产性投资。这里主要指生产性投资。

流动资金投资主要是指对与饭店经营规模相适应的周转性资金占用所进行的投资。若要饭店经营活动顺利进行,离不开流动资金的周转。

(四) 按投资在再生产过程中的作用分为创始性投资和生产经营性投资

创始性投资是指饭店在筹建时的投资,是从无到有的投资过程,因而称为创始性投资。

生产经营性投资是在饭店营业之后,为了维持简单再生产或实现扩大再生产而进行的各项投资。如更新改造原设备、购置新设备等。

二、饭店建设投资的可行性研究

饭店是高固定成本结构的企业,而且使用年限较长,一旦投入往往难以改变,其投资决策成功与否对饭店未来的发展方向、发展速度和盈利能力都有重大影响。所以在进行饭店建设投资决策时,一定要做好可行性研究,从地区状况、饭店市场需求、项目建议与成本估算及收入与费用预测方面进行全面充分的论证。

(一) 地区状况分析

地区状况分析一般包括地区经济状况评价与位置分析两方面。

1. 地区经济状况评价

评价地区经济状况,其目的是掌握这一地区的经济发展水平和消费特点,以确定何种类型的产品在该地区经营最合适。如果该地区收入水平普遍较低,那么经营豪华饭店的成功希望就十分渺茫;如果该地区以商务客人为主,那么经营休闲度假饭店就不是明智之举。地区经济状况评价一般需从以下几方面进行分析。

(1) 人口因素。虽然当地人口数量与饭店客房出租率并没有直接联系,但人口发展趋势往往能反映当地经济发展趋势。而一个地区的人口结构,往往可以表明当地居民对饭店服务的需求量。

(2) 零售指数。商业零售额与饭店客房需求量也没有直接联系,但可用于估计某一地区的经济发展状况。随着人均收入和商业零售额的提高,当地商业将进一步繁荣,对饭店服务设施的需求量也将进一步增加。

(3) 工商企业发展趋势。当地工商企业类别、数量、就业人数都能表明当地经济状况。金融业、保险业、房地产业、批发业和服务业一般能吸引大批旅行者,而且这些人员往往对饭店的房价不是很敏感。

(4) 商务办公楼。某一地区办公楼使用面积的发展趋势,往往能反映商务旅客和会议团队对饭店客房需求的发展趋势。因为商务办公楼数量的增加,往往意味着当地商务及会展旅游需求的增加。

(5) 交通客流量。交通客流量是当地经济发展的一个标志,也是饭店市场需求量的一个重要标志。从火车、飞机、轮船、客车等的运输量及各自所占比重,可以判断对饭店服务设施的需求量。

(6) 旅游者人数。某一地区旅游者人数也是当地经济发展和饭店市场需求量的一个重要标志。旅游者的旅游目的、旅游时间选择,可以反映市场对各种饭店服务设施的需求情况。

2. 位置分析

地区状况评价还包括详细的饭店选址分析。通常在可行性研究工作开始之前,投资者已经确定拟建场地。研究人员需分析这块场地是否适于建造某一类饭店,并详细分析影响场地优劣的各种因素。

(1) 场地描述。一般需要正确介绍场地轮廓和地形,邻近地区土地使用情况,以及需求产生点和旅游点到这块场地的距离和主要交通工具。

(2) 进出难易程度。需考虑拟建饭店与需求产生点的距离及可利用的交通工具。某些设施齐全的度假饭店和会议饭店远离交通要道,更能吸引顾客。然而,对商业饭店的顾客来说,场地进出方便却非常重要。

(3) 能见度。对大多数提前预订客房的顾客来说,场地能见度并不重要。然而,城市商务饭店的能见度对未提前预订客房的顾客却有极大的影响。

(4) 适宜性。应分析场地是否适于建饭店,适合建什么规模和类别的饭店,并对各类设施提出有关建议。

(二) 饭店市场需求分析

饭店市场需求分析一般包括市场分析和竞争分析两方面。

1. 市场分析

饭店市场是指使用饭店服务设施的顾客人数。市场分析需对今后的市场需求量变化作出估计。为了便于分析市场需求量,可将饭店市场划分为几个细分市场,因为各个细分市场的需求量、需求季节性、价格敏感性、平均住宿期、不同房型的租用率、对服务设施和服务项目的要求都会有所不同。可根据各个细分市场的特点,对其需求量进行定量分析,从而判断当地饭店市场的总需求量。

对各个细分市场未来需求量可以根据各种增长因素从现有的市场需求量推算出来。这些增长因素对市场分析的结论很重要,它们的主要依据是可预测的趋势、经济状况及分析人员的判断和经验(见表3-3)。

表3-3 按细分市场种类预测需求量

细分市场	增长系数/%	当前需求量/千人	预测需求量/千人				
			20××年	20××年	20××年	20××年	20××年
商务	3	92	94.75	97.6	100.5	103.5	106.4
会议	3	20	20.6	21.2	21.8	22.5	23.3
度假	5	35	36.75	38.5	40.5	42.5	44.6
观光	3	59	60.7	62.6	64.5	66.4	68.4

2. 竞争分析

在竞争分析过程中,应列出当地所有竞争饭店。然后,研究人员应确定哪些饭店是直接竞争对手,哪些饭店是间接竞争对手;判断近期内当地是否会有新建饭店;确定当地现有饭店和拟建饭店客房数量;分析各个竞争对手饭店目前的房价结构、近年的客房出租率、市场定位、设备和服务设施、竞争对手饭店满足市场需求的程度、竞争对手饭店的优势与劣势等。

竞争分析有助于企业确定：拟建饭店的总体定位和设计方案、饭店住宿服务设施和餐饮服务设施需求类别和需求量、拟建饭店应从哪些方面与竞争对手区别开来，以便取得竞争优势、拟建饭店应实施的营销策略等。

(三) 项目建议与成本估算

在饭店投资的可行性研究中，一项重要的任务就是根据市场需求，对饭店的投资项目提出具体的建议，并对建造成本进行准确的估算。

1. 项目建议

饭店投资的项目建议，一般涉及饭店的等级与类型、客房数量与类型配置、建筑结构与平面布局、饭店的配套设施等。

（1）饭店的等级与类型。饭店的等级与类型取决于目标市场客源的需求。首先，应将目标客源市场对饭店的服务要求列出清单，结合饭店星级评定标准决定饭店的类型与星级水平。如以接待旅游观光者为主，则饭店的档次不必太高；如以商务客人为主要目标市场，则饭店档次应相应高些。其次，应了解客人购买服务愿意支付的价格，并将支付的价格与饭店的供给成本相比较，避免今后陷入经营上的被动处境。

（2）客房数量与类型配置。在筹建饭店时必须确定客房数量与类型配置，因为它是相对固定的，不像运输业可用增加车辆的办法增加客运量。饭店的经营规模主要取决于客房数量。

确定客房数量的方法主要有三种。一是根据市场容量确定客房数量。对于一家新建的饭店，其经营规模首先取决于所在市场的容量与发展潜力，在同一市场上，如果同类饭店的平均房价与客房出租率都较高，则表明新建饭店可按较大经营规模投入，如市场情况与此相反，则投入巨资建造规模较大的饭店无疑会冒很大风险。二是确定客房数量还应考虑技术要求。饭店的位置不仅直接影响饭店的市场需求，有时还会影响饭店发展的物理空间。比如，严格的建筑容积率标准常常使得饭店无法建造规模较大的建筑。除了基础上的技术要求，在饭店服务设施配套上也有许多技术的临界点迫使饭店将自己的经营规模局限于一定的范围，如两台千吨的锅炉供应 200 间客房左右的饭店最合适，一旦超过 200 间客房这一临界点，饭店的经营成本将明显上升。三是可参照现有饭店的经营业绩选择最佳规模。可从当地不同规模饭店经营业绩的比较中，确定新建饭店的最佳规模。

饭店的客房类型有很多种，中英文名称如表 3-4 所示。

确定客房类型配置的基础是市场分析，应研究当地的市场需求以及饭店的经营目的、服务对象，遵循对饭店经营有利的原则。在饭店客房类型中，一般双人标准间占多数。在商务性质的城市饭店中，单人客房的需求量很大。在饭店设置客房套间也是需要的，等级越高的饭店其套间数量也就越多。一星级、二星级饭店的套间可以很少甚至不设，五星级饭店的套间可以占更高的比例。套间的质量也与饭店的等级相关，五星级饭店可设总统套间，一般饭店则不必设置豪华套间，以免造成浪费。

表 3-4　饭店客房基本类型的中英文名称

中文名称	英文名称	中文名称	英文名称
单人间	Single Room	商务套间	Business Suite
大床间	Double Room	错层套间	Duplex Suite
双床间	Twin Room	连通套间	Connection Rooms
三人间	Triple Room	豪华套间	Deluxe Suite
普通套间	Junior Suite	总统套间	Presidential Suite

(3) 建筑结构与平面布局。客房楼层的建筑结构主要有板式、塔式和内天井式三种（见图 3-2），每一种形式又衍生出多种平面设计。客房楼层的建筑结构不仅要考虑饭店的场地环境，还要考虑楼层结构对饭店的能源消耗、客房服务员行走距离及对客人活动的影响。

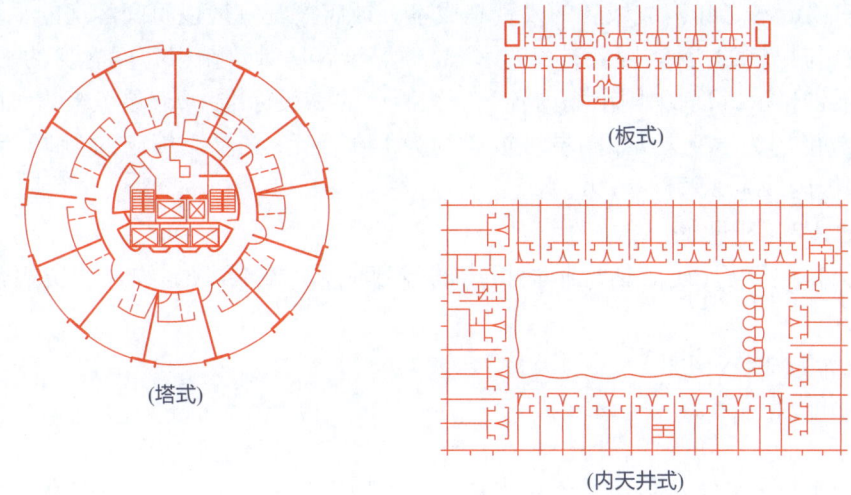

图 3-2　饭店客房楼层建筑结构类型平面布局

在三种建筑结构中，板式建筑的客房层有效率指标最高。采用塔式建筑结构会使每层楼面的客房数目受到限制，但行走距离较短。虽然内天井式的建筑结构在各种楼层结构形式中属于很不经济的，会造成能源消耗过大，日常开支增加，但由于它提供了过去在室外才能体验到的仰视、俯视等观景条件，给饭店带来了特有的气派。

饭店的平面布局主要涉及景观与出入口。要尽量使客房获得好的景观十分重要，面向最佳景观的客房出租率高，房价也最高。同时，饭店应尽可能有几个不同功能的出入口，顾客出入口、员工出入口、货物出入口应分开。

(4) 饭店的配套设施。饭店的配套设施主要涉及饭店的大堂或前厅、餐饮场所和公共区域（如洗衣房、健身房、娱乐设施等）。饭店大堂规划包括主入口、前厅与顾客休息区。主入口是饭店的重要特征和视觉焦点之一，应具有吸引力；前厅是饭店对外服务的主要窗口，应设在门厅内十分醒目的位置；顾客休息区要求相对安静，不受干扰。

饭店的餐饮设施包括咖啡厅、中餐厅、西餐厅、多功能厅（宴会厅）、特色风味餐厅、酒吧及厨房部分。餐饮设施规划的依据是市场需求与饭店的经营意图。可以根据饭店的类别和规模、当地居民对餐饮服务的预计需求量,以及当地的竞争情况,对饭店餐饮服务设施的类别和接待能力提出建议。

2. 成本估算

饭店投资需要大量资金,根据投资成本的内容,可以将其分为四大类。

(1) 建筑物成本。建筑物成本一般按每平方米价格计算。这项成本的高低和不同地区、城市的物业价格水平有关。

(2) 非建筑物成本。非建筑物成本的内容包括家具、固定装置、设备、室外娱乐活动设施、停车场、环境美化、管道铺设、路面修筑等。这项成本的高低和饭店投资的档次有关。

(3) 软成本。软成本包括饭店项目整个建设和筹建期的法律咨询费、设计费、筹资成本、保险费、营业准备费用、开业资本金。这项成本的高低和饭店的建设周期等因素有关。

(4) 土地成本。土地成本高低与饭店建造所在城市、选择的具体地段有关。

以上四项成本之和构成饭店的投资总成本。饭店投资一般以每间客房的平均投资水平作为预算与比较的指标,因此,饭店投资总额等于客房数量乘以每间客房的平均造价。有关研究报告显示,目前中国市场内各类等级酒店的一般标准为,五星级饭店每间客房的平均建造造价约为179万元;四星级饭店约为140万元;三星级饭店约为72万~107万元;经济型饭店约为22万~36万元。

(四) 收入与费用预测

提出项目建议后,还需估计拟建饭店的经营成果。包括营业收入和费用预测两个方面。

1. 饭店营业收入预测

(1) 客房营业收入。

客房营业收入 = 饭店客房数 × 预期客房出租率 × 预期平均房价 × 365(天)

客房营业收入的多少取决于客房出租率与平均房价的高低。正确估算饭店在未来若干年的客户出租率与平均房价是十分重要的,因为它们不仅与客房收入与支出有着直接的联系,而且是预测饭店其他收入与支出的基础。人们可以通过对客房出租间夜数的分析来估计一家饭店的客房出租率。间夜数是客人对饭店客房需求的计量单位。客房出租率是用需求间夜数除以可供出租的客房间夜总数计算得出的。

进行精确的客房出租间夜数分析,需对饭店所在市场的潜在总需求做定量分析,并确定自己饭店与主要竞争对手在该市场上分别占有的份额。市场总需求可以使用以下两种方法做出估计:

第一种是需求产生点分析法。该方法需首先列出饭店市场的所有需求产生点;然后对主要需求产生点进行抽样调查,确定各个需求产生点每周或每月的需求数量,包括客人的数量、批次停留时间、客人的消费习惯等一系列重要的需求特点;最后对于各需求点的需求数量予以加总,据此可以得到某一饭店市场需求总量。

第二种是饭店业务量分析法。该方法要求与饭店管理人员尤其是饭店营销人员及其他熟悉饭店情况的人面谈,了解每家饭店全年平均客房出租率,计算每家饭店客房出租总间夜数并予以汇总,再加上饭店未满足的旺季需求(间夜数),即可得到饭店市场总需求。

在实际操作过程中,通常采用以上两种方法相结合的形式来确定饭店市场的需求,对饭店市场规模做出切合实际的估计。

(2) 餐饮营业收入。饭店的餐饮营业收入可进一步细分为食品与饮料两大部分,后者通常用食品营业收入的一定百分比表示。对于食品营业收入,由于消费者不仅仅是住店客人,还包括当地居民的消费,故不能简单地用住店客人总数乘以客人消费水平测算。

餐饮营业收入的具体测算如下:

餐饮营业收入 = 食品营业收入 + 饮料营业收入

饮料营业收入 = 食品营业收入 × 选定的百分比(40%~50%)

食品营业收入 =(早餐就餐人数 × 早餐人均消费)+

(午餐就餐人数 × 午餐人均消费)+(晚餐就餐人数 × 晚餐人均消费)+

(宴会就餐人数 × 宴会人均消费)

在这里,每餐客人平均消费水平可参照有关数据估计。

每餐就餐人数 = 住店客人就餐人数 + 当地居民就餐人数

当地居民就餐人数 = 住店客人就餐人数 × 选定的百分比

应该指出,每餐的百分比是不同的,一般而言,早餐与晚餐住店客人比例会高些,午餐则以当地居民消费为主,故这一比率多为经验数据。

住店客人就餐人数(每餐)= 住店客人总人数 × 选定的百分比

住店客人总人数 = 客房数 × 预期客房出租数 ×

每间客房加权平均人数 × 365(天)

每间客房加权平均人数 = 细分市场所占百分比 × 每间客房平均人数

宴会就餐人数 = 每周宴会次数 × 宴会平均人数 × 52(周)

(3) 其他营业收入。这一收入一般按饭店客房收入的一定百分比计算得到,其他营业收入包括商场租金收入、洗衣房收入、康乐部门营业收入等。

(4) 饭店营业收入总额预测。

饭店营业收入总额 = ∑饭店各项营业收入

2. 饭店营业费用预测

(1) 客房营业费用。客房营业费用是指与客房出租与保养有关的费用。员工工资和相关费用在客房营业费用中占有相当大的比重。客房部门员工工资和相关费用在一定程度上随客房出租率的变化而变化,佣金和预订费用通常是根据客房营业收入的一定百分比计算的。因此,这些费用的数额与客房出租率和房价有直接联系。

(2) 餐饮营业费用。餐饮营业费用是与餐饮经营活动有关的费用。食品和饮料成本数额随销售收入呈正相关变化,员工工资和相关费用也随销售收入改变。餐具、布件、物料用品等费用和其他营业费用基本上是固定费用。

(3) 管理费用。饭店行政管理人员的工资,以及与饭店行政管理工作相关的费用,都是管理费用。大多数管理费用是固定费用,但是,现金余缺、信用卡佣金、信贷和收款费用、坏账费用等在一定程度上随营业收入总额的变化而变化。

管理费用同样可以按占营业收入一定百分比预测,或参照同类饭店的管理费用水平计算。

(4) 营销费用。营销活动对于饭店经营是十分重要的,它的有效运作有助于饭店开拓市场,增加客源市场占有的份额。一般来说,营销费用可按单位客房计算,包括营销人员工资、广告费用及其他营销活动所需的支出。

(5) 其他费用。饭店经营还需支出其他许多的费用,其中有能源费用、设备维修保养费用以及饭店提取的折旧与缴纳的各种税金。饭店的能源费用很大一部分是固定费用,几乎不随客房出租率的变化而变化。维修保养费用随着饭店经营年限的增加而增加。无论是折旧费用还是税金,均可以按饭店营业收入的一定百分比预测。

(6) 饭店营业支出总额预测。

饭店营业支出总额 = ∑饭店各项营业费用

三、饭店投资的财务评价

追求较高的投资效益是饭店经营者全部投资活动的目的所在。饭店投资的财务评价,就是借助财务评价的指标,对饭店投资活动所作的定量分析。饭店投资财务评价的方法主要包括返本法、净现值法、内部收益率法和盈利能力指数法。

(一) 返本法

返本法是指计算一项饭店投资项目投产后所产生的税后利润总和等于该项目初始投资额时所需年限的方法,又称投资回收期法。这种方法主要是计算投资所需要的返本期长短,如果每年的净现金效益量相等,可用净现金投资量除以每年净现金效益量,即可得到返本期。如果每年的净现金效益量不等,就需要用推算的方法求返本期,一般也可通过计算年均净现金效益量来推算。假设某投资项目有三个方案,如表3-5所示。

表3-5 三个投资方案的净现金流量表

年次	投资方案		
	方案 A/万元	方案 B/万元	方案 C/万元
0	-1 000	-1 500	-2 000
1	200	500	1 000
2	200	500	600
3	400	300	400
4	400	200	1 000
5	400	200	
6	500	1 000	

注:表中的负值净现金流量指净现金投资量,正值净现金流量指净现金效益量。

根据表3-5中的有关数据计算,投资项目各方案的返本期如下:

$$方案 A = \frac{1\,000}{(200+200+400+400+400+500) \div 6} = 2.86(年)$$

$$方案 B = \frac{1\,500}{(500+500+300+200+200+1\,000) \div 6} = 3.33(年)$$

$$方案 C = \frac{2\,000}{(1\,000+600+400+1\,000) \div 4} = 2.67(年)$$

使用返本法评价投资方案,需要首先确定一个标准返本期,即最低限度的返本期,然后将建议的投资方案的返本期与其进行比较,小于标准返本期的方案均可接受。其中,返本期最短的方案为最优方案。例如,表中三个方案的标准返本期都为3年,那么根据计算,上例中投资方案A和C的返本期都低于3年,因而两个方案都是可以接受的,而其中方案C的返本期最短,因而方案C为最佳方案,方案A是次佳方案。

运用返本法的优点是便捷、简单、易懂。但其不足之处在于未考虑资金的时间价值;只考虑了投资回收期,却忽略了投资回收期以后该项目各年的盈利状况,从而准确性不够高。

(二) 净现值法

净现值等于投资方案未来预期收益总现值减去投资费用后的余额。计算公式如下:

$$NPV = \sum_{t=1}^{n} \frac{R_t}{(1+i)^t} - C$$

式中:NPV——净现值;

C——投资费用;

R_t——投资项目在未来t年内的收益量(各年收益不等);

i——资金成本率。

在上式中,若企业资金是从银行借贷的,则资金成本率为银行利息率;若资金来源于企业积累,则资金成本率为资金的机会成本;若资金来源于多种渠道,如银行借款、债券、股票或利润留成,那么资金成本率等于各项资金的成本率与各项资金在资金总额中所占百分比乘积之和。根据上述公式计算,若净现值(NPV)为负值,说明该方案不可行;如净现值(NPV)等于零,意味着该方案的预期收益刚够还本付息;只有当净现值(NPV)为正值时,方案才可接受;净现值(NPV)越大,则收益越多,该方案可行性越强。

例如,某企业欲投资建一家饭店,其投资方案的净现金投资量为6 500万元,第一年末的净现金收益为1 000万元,第二年末的净现金收益为1 150万元,第三年末的净现金收益为1 300万元,第四年末的净现金收益为1 450万元,第五年末的净现金收益为1 700万元,第六年末的净现金收益为1 800万元,第七年末的净现金收益为1 900万元,资金成本率为6%,则该项目的净现值可按公式计算如下:

$$NPV = \frac{1\,000}{1+6\%} + \frac{1\,150}{(1+6\%)^2} + \frac{1\,300}{(1+6\%)^3} + \frac{1\,450}{(1+6\%)^4} + \frac{1\,700}{(1+6\%)^5} + \frac{1\,800}{(1+6\%)^6} + \frac{1\,900}{(1+6\%)^7} - 6\,500$$

$$= 8\,009.3 - 6\,500 = 1\,509.3(万元)$$

净现值等于 8 009.3 万元减去 6 500 万元,为正值,说明该方案可行。如果有两个方案,其净现值均为正值,则看这两个方案是否独立。若二者各自独立,就都可采纳。若二者互相排斥,只能取其一,则应该选择净现值较大者。

净现值法的优点是不仅考虑了资金的时间价值,能反映方案的盈亏程度,而且考虑了投资风险对资金成本的影响,鼓励企业从长远和整体利益出发做出决策。缺点是该方法只反映了投资方案经济效益量的方面(盈亏总额),而没有说明投资方案经济效益质的方面,即每单位资金投资的效率。这样容易促使决策者趋向于采取投资多、盈利多的方案,而忽视盈利总额较小,但投资更少、经济效益更好的方案。

(三)内部收益率法

内部收益率是指投资方案的未来预期净效益与投资费用之差等于零时的利息率或贴现率。如投资方案的内部收益率大于企业或上级主管部门规定的最小的投资收益率,则投资方案可取,否则就应拒绝。内部收益率公式如下:

$$\sum_{t=1}^{n} \frac{R_t}{(1+r)^t} - C = 0$$

式中:C——投资费用;

R_t——投资项目在未来 t 年内的收益量(各年收益不同);

r——投资项目计算的内部收益率。

根据上例饭店投资的例子,计算如下:

$$6\,500 = \frac{1\,000}{1+r} + \frac{1\,150}{(1+r)^2} + \frac{1\,300}{(1+r)^3} + \frac{1\,450}{(1+r)^4} + \frac{1\,700}{(1+r)^5} + \frac{1\,800}{(1+r)^6} + \frac{1\,900}{(1+r)^7}$$

先按 $r=10\%$ 进行试算(见表 3-6)。当资金成本率为 10% 时,第一至第七年的现值系数顺序为 0.909、0.826、0.751、0.683、0.621、0.564 和 0.513。根据现值系数可算出按 10% 计算的贴现率的现值,大于期初的净投资量,说明内部收益率比 10% 要大。再按 12% 进行试算,用同样方法,算得净现值小于期初的净投资量,说明内部收益率要比 12% 小。因此,内部收益率为 10%~12%。

表 3-6 贴现率试算表

年次	净现金效益/万元	10% 贴现率的现值系数	现值/万元	12% 贴现率的现值系数	现值/万元
1	1 000	0.909	909	0.893	893
2	1 150	0.826	949.9	0.797	916.55
3	1 300	0.751	976.3	0.712	925.60
4	1 450	0.683	990.35	0.636	922.2
5	1 700	0.621	1 055.7	0.567	963.9
6	1 800	0.564	1 015.2	0.507	912.6
7	1 900	0.513	974.7	0.452	858.8
净效益量的总现值			6 871.15		6 392.65

$$\frac{|6\,871.15|}{|6\,392.65|}=\frac{r-10}{12-r}$$

计算得 $r=11.04\%$，即内部收益率为 11.04%。

从经济意义上说，内部收益率实质上是资金成本的加权平均数，因为饭店投资项目资金来源往往是多渠道的。内部收益率法的优点是它为企业主管部门控制企业投资的经济效果提供了一个行业内部统一的、合理的衡量标准，这对加强行业投资管理具有重要的现实意义。该方法的不足之处在于内部收益率只是一个相对值，容易引起投资额很大、内部收益率低但收益总额很大的方案遭到否定。

（四）盈利能力指数法

在饭店投资资金来源不受限制的情况下，只要投资方案的内部收益率大于资金成本，从理论上说这些方案都是可取的。然而，饭店的资金通常是有限的，在这种情况下，单纯按照内部收益率与资金成本的比较就很难确定饭店的最佳投资方案。在企业资金限制的条件下，可采用盈利能力指数法对投资方案进行选择。

盈利能力指数是饭店投资收益总现值与投资总额之比，这种方法按照不同投资方案的盈利能力指数，在不超过资金限制的条件下从大到小排列与选择投资方案。

盈利能力指数（PI）的计算公式为：

$$PI=PV/C_i$$

式中：PV——投资的收益现值；

C_i——投资的利益。

表 3-7 中 1 000 万元为每年的投资限额，C_0 代表饭店投资额，C_1 代表第一年结束时投资的现金收益，C_2 表示第二年结束时投资的现金收益。

表 3-7 投资的盈利能力指数

项目	C_0/万元	C_1/万元	C_2/万元	收益总现值/万元（贴现率10%）	盈利能力指数
A	−1 000	3 000	500	3 140	3.14
B	−500	500	2 000	2 107	4.21
C	−500	500	1 500	1 739	3.478
D	−2 000	2 000	2 000	3 652	1.826

从表 3-7 中可以看出，在无投资限额情况下，表格中四个投资项目盈利能力指数均大于 1，可以从大到小排列选择投资方案。如果投资限额为 500 万，投资项目 B 和 C 是可行的，且优先选择项目 B。

第三节 饭店的决策分析与技术

视频：饭店的决策分析与技术

决策，就是人们为了达到一定目标，在掌握充分的信息和对有关情况进行深刻分析的基础上，用科学的方法拟订并评估各种方案，从中选出合理方案的过程。

饭店企业在进行投资决策时，根据投资决策者所面临的信息状态，可以分为确定型、风险型和不确定型决策三种类型。我们要善于在不同状态下，选用不同的决策方法。

一、饭店确定型决策分析与技术

确定型决策是指各个备选方案都只有一种确定的结果的决策。对于确定型决策问题，决策的关键环节是判断什么样的行动方案能最好地实现既定的决策目标。

举例来说，某饭店决定向银行借贷一笔长期资金，利息自然要越低越好。假定现有五家银行愿意提供此种款项，其利率分别为 8%、7.5%、7%、6.9%、6.5%。这是一个简单的确定型决策的例子，它具有五个备选方案，从中选取符合决策目标（即利息最低）的方案非常容易，即这家饭店应该向利率为 6.5% 的那家银行贷款。

确定型决策问题看来似乎很简单，但实际上拟订方案及对各种方案的评估（包括建立目标和计算方法）不是那么容易的。如果例子中的还款期不同，而且方案很多，就需要运用投资回收公式进行计算。上例中的五个方案如果改作饭店对外投资的决策，则还要计算风险因素、机会成本等。下面主要介绍确定型决策方法在盈亏平衡分析中的应用。

众所周知，追求营利性目标的企业在决定行动方案时必须考虑利润的实现情况。利润是总收入减去总成本后的余额，而总收入等于销售价格（P）与销量（Q）的乘积，总成本的高低也与销量（Q）有密切关系。因此，为了研究饭店的盈亏状况，必须分析销量、成本和利润之间的变化关系，这种研究就称为量本利分析或盈亏平衡分析。

盈亏平衡分析中的一个重要概念是盈亏平衡点。在这一点上，企业经营活动正好处于不盈不亏的状态，也就是收入恰好等于成本的状态，这种状态亦被称作保本点。

我们将现代饭店经营的成本区分为固定成本和变动成本两部分。固定成本（或称不变成本）是在一定期间内，当企业销量变化对其总额保持不变的成本。它们通常是由一些不易调整、使用期限较长的生产要素引起的费用，如折旧费、租赁费、利息支出和一般管理费等。无论销量多大，这些费用都是稳定不变的，只有当销量跃升到另一个区间时才表现为另一个固定的数额。

与固定成本相反，变动成本是指随销量的增加而同步增加的费用或成本。如直接人工费、原材料消耗等费用，当销量为零时，其数额也等于零；当销量增加时，变动成本额按比例增加，所以称之为变动成本。这里要注意，变动成本是就总成本而言的。若从单位产品成本的角度来考察，固定成本与变动成本的概念则恰好相反。因为固定成本总额（F）在一定的时间内总是不变的,单位产品的固定成本就会随销量的增加而降低,这意味着销量越大,对企业越有利;变动成本总额随销量等价的变化,所以单位产品的变动成本值(C_v)则保持相对不变。据此,可以推算出如下公式:

$$利润 = 销量 \times 单价 - 销量 \times 单位变动成本 - 固定成本$$
$$= QP - QC_v - F$$
$$= Q(P - C_v) - F$$

式中:$P-C_v$ 为单位边际贡献,即产品销售单价超过单位变动成本的部分。

欲计算保本销量(通称盈亏平衡点销量),只要取利润值等于零(不盈不亏),即可由 $Q(P-C_v)-F=0$,推导求得:

$$Q = \frac{F}{P-C_v}$$

也即:

$$盈亏平衡点销量 = \frac{固定成本}{单价 - 单位变动成本}$$

企业的经营规模必须达到保本销量水平,才不至于发生亏损。之后增加的销量只要能确保产品单位边际贡献值大于零,即可为企业带来利润的增加。

二、饭店风险型决策分析与技术

风险型决策是指决策方案的自然状态有若干种,但每种自然状态发生的概率是可以做出客观估计的决策,所以亦称随机型决策或统计型决策。在这种决策下,方案实施可能出现几种不同的情况(自然状态),但每种情况下的后果(即效益)是可以确定的,所不可确定的是最终将出现哪一种情况(自然状态)。犹如天气有晴、雨、阴等几种状态,哪种状态将最终出现,谁也无法事先做出肯定的判断,所以就面临决策的不确定性。但只要人们基于历史的数据或以前的经验,就可以推断出各种自然状态出现的可能性(即概率),那么这种决策就是风险型决策。

根据统计中的大数定律,当经营次数趋于无限时,平均损益以损益的期望值为标准表现形式。所谓期望值,就是方案各不可控状态的概率与其出现时所带来的损益的乘积的总和,而标准差就是各状态损益值相对于期望值的离差程度。标准差与期望值之比,就代表经营的风险度。在风险型决策下,由于人们计算出的各方案在未来的经济效果只能是考虑到各自然状态出现的概率的期望收益,该数值与这一方案在未来的实际收益值并不会刚好相等,因此,据此选定决策方案就不免伴随着一定的风险。风险型决策的基本目标,就是要达到期望值最优(预期平均收益最大或预期平均成本最小),但同时使方案的风险度保持尽可能低。

风险型决策的方案评价方法有很多,这里主要介绍决策树和决策表两种计算法。举例如下:

某地为了发展旅游业准备新建一座旅游饭店。经过可行性研究以后,制定出两个方案。第一方案是建一座较大规模的旅游饭店,投资额为3 000万元。第二方案是建一座较小规模的饭店,投资额为1 600万元。建成后饭店的使用期均为10年。根据预测,在最近十年,该地区旅游业发展较快(则饭店出租率较高)的概率为0.7;发展较慢(则饭店出租率较低)的概率为0.3。另据测算:若建大饭店,当出租率较高时,每年可获利1 000万元;出租率不高时,将亏损50万元。若建小饭店,当出租率较高时,每年可获利600万元;出租率不高时,可获利200万元。问决策应该采用哪一个方案。

(一) 决策树法

这是一种以树形图来辅助进行各方案期望收益的计算和比较的决策方法。决策树的基本形状如图3-3所示。

图3-3中,方框(□)表示决策点,由决策点引出的若干条一级树枝叫作方案枝,它表示该项决策中可供选择的几种备选方案,分别以带有编号的圆形节点①、②等来表示;由各圆形节点进一步向右边引出的枝条称为方案的状态枝,每一状态出现的概率可标在每条直线的上方,直线的右端可标出该状态下方案执行所带来的损益值。

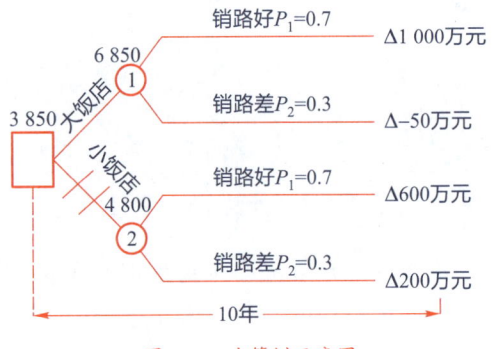

图3-3 决策树示意图

用决策树的方法比较和评价不同方案的经济效果,需要进行以下几个步骤的工作。

(1) 根据决策备选方案的数目和对未来环境状态的了解,绘出决策树图形。

(2) 计算各个方案的期望收益值。首先,计算方案各状态枝的期望值,即用方案在各种自然状态下的损益值分别乘以各自然状态出现的概率(P_1,P_2),然后将各状态枝的期望收益值累加,求出每个方案的期望收益值(可将该数值标记在相应方案的圆形节点上方)。在上例中:

第一方案的期望收益 = [1 000×0.7+(−50)×0.3]×10
= 6 850(万元)

第二方案的期望收益 = [600×0.7+200×0.3]×10
= 4 800(万元)

(3) 将每个方案的期望收益值,减去该方案实施所需要的投资额(该数额可标记在相应的方案枝的下方),比较余值后就可以选出经济效果最佳的方案。

建大饭店:6 850−3 000(投资)= 3 850(万元)
建小饭店:4 800−1 600(投资)= 3 200(万元)

(4) 结论:根据期望值准则,应挑选收益期望值较大的方案,故应采用建大饭店的方案。该方案的净收益期望值为3 850万元。将被淘汰方案从决策树上删除,并将最后优选出来的方案,即建大饭店方案的收益期望值标在决策点上。

同上例的决策问题。但根据专家的市场预测,在饭店的使用期10年中,情况是会发生变化的,必须将10年分成前4年和后6年两期进行考虑。如果在前4年,本地区旅游业发展较快,则后6年可能发展得更好,饭店出租率高的概率可上升到0.9(出租率低的概率为

0.1);如果前4年发展较慢,则后6年的情况肯定更差,饭店出租率肯定会下降(即后6年出租率低的概率为1)。

解:根据题意画决策树(见图3-4)。

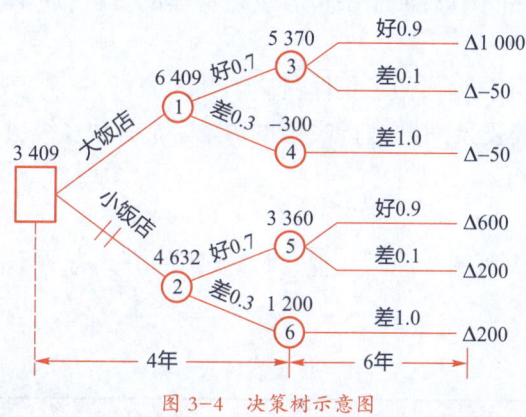

图3-4 决策树示意图

首先,计算后6年的收益期望值。

点3:
$$[1\,000\times0.9+(-50)\times0.1]\times6=5\,370(万元)$$

点4:
$$(-50)\times1\times6=-300(万元)$$

点5:
$$(600\times0.9+200\times0.1)\times6=3\,360(万元)$$

点6:
$$200\times1\times6=1\,200(万元)$$

再计算两个方案全部收益期望值。

点1:
$$[1\,000\times0.7+(-50)\times0.3]\times4+5\,370\times0.7+(-300)\times0.3=6\,409(万元)$$

点2:
$$(600\times0.7+200\times0.3)\times4+3\,360\times0.7+1\,200\times0.3=4\,632(万元)$$

全部收益期望值由两部分构成:前一部分是方案的前4年的收益期望值,后一部分是加上后6年的收益期望值。但是,我们必须注意这不是简单的相加,获得后6年收益期望值的可能性是建立在前4年的基础上,即点3的5 370万元必须乘以获得此值的概率0.7,点4的-300万元乘以获得此值的概率0.3,点5和点6也必须乘上各状态的概率。

各方案实际收益期望值如下。

大饭店:
$$6\,409-3\,000(投资)=3\,409(万元)$$

小饭店:
$$4\,632-1\,600(投资)=3\,032(万元)$$

结论:应采用建造大饭店的方案,净收益期望值为 3 409 万元。

用决策树法进行决策的优点是:

(1) 它构成一个简单的决策过程,使决策者可以按顺序有步骤地进行。

(2) 决策树法有直观的图形,便于决策者进行科学的分析,周密地思考与决策有关的各种因素。

(3) 在将决策树图形画出后,便于集体讨论和共同分析,有利于进行集体决策。

(4) 决策树法是对较复杂问题进行决策的方法,特别对多级决策问题来说十分方便。通过逐级思考三思而后行。

(二) 决策表法

这种方法实际上与决策树法原理相似,只是表示的方式有所不同。决策表的基本格式如表 3-8 所示。

表 3-8 决策表的基本格式

状态	状态概率	收益损失					
		方案 S_1	方案 S_2	...	方案 S_i	...	方案 S_m
A_1	$P(A_1)$	α_{11}	α_{21}	...	α_{i1}	...	α_{m1}
A_2	$P(A_2)$	α_{12}	α_{22}	...	α_{i2}	...	α_{m2}
...	...	...	...	...	...	...	...
A_j	$P(A_j)$	α_{13}	α_{23}	...	α_{i3}	...	α_{m3}
...	...	...	...	...	...	...	...
A_n	$P(A_n)$	α_{1n}	α_{2n}	...	α_{in}	...	α_{mn}

例如,某饭店餐厅供应快餐,每份售价 15 元,其中成本 6 元,每份可赚取 9 元。如果当天卖不出去,到第二天只能处理掉,即每份将损失 6 元。餐厅面临的问题是:每天该准备多少份快餐?若销售量超过生产量,则餐厅将失去每份可以赚取 9 元的机会;反之,若生产量超过需求量,则餐厅将每份损失 6 元。

餐厅过去 100 天销售量的统计如表 3-9 所示。

表 3-9 餐厅过去 100 天销售量统计

日销售量/份	销售天数	概率
100	15	0.15
110	20	0.2
120	40	0.4
130	25	0.25

根据以上情况,餐厅的生产方案很显然可以有四个,即每天生产 100 份、110 份、120

份、130 份。

上述的决策问题可列出决策表,见表 3-10。

表 3-10 决 策 表

状态	状态概率	收益损失/元			
		生产 100 份	生产 110 份	生产 120 份	生产 130 份
销售 100 份	0.15	900	840	780	720
销售 110 份	0.2	900	990	930	870
销售 120 份	0.4	900	990	1 080	1 020
销售 130 份	0.25	900	990	1 080	1 170

关于收益值计算的说明:

生产 100 份期望值 =$900\times0.15+900\times0.2+900\times0.4+900\times0.25=900$(元)
生产 110 份期望值 =$840\times0.15+990\times0.2+990\times0.4+990\times0.25=967.5$(元)
生产 120 份期望值 =$780\times0.15+930\times0.2+1\,080\times0.4+1\,080\times0.25=1\,005$(元)
生产 130 份期望值 =$720\times0.15+870\times0.2+1\,020\times0.4+1\,170\times0.25=982.5$(元)

生产 100 份方案的收益值均为 900 元。即使销售量可达 110 份,但 100 份销售完之后,即无货供应。故该方案的收益值只能是 900 元。

在生产 110 份的方案中,当销售量 100 份时,销售 100 份获得收益 900 元。但有 10 份因供大于求,只好处理掉,损失 60 元,所以总收益为 840 元。其余依此推算。

结论:其中 1 005 元为最大值,故应采用生产 120 份的方案。

三、饭店不确定型决策分析与技术

不确定型决策是指方案实施可能出现的自然状态或者所带来的后果不能做出预计的决策。与知道未来有多少种后果及各种后果出现概率的风险型决策相比,不确定型决策所面临的不确定性通常更大。

在不确定型决策中,最不确定的情况是连方案实施所产生的后果都无法估计,这样的决策就相当难做决定,甚至可以说,决策时基本毫无把握可言,只能凭决策者的学识、智慧、胆略甚至运气来做决定。稍微有些把握的是介于这类最高不确定型决策与风险型决策中间的状态。这时,决策方案实施的后果可以估计,即可以确定出方案在未来可能出现的各种自然状态及其相应的收益情况,但对各种自然状态在未来发生的概率却无法做出判断,从而无法估算期望收益。处理这类决策问题有两种办法:一是通过一些科学方法来补充信息,将不确定型问题变为风险型问题来处理。在这里,实现转变的关键是设法正确地估计出主观概率,然后据此求得各方案的期望值。二是依经验进行模糊决策,如判断哪个方案可能性大,哪个次之,哪个最小。《三国演义》中诸葛亮使用空城计,实际上面临着司马懿进城攻打和不进城退去两种后果。诸葛亮神机妙算,料定司马懿有很大可能性不会进城,所以大胆地使用了空城计方案。

对于不确定型决策问题,决策者无论是否知道决策方案执行后会产生什么样的后果,他们做决策时都必须预先设定某种适用的决策准则。依此才可能对各种行动方案进行比较和选择。由于不同的决策者的个性和风险偏好不同,其选用的决策准则不可能一样。下面介绍几种主要的不确定型决策准则。

(一)悲观准则

这是一个"小中取大"的决策准则。其思想基础是对客观情况总是持悲观态度,认为事情的结果总是朝着不利的方向发展。既然万事都不如意,为保险起见,决策时只求在最坏的情况下找一个结果较好的方案。

例如,某饭店的面包房生产花色面包,面包的销售情况有好、中、差三种可能。由于花色面包是新产品,饭店无历史销售记录,也无法估计市场销售状态的概率。经过核算,在好、中、差三种销售情况下,如果采用大批生产,每天可分别获利2 000元、1 000元、200元;中批生产可分别获利1 700元、900元、300元;小批生产则分别获利1 000元、700元、400元。用悲观准则进行决策,应该选用哪个方案?

根据题意列表,见表3-11。

表3-11 用悲观准则进行决策　　　　　　单位:元

方案	收益值			悲观准则 收益值
	好	中	差	
大批生产	2 000	1 000	200	200
中批生产	1 700	900	300	300
小批生产	1 000	700	400	400 ←

首先,在各方案的收益值中挑选最小的收益值,大批生产为200元,中批生产为300元,小批生产为400元。然后"小中取大"选择小批生产的方案。

(二)乐观准则

乐观准则同悲观准则正好相反,是"大中取大"的决策。其思想基础是对客观情况持乐观态度。

同上例决策问题,用乐观准则进行决策。

根据题意列表,见表3-12。

表3-12 用乐观准则进行决策　　　　　　单位:元

方案	收益值			乐观准则 收益值
	好	中	差	
大批生产	2 000	1 000	200	2 000 ←
中批生产	1 700	900	300	1 700
小批生产	1 000	700	400	1 000

首先,在各方案中找出最大收益值,然后"大中取大",采用大批生产的方案。

(三)最小最大后悔值准则

这个准则的思想基础是,当决策时所选择的方案未能符合实际情况时,决策者必定会产生后悔的感觉。我们把多种状态中的最大收益值与各方案在该状态下的收益值相减所得的差称为后悔值。决策者当然希望决策后的后悔值能够减至最小。

同上例决策问题,用最小最大后悔值准则进行决策,参见表3-13。

首先,将每种状态中的最大收益值减去各方案在该状态下的收益值,得到在各状态下各方案的后悔值。如销售状态好的最大收益为2 000元,减去各方案在销售状况好时的收益,得出后悔值分别为0、300、1 000。用同样的方法计算出销售状态中、差的后悔值,然后将各方案的最大后悔值列出。大批生产方案的三个后悔值分别是0、0、200,最大后悔值为200。则中批生产和小批生产方案的最大后悔值分别为300和1 000。因最大后悔值中通常取后悔值最小的一个的方案作为决策方案,所以,应该选定大批生产方案。

表3-13　用最小的最大后悔值准则进行决策　　　　　　　　单位:元

方案	好		中		差		最小最大后悔值准则
	收益值	后悔值	收益值	后悔值	收益值	后悔值	
大批生产	2 000	0	1 000	0	200	200	200 ←
中批生产	1 700	300	900	100	300	100	300
小批生产	1 000	1 000	700	300	400	0	1 000

(四)等可能性准则

等可能性准则的思想基础是对各自然状态出现的概率一视同仁。然后,按期望值进行决策。

同上例决策问题,用等可能性准则进行决策。

因为有三种自然状态,因此,各状态出现的概率为$\frac{1}{3}$。

大批生产期望值:

$$(2\,000+1\,000+200)元 \times \frac{1}{3} = 1\,066.67\,元$$

中批生产期望值:

$$(1\,700+900+300)元 \times \frac{1}{3} = 966.67\,元$$

小批生产期望值:

$$(1\,000+700+400)元 \times \frac{1}{3} = 700\,元$$

应该采用大批生产方案。

不确定型决策问题,采用不同的决策准则,其结果可能是不同的。很难判断哪一种准则更好,因为在它们之间没有一个共同的评价标准。运用哪种准则主要依据决策者的主观态度和经验而定。此外,饭店环境的约束和决策者的心理因素也都有很大的影响。例如,一个饭店总经理与一个管理学家对同一个问题的决策往往是不同的。管理学家作出的决策可能是出人意料的，因为他可能考虑的是长远利益。而饭店总经理面临的是当前的现实问题，他所考虑的是实际经营状况，必须力求增加利益，避免风险，绝不能使饭店因决策失误而濒于绝境。因此，他的决策往往是比较稳妥的，甚至是保守的。又如，集体决策与个人决策也有很大区别。集体决策往往趋于保守或走中间道路。这是因为在集体中必然存在保守、中间和开拓型的各种人员和不同的意见，如果充分发扬民主而又希望大家都能通过，最后必然是采用折中的方法。决策者的性格、知识、能力也不可避免地会对决策产生影响。

以上情况说明，对于不确定型决策，决策者本身对决策所依据的准则的选择，将最终影响其对决策方案的选择。因此，在不确定情况之下，决策实际很难达到真正的最优化，理想的决策方案只不过是按照决策者事先选定的准则或原则来选择相对最满意的方案。所以，满意化决策要比最优化决策在现实中更具有代表性。

本 章 小 结

- 投资是指通过资金投入以期在未来获得预期收入的经济行为。投资决策正确与否，是影响饭店企业经营活动成效高低的关键。资金筹集是现代饭店开展投资活动的先决条件。选择正确的筹资方式，降低筹资成本与风险，对饭店的投资活动将产生重要影响。
- 饭店建设投资占用资金大、涉及面广、资金回收周期长，因此，必须做好充分的可行性研究。所谓可行性研究，就是对饭店投资成功前景所做的投入产出分析，它可以降低饭店企业投资失败的概率，增加项目投资的信心，也有利于企业资金的筹集。
- 在进行投资分析时，饭店企业管理者必须掌握投资决策的分析技术。根据投资决策时所面临的不同状况，选用科学的决策方法，评估各种可行方案，从中选出最佳投资方案，以提高饭店企业投资成功的概率。

赛 证 直 通

一、在线练习

扫描二维码，进行在线练习。

在线练习 3

二、问题思考

1. 饭店筹资的基本原则有哪些？在不同的场景下可以选择哪些筹资策略？
2. 饭店建设投资可行性研究的主要内容有哪些？
3. 饭店投资的财务评价方法有哪几种？各有什么优点与缺点？
4. 根据投资决策者所面临的信息状态，有哪几种不同的决策类型？不同的决策方法适用于何种情况下？

三、拓展训练

三至四人为一小组，通过网络查找资料或实地考察饭店，进行以下问题的研究，将调研结果在课堂上进行小组演示讲解。

1. 选取一家饭店，进行饭店地区状况和饭店市场需求的分析。
2. 某饭店集团计划推出一个新的饭店品牌，经过市场调研，他们制定了两个市场推广方案。方案 A 是采取大规模的广告宣传活动，预计投资额为 200 万元；方案 B 是采取口碑营销和社交媒体推广的方式，预计投资额为 100 万元。新产品推出后，市场需求可能高也可能低，根据历史数据和专家预测，市场需求高的概率为 0.6，市场需求低的概率为 0.4。

在不同的市场需求下，两个方案的预期收益如下：

若采取方案 A（大规模广告宣传），在市场需求高的情况下，预计年收益为 300 万元；在市场需求低的情况下，预计年收益为 100 万元。

若采取方案 B（口碑营销和社交媒体推广），在市场需求高的情况下，预计年收益为 200 万元；在市场需求低的情况下，预计年收益为 120 万元。

根据这些信息，该公司应该选择哪个市场推广方案？请构建决策树并计算每个方案的期望收益，以辅助决策。

第四章　饭店的组织与机构设置

学习目标

　知识目标

　　1. 了解饭店组织设计的原则和程序。

　　2. 理解影响饭店组织结构设计的主要因素。

　　3. 掌握饭店组织结构的三种基本类型和组织管理的层次。

　能力目标

　　1. 能分析三种饭店组织结构类型的特点和适用性。

　　2. 能根据饭店发展实际情况进行组织结构分析和搭建。

　　3. 能分析现代饭店组织结构的变化趋势。

　素养目标

　　1. 培养全局意识和组织思维。

　　2. 树立团队协作精神。

　　3. 提升对制度重要性的认知。

第一节　饭店组织设计的原则与程序

视频：饭店组织设计的原则与程序

随着市场竞争的加剧，饭店企业通过合并、兼并等形式，正在形成更大的规模，有的已成为连锁集团。要使这样一个越来越庞大的群体能有效地开展经营活动，就必须研究饭店企业的组织设计。

一、饭店组织设计的原则

现代饭店的组织，由于其所处的环境、采用的技术、制定的战略、发展的规模不同，其组织的类型和部门的分工也有所不同。但在进行组织设计时，都需遵守一些共同的组织设计原则。

（一）精简有效原则

精简有效指的是饭店企业要精简机构、提高效率。精简与效率是手段与目的的关系。

这里讲的精简有效，有以下含义：一是饭店企业人员要有较高的素质，并配备合理的人才结构；二是人员与职责相称，把人员安排到最合适的岗位上；三是要因事设岗而不是因人设岗；四是饭店企业组织结构设计要合理，有利于形成群体合力。

（二）统一指挥原则

统一指挥是组织理论的一项重要原则。早期的管理学者已明确提出用这一原则处理上下级之间的关系。现代饭店企业虽然由于经营组织结构的多样化而使指挥系统分工复杂化、具体化，但是，统一指挥仍然不失为饭店企业组织设计与管理的重要原则。贯彻统一指挥原则，有以下要求。

(1) 统一指挥使上下级之间组成一条等级链，它反映了上下级的权力、责任和联系的渠道。从最上层到最基层，这个等级链是连续的，不能中断。

(2) 任何下级只能有一个直接领导，因为多头领导会产生混乱。

(3) 上级领导不可越级进行指挥，下级不可越级接受更高一级领导的指令。

(4) 饭店企业内部的职能管理系统和参谋系统，同样也要执行统一指挥原则。他们对上有权提出意见和建议，对执行系统则起到指导、监督和控制的作用，但无权直接指挥执行系统的工作。

（三）管理跨度原则

管理跨度是指一个管理者能够直接、有效地管理下级的人数。管理跨度与组织层次呈反比例关系，由于一个管理者的精力和知识是有限的，所以管理跨度也是有限的。影响管理跨度的因素主要有以下几类。

(1) 能力因素。下级管理能力较强，管理素质较好，上级管理者的管理跨度可以大些；反之，管理幅度就应小些。另外，上级管理人员自身能力的强弱，也会影响管理跨度的确定。

(2) 工作形式因素。如果下级工作内容比较复杂、作业空间较大，则管理跨度宜小些。

反之,下级工作的程序化与标准化程度较高,则管理跨度也可相应增加。

(3) 信息沟通因素。如果饭店组织内部信息沟通方式较好,信息传递速度较为迅速和准确,则管理跨度可放宽。否则,管理跨度就应小些。

(4) 环境因素。如果饭店外部环境的变化比较快,并要求管理人员必须迅速作出反应以适应环境的变化,势必造成管理者需用较多精力关心和研究环境。因此,在这种情况下,管理跨度就应小些。

(四) 权责对等原则

现代组织理论认为,管理等级链上的每一个环节、每一个岗位,都应该毫无例外地贯彻权责对等原则。职权和职责是组织理论中的两个基本概念。职权是人们在一定职位上拥有的权力,主要是在人、财、物方面的决策权和执行权;职责就是承担任务的义务。例如,高层管理者在拥有较大决策权的同时,也承担了相应的义务和责任。

因此,在饭店组织设计中,为了保证"事事有人做""事事都能正确地做好",不仅要明确各个部门及人员的任务和责任,还要规定相应的取得和利用人、财、物等工作条件的权力。如果权力的应用范围小于工作的要求,则可能使责任无法履行;如果权力大于职责的要求,会导致权力的滥用,甚至危及整个饭店组织系统的运行。

(五) 分工协调原则

凡是社会化的大生产,都需要进行分工与协调,把企业的任务和目标层层分解落实到各个部门和员工。一般来说,饭店企业规模越大,专业化要求越高,分工也就越细。专业分工细分的结果,造成专业之间的依赖性增强,协调任务加重。

饭店的协调包括纵向协调与横向协调。贯彻权责对等原则,提供上下级直接沟通对话,有利于饭店的纵向协调。而要改善饭店的横向协调,则可以采取这样的措施:使各项职能业务规范化,明确横向流程,通过工作体系进行协调;把职务相近的部门与岗位加以合并,通过减少工作摩擦进行协调;设立系统管理机构进行横向管理与协调。

二、饭店组织设计的程序

饭店的组织结构,反映了饭店企业内各部门和机构之间从属和并列关系的组织形态。这种组织形态通常可以从两种含义上去理解:一是静态组织形态,即在企业内部按一定目标和原则,形成具有一定环境改造能力的、有秩序的群体;二是动态的组织形态,即把组织看作经营管理的重要职能,围绕一定的目标,设计并建立企业的组织结构,安排好群体成员的职位,确立权责及相互间的协作关系,从而使群体有较高的工作效率。现代饭店组织设计应达到静态与动态统一的目的。

饭店组织设计,可以本着"市场—战略—结构"的顺序,按下列步骤进行。

(一) 围绕饭店的战略目标与市场定位,进行业务流程的总体设计

这是饭店组织设计的出发点与归宿,力求使饭店整个业务流程达到最优化,它是检验饭店组织设计成功与否的根本标准。

(二) 按照优化后的业务流程设计服务岗位

服务岗位设计要遵循因事设岗的原则,并根据服务岗位数量和专业化分工情况确定管

理岗位和部门机构,形成饭店组织图。

(三) 对各岗位定责、定员、定编

在对每个岗位进行工作目标与工作任务分析的基础上,规定每个岗位的工作标准、职责、内容、作业程序,并以职务说明书等形式把这些内容固定下来。然后,按岗位工作的需要确定人员编制,明确岗位所需人员的素质要求,因岗择人。

(四) 制定相应的管理制度

管理制度是对管理工作中的基本事项、要素关系、运作规程及其相应的联系方式进行的原则性规定。如果说前面三个步骤已制造了组织结构中单独的"标准件",那么,各项管理制度则是作为一个整体的饭店企业所不可缺少的"连接件"。

(五) 规定各种岗位人员的职务工资和奖励级差

根据各岗位在业务流程中的重要程度、对人员素质与能力的要求、任务量轻重、劳动强度大小、技术繁简程度、工作难易程度、环境条件差异、管理水平高低及风险程度大小等指标,设定各岗位人员的报酬差别。

三、影响组织结构设计的因素

饭店组织结构是内外条件共同作用的产物,具有相对的稳定性。但当内部条件发生变化时,如企业体制变动、经营范围变化、服务产品结构调整等,组织结构的调整就成为必然;外在环境的改变,如竞争加剧、饭店企业市场占有率减少、顾客个性化服务要求加强等,也会促成饭店组织结构的变革。影响饭店组织设计的因素主要有以下几项。

(一) 战略

组织结构必须服从组织所选择的战略需要。适应战略要求的组织结构,为战略的实施进而为组织目标的实现,提供了必要的前提。

战略选择的不同,在两个层次上影响组织结构:不同的战略要求不同的业务活动,从而影响管理职务的设计;战略重点的改变,会引起工作重点的改变,从而导致各部门与职务在组织中重要程度的改变,因而会要求各管理职务以及部门之间的关系作相应的调整。

(二) 环境

任何组织作为社会的一个单位,都存在于一定的环境中,组织外部的环境必然会对内部的结构形式产生一定程度的影响。这种影响主要表现在三个不同的层次上。

1. 对职务和部门设计的影响

组织是社会经济大系统中的一个子系统。组织与外部存在的其他社会子系统之间也存在分工问题。社会分工方式的不同,决定了组织内部的工作内容和所需完成任务的不同,所需设立的职务和部门也就会不一样。

2. 对各部门关系的影响

环境不同,组织中各项工作完成的难易程度及对实现组织目标的影响程度亦不相同。例如,当产品的需求大于供给时,企业关心的是如何增加产量、扩大生产规模,从而生产部门会显得非常重要,相对而言,就会弱化销售部门和销售人员;一旦市场供过于求,从卖方市场转变为买方市场,则营销职能会得到强化,营销部门会成为组织的中心。

3. 对组织结构总体特征的影响

外部环境是否稳定,对组织结构的要求也是不一样的。稳定环境中的经营,要求设计出被称为"机械式管理系统"的稳固结构,各管理部门与人员的职责界限分明,程序规范,等级结构严密;多变的环境则要求组织结构灵活(称为"有机的管理系统"),各部门的权责关系和工作内容需要经常做适应性的调整,等级关系不甚严密,组织设计中强调的是部门间的横向沟通而不是纵向的等级控制。

(三) 技术

组织的活动需要利用一定的技术和反映一定技术水平的物质手段来进行。技术和技术设备的水平不仅影响组织活动的效果和效率,而且会作用于组织活动的内容划分、职务的设置和工作人员的素质要求。信息处理的计算机化,必将改变组织中各有关部门的工作形式和性质。

(四) 组织规模与所处的发展阶段

规模是影响组织结构的一个不容忽视的因素。适用于仅在某个区域市场上生产和销售产品的企业组织结构形态,不可能也适用于在国际经济舞台上从事经营活动的巨型跨国公司。

组织的规模往往与组织的发展阶段相联系。伴随着组织的发展,组织活动的内容会日趋复杂,人数会逐渐增多,活动的规模会越来越大,组织的结构也需随之而经常调整。

组织发展五阶段的理论认为,在组织的发展过程中要经历"创业""职能发展""分权""参谋激增"和"再集权"五个阶段,根据发展阶段的不同,要求有与之适应的组织结构形态。

1. 创业阶段

在这个阶段,决策主要由高层管理者个人做出,组织结构相当不正规,对协调只有最低限度的要求,组织内部的信息沟通主要建立在非正式的基础上。

2. 职能发展阶段

这时决策越来越多地由其他管理者做出,而最高管理者亲自决策的数量越来越少。组织结构建立在职能专业化的基础上,各职能间的协调需要增加,信息沟通变得更重要,也更困难。

3. 分权阶段

组织采用分权的方法,来解决由职能结构引起的种种问题。组织结构以产品或地区事业部为基础来建立,目的是在企业内建立"小企业",使后者按创业阶段的特点来管理。

4. 参谋激增阶段

分权会导致各"小企业"成了内部的不同利益集团,组织资源用于开发新产品的相关活动减少,总公司与"小企业"的许多重复性劳动使费用增加,高层管理者感到对各"小企业"失去了控制。为了加强对各"小企业"的控制,公司一级的行政主管增加了许多参谋助手,而参谋的增加又会影响组织中的命令统一。

5. 再集权阶段

分权与参谋激增阶段所产生的问题可能诱使公司高层主管再度高度集中决策权力。

同时,信息处理的数字化也使再集权成为可能。

第二节 饭店组织结构的类型与层次

视频:饭店组织结构的类型与层次

饭店的组织结构,就是指饭店企业为了达到经营目标,把必须做的各项业务活动进行分类分层,形成职位(或职务)结构,赋予各个职位(或职务)恰当而明确的责任和权限,规定相互之间协调的关系,从而形成的一种人际结构。

一、饭店组织结构的类型

通常饭店企业的组织结构形式可分为以下三种基本类型。

（一）直线制

直线制组织结构又叫军队式结构,最早来自军队的组织形式。其特点是:从最高管理层到基层,自上而下建立垂直领导关系,不专门设立职能机构,形同直线(见图4-1)。

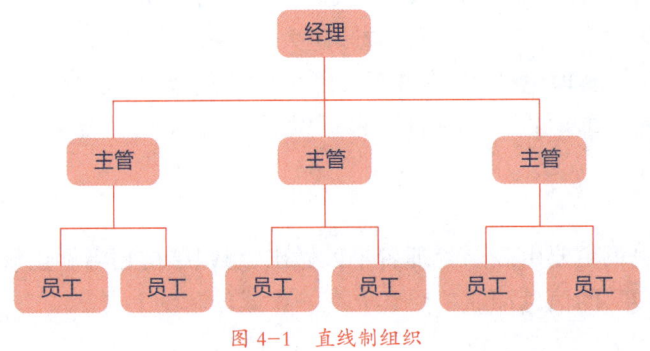

图4-1 直线制组织

直线制组织结构的优点是:指挥统一,责任明确,信息沟通迅速,工作效率高。但由于没有专业分工,要求企业经营管理者是全能型人物,有关经营管理的各项工作都要亲自处理。在企业规模大、业务繁重的情况下,企业经营者从时间、精力到专业知识上,都很难适应提高经营管理效率的要求。因此,这种类型的组织结构只适用于小型饭店。

（二）直线职能制

直线职能制是将直线统一化和职能分工专业化有机结合起来的组织形式。这种组织结构的特点是将经营管理机构和人员分为两大类:一类是直线指挥人员,拥有对下级指挥和命令的权力,并对主管工作全面负责;另一类是参谋和助手,有对业务部门实行指导、控制的权力,但无权直接对下级发布命令进行指挥。这种组织结构既有指挥统一化的好处,又有职能分工专业化的长处,比较适合大中型饭店。

这种组织结构的缺点是:权力高度集中,下级缺乏必要自主权,各直线指挥系统之间沟通较少,协调比较困难,难以从企业内部培养、提拔掌握全面情况的经营管理人员(见图4-2)。

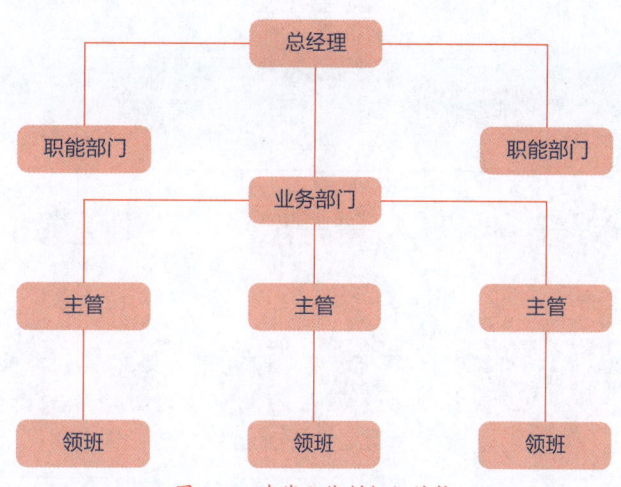

图 4-2 直线职能制组织结构

(三)事业部制

事业部制又称分权结构,其基本特点是:按产品大类或地区不同设立事业部;各个事业部在公司统一领导下实行独立核算,自负盈亏;统一管理所属产品或地区的业务活动,是有相当自主权的"自治单位"。事业部制组织结构是一种适用于大型饭店和集团化连锁经营的企业组织形式。

事业部制组织结构实行"政策制定与行政分开"的原则,最高管理层主要负责研究和制定各项政策,制定总目标和长期计划,并对事业部的经营、人事、财务实行监督,不管日常的具体行政事务;各个事业部在既定的政策、目标、计划的控制和指导下从事业务活动,并根据需要建立自己的经营管理职能部门。其基本特点是:有利于发挥各个事业部的积极性和主动性;有利于最高经营管理层摆脱日常事务,集中精力于重大问题的研究;有利于将联合化与专业化结合起来。其缺点是:不利于事业部之间的横向联系,容易产生本位主义,影响各部门之间的合作,忽视长远的整体利益;容易造成机构重叠,经营管理人员增多,经营管理费用增高(见图 4-3)。

二、饭店组织管理的层次

在饭店组织结构中,一般可以分为三个管理层,即决策管理层、职能管理层和基础管理层(见图 4-4)。

(一)决策管理层

决策管理层又称最高管理层,成员由饭店企业的总经理及其助手组成。是站在企业整体立场上,对企业进行全面、综合管理,负责对饭店企业经营管理活动进行全局性策划和组织指挥的管理层(或称领导层)。其主要职能是:确定饭店企业的经营目标和经营方针;决定饭店经营发展规划和组织结构;协调企业与政府、职能部门、银行及其他企业之间的关系;确定企业管理制度;协调企业内部各子系统之间关系等。

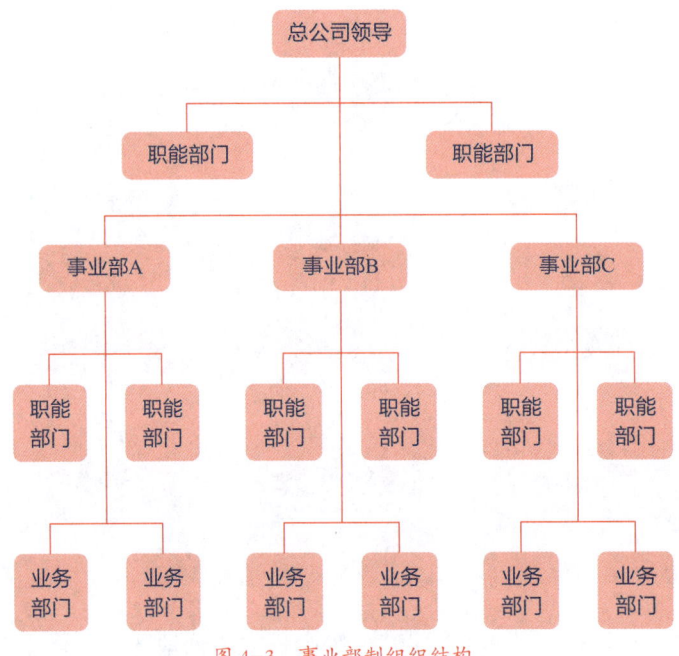

图 4-3　事业部制组织结构

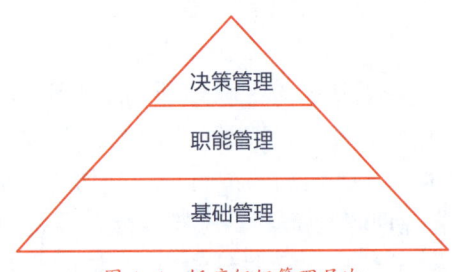

图 4-4　饭店组织管理层次

（二）职能管理层

职能管理层又称专业管理层，是处于最高管理层和基础管理层中间的管理层，帮助决策管理层参谋决策，承担各自专业职能管理职责。对决策管理层而言，他们是领导的参谋和助手；对基础业务系统而言，他们起着指导、控制、监督、协调作用。现代饭店企业的专业职能经营管理机构主要有餐饮、客房、工程、销售、财务和人力资源等部门。职能管理层的设立，使许多从事经营管理的人员在各自的岗位上发挥专业职能作用，既有利于饭店管理专业细分化，也有利于饭店经营管理整体功能的发挥。

（三）基础管理层

基础管理层包括执行管理层和作业管理层，其位于饭店经营管理的基层，是直接面对一线员工进行现场管理的层次。他们的主要职能是：执行饭店经营目标、方针和各项重大决策；组织饭店经营活动并进行经营过程的现场管理；对服务人员进行直接指挥、激励、协调和控制；落实企业各项基础管理工作等。饭店的综合管理和专业管理工作的开展以及整体功能的发挥有利于基础管理工作的巩固和完善。

三、饭店组织结构的变革

在分工基础上建立起来的传统组织结构,统称为职能性组织结构。职能式的理论基础是"分工能带来效率的提高"。职能式的优点包括:员工的专业化程度较高;员工的发展方向明确;部门内部较易协调;资源利用效率较高;权力集中,较容易做出决策。

虽然职能式有许多优点,但其自身存在无法克服的缺点,主要有:① 决策速度缓慢。由于权力掌握在决策层手里,任何大的决策都要层层汇报,由最高层做出决定,因此整个决策过程明显减慢了,好的机会容易被错过。② 整体协调困难。从横向角度来看,由于各部门之间相互独立,目标存在差异,协调和沟通较为困难,因此会影响整体目标的实现;从纵向角度来看,由于等级层次较多,上下级之间沟通困难,信息传递的效率较低,这会影响最高决策层的准确性。③ 整体责任不清。人为设立的部门之间的界限,严重干扰了企业的整体利益,部门之间相互争夺资源,而不愿意承担责任,而且对讲究整体的饭店企业来说,有些责任难以分清。④ 官僚体制,整体工作效率低下。权力过度集中必然导致官僚体制,灵活性差,严格按规章制度办事,员工积极性不高,服务质量难以有保障,整体运作效率不高。

在中国加入世界贸易组织以后,国内饭店企业开始与国际跨国饭店企业一同竞争。如何争取顾客、留住顾客,在竞争中赢得优势,是中国饭店企业面临的主要课题。另外,顾客自我意识的增强,对服务分辨能力的提高,以及自我保护意识的加强,都对现代饭店企业经营管理的水平提出了更高要求。最后,饭店企业内部员工心理需求层次的提高,以及企业规模、经营方向、服务产品结构等的变化,都与饭店企业传统的组织结构形式发生了冲突,变革传统的组织结构形式已经成为必然。

现代饭店组织结构的变化趋势,主要体现在以下两个方面。

1. 从竖式结构向扁平化结构转变

在传统的竖式饭店组织结构中,饭店企业从上到下严格分工,形成层级的垂直体系。这种层级体系严重影响企业内部各类信息的畅通流转,并导致信息在传递过程中的失真。

扁平化组织结构要求最大幅度地削减中间层,使组织结构顶端到结构底部之间的层次数量减少,组织的管理幅度加宽,使饭店组织结构由"高深"变成"扁平"。同时,由于一线员工是顾客和饭店直接接触的关键点,直接决定饭店的服务质量和顾客的满意程度,因此,在扁式组织结构中,适当扩大了一线员工的权限。这样的结构改革,一方面有利于精简人员,降低管理成本。另一方面,信息在这样的扁平化组织结构中流转时,由于中间"处理器"的减少,信息的准确度也得到了提高。再者,这种组织结构适合时代要求,更有利于饭店企业贴近市场,高层管理者更靠近顾客,可以极大地提高饭店服务的效率。

2. 从金字塔式组织结构向平台型组织结构转变

长期以来,金字塔式组织结构被认为是理想的组织结构。但随着科学技术的发展,人们需求质量的提高,传统的金字塔式组织结构也凸显出许多缺点,平台型组织应运而生。

随着社会经济的快速发展,规模经济下的生产方式和消费者日益多样化需求逐渐不匹配,"以消费者为中心"逐渐深入人心,带来了商业模式、组织模式等各方面的变化。

进入数字时代,面对消费者需求不断升级、对品质诉求的主权意识崛起、人力资本价值提升、数字化技术升级变革等变化,许多企业也做了相应的探索,企业的组织变革和创新,都具备以下特征:去中介化、去边界化、去戒律化、去威权化、去中心化。这些典型特征,都指向了一种全新的组织形态:平台型组织。平台型组织,是在数字时代,适应时代发展的主流组织模式。

平台型组织是企业将自己变成提供资源支持的平台,并通过开放的共享机制,赋予员工相当的人事权、决策权和分配权,使其能够通过灵活的项目形式组织各类资源,形成产品、服务、解决方案,满足用户的各类个性化需求。

平台型组织是一种用户需求"拉动"的组织,企业的动力来自接触用户的前台项目,前台拉动中台、中台拉动后台。总之,企业破除了以后台管控为主的官僚主义,所有部门、团队、员工围绕用户需求创造价值。

视频:数字化
酒店组织架构

在传统的金字塔组织中,每个员工都是管理系统里的执行者,他们更像是细胞,无法自我进化。只有在平台型组织中,员工才有机会去思考经营、快速迭代。另外,这类组织不仅让员工在经营单元里拥有自主性,还有赋能机制与激励机制,既让员工有能力干,又让员工有意愿干。平台型组织的基本结构图如图4-5所示。

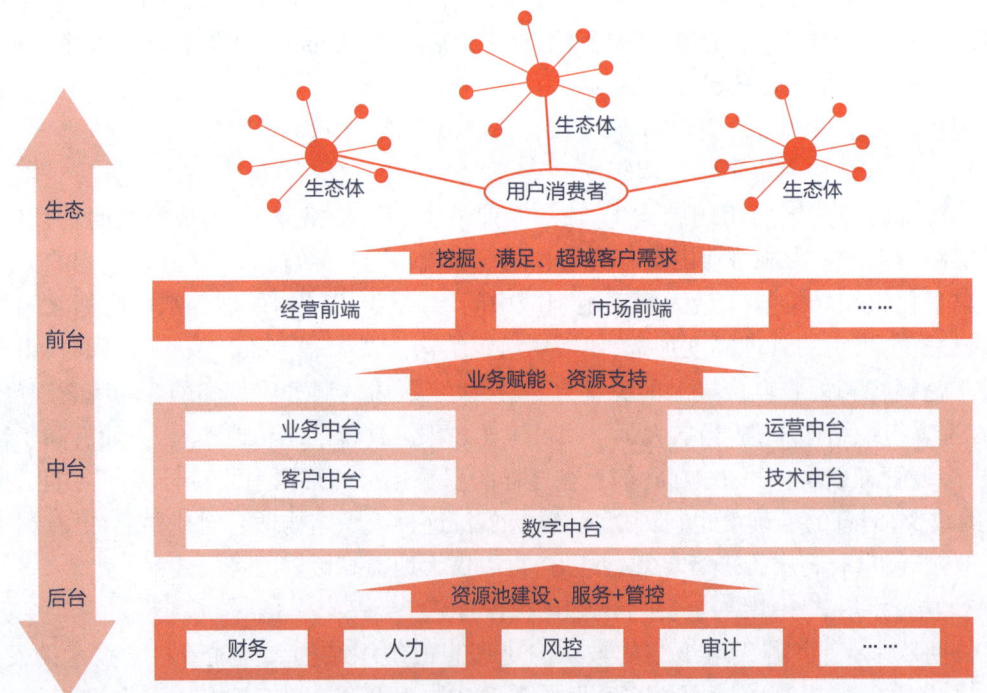

图4-5 平台型组织的基本结构图

第三节　饭店的机构设置与组织制度

为了体现饭店组织设计的效果，饭店还必须做好机构设置，完善组织制度，建立管理机制。

视频：饭店的机构设置与组织制度

一、饭店的机构设置

典型饭店的机构设置，一般分为营业部门和职能部门两大类。由于饭店提供服务日益多样化，许多大型饭店还设有其他综合服务部门。一般来说，饭店部门机构的设置，是根据客人在饭店内的活动特点及饭店经营管理的需要决定的。各部门均有其特定的业务范围及职责。

（一）饭店营业部门

饭店营业部门是与饭店的日常经营活动相关并直接为宾客提供产品和服务的业务部门，它主要包括饭店的前厅部、客房部、餐饮部等。

1. 前厅部（Front Office）

前厅部位于饭店的大厅，是饭店的神经中枢，业务工作贯穿于宾客与饭店接触和交易往来的全过程。饭店服务和管理水平的高低，一般都反映在前厅的接待工作方面。因此，前厅部被称作饭店服务与管理的窗口，前厅部人员在宾客心目中是饭店的代表。

前厅部机构的设置已经逐步专业化了。前厅部的主要功能和职责有：客房预定、宾客接待、信息问询、行李寄存、账务处理等。

前厅部机构的设置应根据饭店规模大小和业务量多少而定。但基本的原则是保证前厅工作的效率和方便客人。前厅部在大中型饭店往往单独设置，是饭店的主要业务部门之一。也有一些饭店将前厅都归属客房部。小型饭店往往不单独设立前厅部，其业务归客房部负责。

2. 客房部（House Keeping Department）

客房是宾客住宿和休息的场所，是饭店的基本设施和主体。客房部的主要职责是向客人提供洁净而舒适的客房，并协助前厅部管理好客房的各项设施，保持较高的客房出租率。从经营的角度上看，客房是饭店销售的主要产品，客房的营业收入是饭店经营收入的重要来源。客房部的管理和服务水平的高低，是饭店经营活动成败的关键。

客房部机构的设置是与客房管理的具体要求相适应的。它的主要功能和职责有：客房服务、客房及公共区域清洁、客房物品（如棉织品和客用品）的管理等。

3. 餐饮部（Food and Beverage Department）

餐饮部是饭店的第二大盈利部门，虽然其盈利能力通常小于客房销售，但从该部门所获得的营业收入仍然是相当可观的。饭店餐饮服务的规模不论大小，一般均包括食品原料采购供应、厨房加工烹调、餐厅酒吧三部分业务活动，其主要功能与职责有：原料采购、厨房加工、餐厅及酒吧的运营等。

(二) 饭店职能部门

饭店职能部门不直接从事饭店接待业务,而是为业务部门服务、执行自身某种管理职能的部门。饭店的人事部、销售部、工程部、安保部和财务部均属于饭店的职能部门。

1. 人力资源部(Hwnan Resources)

人力资源部的主要职责是满足饭店经营管理的需要,协助其他部门负责饭店管理人员和服务人员的选聘、培训及具体的管理工作。

人力资源部是饭店中的一个非常重要的部门。它一般直接受总经理的领导和制约。人力资源部负责人员调配、员工培训、薪酬管理等。

2. 销售部(Sales Department)

销售部的主要职责和工作目标是为饭店招揽顾客。为了保证饭店有充足的客源,销售人员要进行市场调研、了解市场需求、掌握客源流向并负责推销饭店产品。

饭店销售部的大小规模是有差异的,其功能职责包括收益管理、旅游销售、会议销售、宴会销售以及公共关系等。为了完成销售与收益管理工作,饭店总经理也要分出一部分时间来处理销售与收益管理的有关事宜。

3. 工程部(Engineering Department)

工程部的主要职责是负责饭店房屋及设备的维修工作,使饭店的外部及内部装修等保持完好的状态,并经常对饭店的各项设施、设备进行维修、保养和更新。工程部还需要按计划对饭店的能源进行有效的管理。

工程部的组织机构可能包含工程部办公室、锅炉冷冻组、电工组、维修组、电梯组、土建维修组。

4. 安保部(Security Department)

安保部是饭店非常重要的职能部门之一。宾客在饭店中不仅需要良好的食品服务条件,还需要一个安全、舒适、宁静的环境。安保部对饭店的各种设施、财产的安全及宾客的人身和财产安全负有重要的责任。

现在许多饭店都设有专职的安全保卫工作人员。他们对饭店全部区域进行24小时的安全保卫和巡视。虽然安保部的人员可以负责饭店整体的安全保卫工作,但是饭店的所有工作人员和服务人员都应当关心安全工作,并积极参加保卫措施的具体实施工作。这样做的结果比单纯由饭店安保部负责饭店的保卫工作更加有效。

5. 财务部(Financial Department)

财务部负责处理饭店经营活动中的财务管理和会计核算工作。财务部人员的数量取决于饭店经营的规模和饭店财务会计工作任务的重要性。一般来说,饭店的财务工作直接由一位饭店的副总经理领导,财务部内部有经理、副经理、主管会计、会计员、出纳员若干名。

(三) 其他综合部门

饭店为了竞争和发展的需要,日益重视向客人提供更加完善和更加新型的业务项目,以满足宾客多方面的需求。因此,饭店相应设置了许多其他综合部门,主要包括以下几个。

1. 康乐部(Recreation Department)

在许多饭店中,特别是度假型饭店,都设有专门的部门为旅游团体和旅游者个人提供康乐活动,其中包括高尔夫球、网球、保龄球、健身游泳等活动。这些活动均由康乐部组织安排,并设专门人员负责组织和指导工作。

康乐部还通过向客人提供娱乐设施,保证饭店娱乐活动的正常进行并获得相应的经营收入。康乐部的主管和其他专职人员,一般都具备组织娱乐活动的能力和专长,他们经常为饭店组织一些富有吸引力的娱乐活动,满足客人的娱乐要求。

2. 商场部(Shopping Arcade)

部分饭店设有商场或商品销售点等,大型饭店的商场与市区内的零售商场的经营类似,而由于饭店内部设施水平高,饭店商场内的商品价格甚至高于饭店外部同类商品的价格。饭店商场出售的商品,一般以当地特有的旅游商品为主,同时也有一些日常的生活用品。在有些大型饭店中,商场部属于营业部门,其经营收入在饭店营业总收入中占有相应的比例。

3. 旅游部(Tourism Department)

一些饭店还设有组织旅游的专业部门。它一方面为饭店组织客源,另一方面为饭店内的客人提供游览观光和继续旅行的各种便利条件。旅游部设有专门的人员负责提供交通工具、导游,车、船、飞机票订票等各种专门的业务。

除了上述部门,一些大型饭店集团根据业务需要还会设置其他支持部门,如公关部、品牌部、法务部、信息技术部等。

二、饭店的组织制度

饭店的组织制度是指在饭店企业中人们共同遵守的规定、规章或行为准则,是保证饭店各部门、各岗位正常运行所不可或缺的"连接件"。饭店的组织制度主要包括总经理负责制、经济责任制、岗位责任制和员工手册等。

(一) 总经理负责制

总经理负责制是饭店组织管理中实行的领导制度。实行总经理负责制,总经理将对饭店的所有经营决策和经营业务负有责任。总经理的主要职责包括:通过层层负责和层层领导的垂直领导系统来控制、领导和指挥全体饭店员工;确定饭店的发展目标、经营方针和管理手段,谋求理想的经济效益。

总经理作为饭店的最高层领导,从具体负责的工作范围来看,可分为四个方面。

1. 人力资源

饭店是一个综合型企业,人力资源问题至关重要。为了保证饭店具有较高的服务和管理水平,总经理应亲自负责饭店的人力资源工作,选聘优秀的具有良好素质的工作人员,并强化饭店的劳动制度管理。

2. 财产

饭店的各种设施和设备是饭店经营的基础。总经理有责任关心饭店各项设施的保养和维护,使客人有一个整洁、舒适的"家外之家"。尽管有工程维修和安全部门对饭店的各种室内外设施及环境进行管理,但上层的管理人员也必须对此有足够的重视。

3. 财务

饭店的经营以盈利为目的。总经理必须亲自监督饭店的财务状况,增收节支,改善经营。饭店作为一个经营企业，利润是经营好坏的主要标准，饭店只有达到了规定的盈利目标，总经理才是称职的。

4. 计划

饭店的计划控制是一个根本问题。总经理必须能够根据市场的需求变化，对饭店的决策和决策方案做最终裁定，负责饭店企业经营战略和计划的制定并监督计划的实施。

总经理各项职责的履行，是以总经理的权力作为保证的。总经理负责制确定了总经理是饭店的法人代表，使饭店建立了以总经理为首的经营管理系统，总经理在饭店中处于中心地位，全面负责饭店的经营管理。饭店应该通过各种有效的制度和组织形式，使总经理的权力和权威充分地发挥作用。

（二）经济责任制

饭店的经济责任制是饭店组织管理中的一项重要制度。它要求饭店各部门以饭店的经济效益和社会效益为目标，对自身的经营业务活动负责，实行责、权、利相结合，把饭店的经济责任以合同的形式固定下来。

饭店的经济责任制包括对国家的经济责任和饭店内部的经济责任两个方面。饭店对国家的经济责任包括：饭店依法经营，照章上税；饭店内部的经济责任主要是按照责、权、利相结合的原则，把饭店的经营目标加以分解，层层落实到基层的部门班组和个人，以责为中心，责、权结合。

（三）岗位责任制

岗位责任制是饭店具体规定各岗位工作及人员的职责、作业标准、权限等的责任制度。它是饭店服务人员的工作守则、服务流程及各项业务检查标准的依据。

岗位责任制的建立要在饭店组织机构设置和作业研究的基础上进行。首先，应具体、准确地规定岗位的数量、名称和职责范围。其次，要核定各岗位的工作量、服务流程和标准，明确负责此项工作和服务应具备的技能和知识。最后，要明确规章制度，包括奖惩条例。另外，还要明确各部门之间的协调关系，并由最高领导层的管理人员监督实施。

岗位责任制是饭店组织管理的基础。岗位责任制的落实，有利于饭店的正常运转，有利于明确各层次的职责权限和进行有效的分工协作。岗位责任制一般应在饭店正式运转前予以制定，对已经在运转的饭店，就要视实际情况进行调整。

（四）员工手册

员工手册是饭店的"基本法"，它规定了饭店每一个员工所拥有的权利和应尽的义务、应该遵守的纪律和规章制度，以及可以享受的待遇。

三、饭店的管理机制

饭店内部组织机构的运行，需要一定的管理机制提供保障，管理机制贯穿于饭店企业运行的全过程。饭店企业的管理机制至少包括对饭店利益主体的激励和约束两个方面。前者考虑人们从事饭店企业经营活动的动机与动力来源，后者包括在经营活动中相关利益主体的自律约束，两者缺一不可。建立饭店企业管理机制的最终目的，是获得饭店企业组织的长远发展。

（一）激励机制

激励机制是饭店企业内激励者根据组织特定的目标为刺激被激励者而采取和不采取某种经济行为的机制。从本质上看，激励机制解决了饭店企业的动力问题。它包括两个方面的内容。

1. 市场领域

市场领域的激励问题主要涉及顾客与饭店企业的关系，顾客通过需求的变化向饭店企业传递信息，饭店企业根据顾客提供的信息及时调整服务战略，向顾客提供更有针对性的服务产品。在市场激励的过程中，顾客通过向饭店企业提出要求，实现了消费需求效应的最大化，同时饭店企业在最大限度满足顾客需求中实现了效益的最大化，体现了顾客与饭店企业之间"双赢"的关系。另外，顾客的激励作用还体现在饭店企业更注重长远效益。市场竞争赋予企业内在的发展动力，要求企业实现效益的最大化。效益最大化在时间上的最优体现，就是长远效益最大化。这使饭店企业在服务战略和顾客需求的把握上，立足于可持续的发展。

2. 企业内部

饭店企业内部的激励主要表现在出资者与决策者之间及饭店企业内部各级决策者之间的关系。饭店企业的激励作用主要体现在三个方面：① 有财产关系的物质激励，如股票期权计划激励、股票红利激励等；② 非财产关系的物质激励，如高额薪金、奖金、各种福利等；③ 精神利益的激励，如让员工产生成就感和认同感等。

（二）约束机制

约束机制是指在饭店企业追求目标实现的过程中，受到内部条件、外界环境的牵制或制动的机制。它刺激投资者、经营者、员工保持合理的行为，并承担全部的风险。与激励机制相比，约束机制是一种反激励机制。风险约束主要表现在以下几方面。

1. 对投资者的约束

投资者通过投入资金使饭店企业能正常运转。在公司制中，由于所有权与经营权分离，所有者要通过委托代理关系将企业的经营权交给经营者。其中投资者必须制定严格的委托条款以保证自身利益的最大化，否则经营者不负责任的经济行为会使公司的形象遭到破坏，带来公司经营力的丧失，甚至会使投资资金全部沉没。这使投资者必须慎重选择、小心决策，行为的合理化程度大为提高。

2. 对经营者的约束

经营者若经营不善，将会承担较大的风险。首先，市场化的人才竞争体制会使经营者的市场形象受到极大的损害，给经营者以后的发展带来不便。其次，若出现经营失误，经营者将失去过往的事业成果，其代价是极其昂贵的。

3. 对员工的约束

对员工而言，饭店企业效益的最大化将使他们受益匪浅，他们可以得到薪资、奖金、各种福利，甚至是股权激励，个人也会在企业获得成就的同时实现自我价值。

4. 对企业整体的约束

在市场化的体制下，服务产品市场、人力资源市场、资本市场等都会存在激烈的竞争,以有效实现资源配置的最优化。这必然产生一种内在市场的隐性约束机制,从而使各个层次上的决策主体都能保持冷静的经济行为,以免在市场竞争中利益受损。这种层层相扣的约束链,使饭店企业整体的运行能保持稳定。

本 章 小 结

- 根据饭店组织设计的原则、程序,以及战略、环境、技术、规模与企业所处发展阶段等因素,合理设计饭店组织结构,是实现饭店经营战略目标的前提。
- 直线制、直线职能制和事业部制是饭店企业的三种基本组织结构类型。从竖式结构向扁式结构转变、从金字塔结构向平台型结构转变,则体现了现代饭店组织结构的变化趋势。
- 典型饭店的机构设置,一般分为营业部门和职能部门两大类,它是根据客人在饭店内的活动特点及饭店经营管理的需要决定的。总经理负责制、经济责任制、岗位责任制和员工手册,是保证饭店各部门、各岗位正常运行所不可或缺的"连接件"。贯穿于饭店企业运行全过程的激励机制和约束机制,则为饭店内部组织机构的运行提供了保障。

赛 证 直 通

一、在线练习

扫描二维码,进行在线练习。

在线练习 4

二、问题思考

1. 现代饭店组织设计的流程是什么?
2. 影响饭店组织结构设计的因素有哪些?
3. 饭店组织结构主要有哪几种类型?各有什么特点?
4. 扁平式和平台型组织各自有什么特点?
5. 饭店有哪些主要的机构?其主要职责是什么?
6. 饭店的组织制度有哪几种?如果你是总经理,你应该从哪几个方面进行管理工作?

三、拓展实践

在网络上搜索不同饭店集团在不同发展时期的组织架构,通过分析当时的行业背景,探讨不同组织结构如何支持业务发展和战略目标的达成。

饭店的组织结构图

（一）全服务型饭店的组织结构图

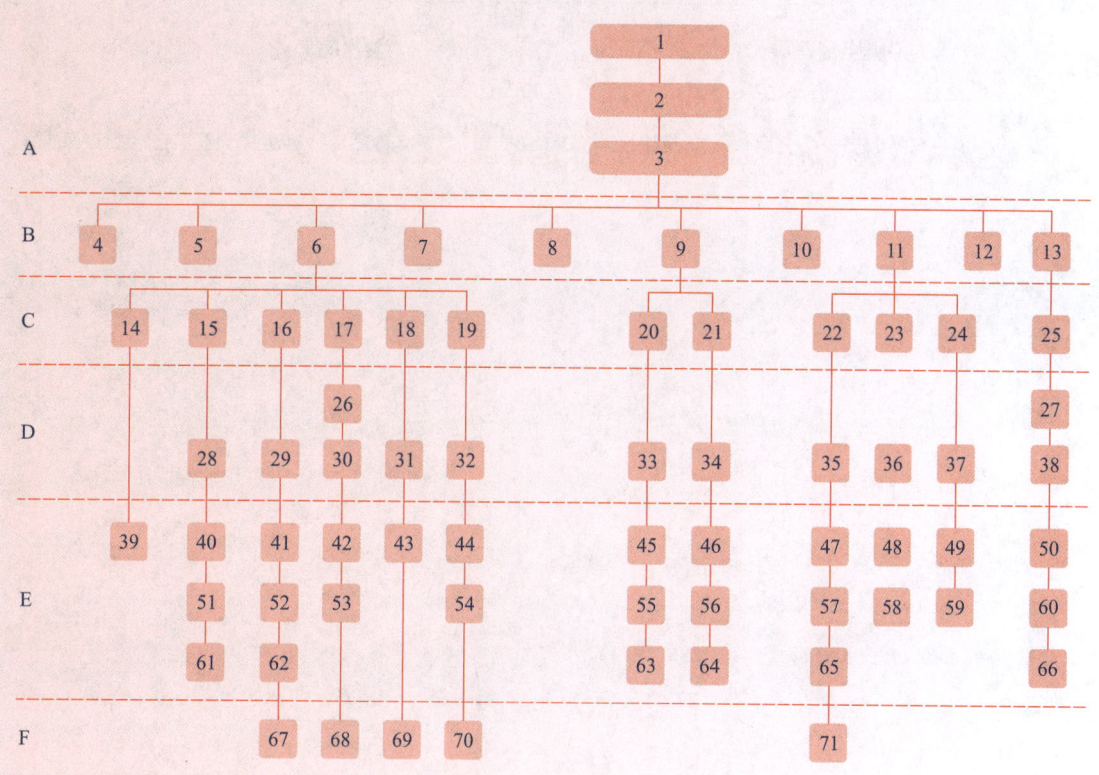

图内英文字母与方格中的号码示意

A：最高管理层　1.董事会　2.总经理　3.副总经理

B：部门经理层　4.工程设备部经理　5.商场部经理　6.餐饮部经理　7.安全保卫部经理　8.人事培训部经理　9.前厅部经理　10.公共关系部经理　11.客房部经理　12.销售部经理　13.财务部经理

C：专业层　14.客房餐饮部主管　15.食品原料采购部经理　16.各餐厅经理　17.厨师长　18.各酒吧经理　19.膳务长　20.总服务台主管　21.前厅服务主管　22.公共卫生主管　23.楼面服务主管　24.洗衣房主管　25.总会计师

D：半专业层　26.各厨房主管　27.总出纳　28.采购领班　29.餐厅领班　30.厨房领班　31.调酒师　32.膳务领班　33.总服务台领班　34.前厅服务领班　35.公共卫生领班　36.楼面服务领班　37.洗衣房领班　38.夜间核算主管

E：熟练职工层　39.服务员　40.采购员　41.预订员　42.各类厨师　43.酒吧服务员　44.洗涤工　45.预订员　46.电话接线员　47.门厅清洁员　48.楼面服务员　49.收发保管员　50.记账员　51.验收员　52.应接引座员　53.各类烹饪工　54.仓库保管员　55.接待员　56.门卫、行李员　57.环境清洁员　58.客房服务员　59.洗烫缝工　60.结账员　61.保管员　62.餐厅服务员　63.问询员　64.电梯服务员　65.花卉工　66.收银员

F：培训层　67.练习生　68.勤杂工　69.练习生　70.勤杂工　71.勤杂工

（二）有限服务型饭店的组织结构图

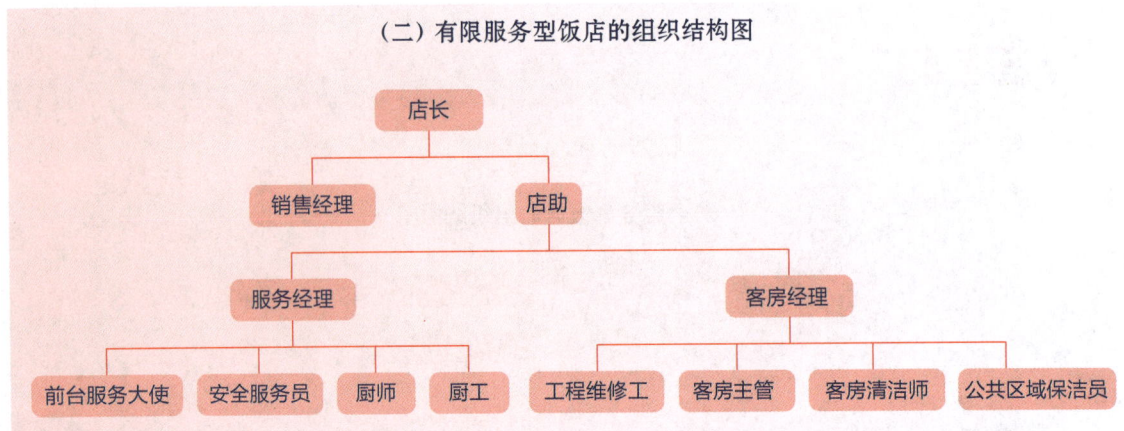

第五章 饭店市场营销策划与实施

学习目标

知识目标

1. 掌握饭店市场营销的组合策略。
2. 了解饭店市场营销策略的创新趋势。
3. 掌握互联网营销、移动营销和新媒体营销的概念和方法。

能力目标

1. 能进行产品分析、消费者行为分析和竞争形势分析。
2. 能对具体案例中的产品、价格、渠道和促销策略进行优化分析。
3. 能运用营销组合策略进行营销策划。

素养目标

1. 培养整体营销思维。
2. 培养多场景多工具下的探索实践精神。
3. 培养创新思维。

第一节　饭店市场营销分析与策划

视频:饭店市场营销分析与策划

饭店的市场营销是为了让目标客人满意并实现饭店经营目标而展开的一系列有计划、有步骤、有组织的活动,也是饭店围绕客人需求开展产品设计、价格制定、渠道拓展及促销活动的经营过程。

做好饭店市场营销分析与策划,能减少饭店管理者开展营销活动的盲目性,提高工作效率。

一、饭店市场营销的调研

在开展饭店市场营销活动时,饭店管理者需要依靠信息来进行营销决策,而饭店营销调研是取得营销信息的最重要的途径。

饭店营销调研是指对与饭店营销决策有关的信息,进行系统的收集、分析和报告的过程。饭店营销调研把饭店管理者同消费者和公众联结起来,管理者借助调研到的信息可以发现和确定营销的机会和问题,进而调整营销活动。

饭店营销调研包括以下步骤。

1. 确定营销调研问题及目标

饭店营销调研问题的形成,包括确定营销调研的具体问题和目标,这两者往往是营销调研过程中难度最大的环节。饭店管理者可能知道营销中存在的问题,但找不出发生问题的具体原因。一般而言,一个调研项目可能存在三种目标,即探索性调研、描述性调研及因果分析调研。调研目标一旦确定,调研人员就明确了调研的目的。

2. 调研的设计和数据收集方法的选定

调研的设计首先要明确饭店营销决策需要哪些信息。饭店营销信息通常分成两大类。第一类称为第一手资料,指通过与客人接触而亲自且首次收集来的信息。第二类是第二手资料,即通过间接的方法收集来的信息。从这两大类营销信息中,饭店营销调研需要得到的信息包括两种:一是有关环境方面的信息,如市场、消费者行为、竞争等;二是有关饭店营销组合方面的信息,如产品、价格、销售渠道、促销等信息。信息收集的常用方法有实地调研法和抽样调研法。实地调研法包括观察、询问、实验和问卷等;抽样调研法包括随机抽样、非随机抽样等。

3. 实施调研计划

实施调研计划包括收集、整理和分析信息等工作。调研中的数据收集阶段常是花费最大且又最容易失误的阶段。因此,调研人员在实施调研计划的过程中,应尽可能准确地按计划要求去做,使获得的数据尽可能地接近事实。对收集来的信息必须经常分析和处理,否则会导致原始资料杂乱无章、无法使用。

4. 准备营销调研报告

对调研结果做出说明、得出结论并向饭店营销管理部门提交调研报告,是饭店营销调研的最后一步工作。应注意的是：调研报告不是一系列数据的堆砌，而应是简明扼要的结论与说明，这些结论应当对营销决策有直接意义。

在调研过程中，饭店管理者和市场调研人员应紧密配合、协调一致，这是饭店营销调研工作取得良好效果的基本保障。

二、饭店市场营销的分析

饭店市场营销分析的内容，主要有企业产品/市场分析、消费者行为分析和竞争形势分析。通过分析，可帮助饭店了解其所处的宏观环境和微观环境，明确自己的竞争优势与劣势，避开威胁因素，寻找市场营销的机会。

（一）企业产品/市场分析

西方学者曾提出一些对企业产品加以分类和评价的方法，其中著名的是美国波士顿咨询集团和通用电气公司的方法。这几种方法也同样适用于饭店企业产品与市场发展状况的分析。

1. 波士顿矩阵分析法

波士顿矩阵，又称 BCG 矩阵，是用"市场增长率—相对市场占有率矩阵"对企业产品加以分类和评价(见图 5-1)。

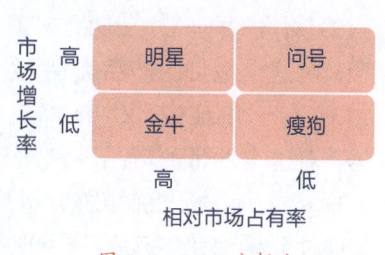

图 5-1 BCG 分析法

矩阵图把企业所有的产品分为四种不同类型。

(1) 问号类。问号类产品是指市场增长率高而相对市场占有率低的产品，是可能有发展前途而企业尚未大力投资的业务。企业产品发展往往可从问号类开始。问号类产品需投入大量资金以满足迅速增长的市场需求。企业应该慎重地选择一两个有前途的问号类产品，集中投入资金，将其培育为明星类产品。

(2) 明星类。明星类产品是高速增长市场中的领先者，有一定的优势。企业必须投入大量资金来维持其市场增长率和击退竞争者的进攻。因此，明星类产品不一定能为企业带来丰厚的利润，但它常常是企业未来的金牛类产品。

(3) 金牛类。当明星类产品的市场增长率下降到 10% 以下，却仍保持较大的市场占有率时，就变为金牛。金牛类产品市场增长率低，企业不必大量投资。作为市场领先者，还享有规模经济高利润的优势，所以能为企业带来大量的利润，用作经营开支和支持其他各类产品经营。

(4) 瘦狗类。瘦狗类产品是指市场增长率和市场占有率都较低的产品，它们在竞争中处于劣势。可能是亏损产品，也可能是仅能保本的产品。如果没有特别的原因，应进一步收缩或淘汰。

饭店企业经营的各类产品在矩阵图上定位后，企业可以确定其现有产品组合是否合理。由于一般产品都有生命周期，在此矩阵图上往往会表现为从问号类开始，转向明星类，进而成为金牛类，最终降为瘦狗类。饭店企业必须注意各类产品变化的位置，预测未来的市场变化，合理规划饭店产品开发战略。

2. 多因素组合矩阵分析法

多因素组合矩阵,又称 GE 矩阵分析法,它用"多因素组合矩阵"来对企业的产品加以分类和评价(见图 5-2)。

通用电气公司认为,企业在对其产品加以分类和评价时,除了要考虑市场增长率和市场占有率,还要考虑行业吸引力和企业竞争力这两个变量所包含的因素。行业吸引力一般包括市场规模、市场增长率、利润率、竞争强度、技术要求、能源要求、环境影响及通货膨胀因素的影响等。企业竞争力包括市场占有率、产品质量、品质信誉、促销渠道、促销效率、生产能力、单位成本、物资供应、开发研究实绩及管理水平等。

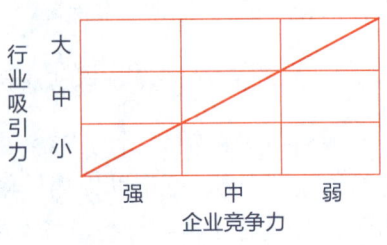

图 5-2 GE 多因素组合分析法

矩阵图中按行业吸引力和企业竞争力分为三个地带。

(1)左上角地带(又叫作"绿色地带",这个地带的三个小格是"大强""中强""大中")。对这个地带的产品类别,企业要"开绿灯",采取增加投资和发展壮大的战略。

(2)对角线地带(又叫作"黄色地带",这个地带的三个小格是"小强""中中""大弱")。对这个地带的产品类别,企业要"开黄灯",采取维持原有市场占有率的战略。

(3)右下角地带(又叫作"红色地带",这个地带的三个小格是"小弱""小中""中弱")。对这个地带的产品类别,企业要"开红灯",采取"收缩"或"放弃"的战略。

3. 产品/市场发展矩阵分析法

这种分析法是将产品分为现有产品和新产品,市场也相应分为现有市场及新市场,从而形成了一个四象限的矩阵。饭店企业可以从这四个象限的满足程度上来寻找和发现市场机会(见图 5-3)。

(1)市场渗透。即饭店企业通过改进广告、宣传和推销工作,以及短期削价措施和增设销售渠道,扩大回头客比率,争取新的顾客以及竞争对手的客人。

(2)市场开发。即饭店企业通过在新的市场增设新的销售渠道、加强广告促销等措施,在新的市场上扩大现有产品的销售。

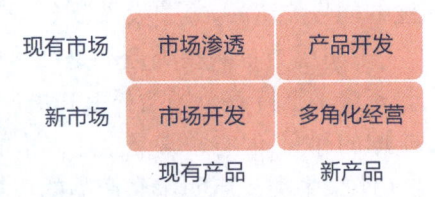

图 5-3 产品/市场发展分析矩阵

(3)产品开发。即饭店企业通过增加花色、品种、规格等,向现有市场提供新产品或改进产品。

(4)多角化经营。即饭店企业尽量增加产品种类,跨行业经营多种产品和业务,扩大生产范围和市场范围,使企业优势得到充分发挥,人、财、物等资源得到充分利用,从而提高经营效益。当然,盲目追求多角化经营显然是不可取的。

(二)饭店消费者行为分析

饭店消费者行为指消费者购买饭店产品前、中、后整个过程中的思考与行为。消费者行为是个人因素、社会因素及环境因素共同作用的结果。要想使消费者选择本饭店而不选择别的竞争饭店,饭店管理者就必须善于分析各类客人的行为及影响客人行为的各种因素。

首先,经营管理人员要分析消费者行为产生的内因,即分析消费者的个人因素。它主要包括对消费者的需要、自我形象、爱好与兴趣、动机、认识及态度等个人因素的分析。通过这些分析与研究,经营管理者能找到客人选择某一饭店的内在原因,同时,也能使饭店提供的产品、服务、价格、促销活动等投客人所好。

消费者的个人因素固然是影响其消费行为的主要因素,然而并不是唯一的影响因素。饭店消费者选择饭店并进行消费,还受到诸如团体、家庭、组织文化及饭店各种促销宣传活动等外在因素的影响。

饭店管理人员应定期对消费者行为的影响因素进行分析,弄清消费者行为产生的真正原因,从而为日后的营销活动,如产品服务设计、价格制定、促销活动的策划等提供有用的信息,为饭店营销活动打下成功的基础。

饭店消费者的购买行为,一般可分为四种类型,如表5-1所示。

表5-1 消费者购买行为类型

市场特征	品牌差异大	品牌差异小
消费者参与度高	复杂型购买行为	协调型购买行为
消费者参与度低	多样型购买行为	习惯型购买行为

1. 习惯型购买行为

对于价格低廉的、经常性购买的商品,消费者的购买行为是最简单的。这类商品中,各品牌的差别极小,消费者对此也十分熟悉,不需要特别花时间选择,这种简单的购买行为不经过收集信息、评价产品特点、作出重大决定这种复杂的过程。

这类产品的营销者可以用价格优惠和营销推广等方式来鼓励消费者试用、购买和续购其产品。由于消费者对这些商品的品牌不在意,而只是被动地接收信息,管理者在做广告时要注意视觉符号和形象。

2. 多样型购买行为

有些商品品牌之间有明显差别,但消费者并不愿在上面多花时间,而是不断变换他们所购商品的品牌。如在购买点心之类的商品时,消费者往往不会花长时间来选择和估价,下次买时再换一种新花样。这样做往往不是因为对产品不满意,而是为了寻求多样化。对这种情况,管理者应多采用营销推广的办法,保证供应,鼓励消费者购买。

3. 协调型购买行为

有些商品,品牌之间区别不大,而消费者又不经常购买,购买时有一定的风险性。对这类商品,消费者一般先短时间内做决定,而后对比几个品牌,这是因为各种品牌之间没有什么明显的差别。如果价格合理,购买方便,机会合适,消费者就会决定购买。

购买以后,消费者也许会感到不够满意,或者听到别人称赞其他种类的商品。但在使用期间,消费者会了解更多情况,并寻求种种理由来减轻、化解这种不协调,以证明自己的购买决定是正确的。

4. 复杂型购买行为

当消费者要购买一件价高的、不常买的而又非常有意义的商品时,就会全身心地投入购买。这类商品各种品牌之间有明显的区别,消费者往往对这类商品缺少了解,需要研究,要经历一种复杂的购买过程。首先了解产品性能、特点,从而对该产品产生某种看法,并与其他相关商品进行反复比较,最后才进行实际购买。这期间,消费者往往还会向该商品的其他使用者征求意见。

对于这种购买行为,管理者应利用一切渠道让消费者了解商品的性能、特点以及它在同类商品中的优势地位,并积极做好售后服务。

(三) 饭店竞争形势分析

饭店管理者除了对企业产品/市场发展、顾客消费行为等进行分析,还必须较详细地分析竞争形势。通常,饭店竞争形势分析可分成以下几个具体步骤。

1. 确定饭店主要竞争对手

在竞争分析中,饭店管理者首先必须明确谁是本饭店的主要竞争对手,谁将会成为本饭店的主要竞争对手。饭店可按照所在区域、星级档次、经营的目标市场及经营的项目等因素来确定本饭店的主要竞争对手。

2. 进行竞争情况比较

竞争情况的比较,可从竞争饭店所争夺的目标市场客人的需要着手,尤其要针对客人选择饭店的重要标准来进行竞争情况的相互比较,如饭店的地理位置、设施、服务、价格等。然后进一步了解竞争对手的产品—服务组合情况及近期展开的营销活动和销售情况。通过对营销活动和销售情况的比较,管理者可了解本饭店和竞争对手分别开展了哪些行之有效的营销策略,从而为制定日后的营销方案打下良好的基础。

3. 确定饭店相对竞争优势和劣势

根据前面两步竞争分析工作,管理者可以容易地判断本饭店的相对竞争优势和劣势。值得注意的是,管理者应将判定的优势、劣势以书面的形式记录下来,以便于饭店决策者在制定年度营销计划时参考和使用。

4. 确定饭店竞争对策

饭店竞争分析的最终目的是通过分析能构思和策划本饭店有效的竞争对策地位。通常在同一目标市场上竞争的饭店,因其营销目的、资源和实力不同,各自有不同的竞争地位,各饭店又因竞争地位不同而要采取不同的竞争策略。

在饭店竞争中,通常可能出现四种不同竞争地位的饭店,分别为市场主导者、市场挑战者、市场跟随者和市场利基者。这四种竞争地位既可针对一个饭店,也可针对饭店的某一经营项目,如餐饮、客房等。同一个饭店的产品有可能处于不同的竞争地位,需要不同的营销策略。

(1) 市场主导者及其竞争策略。市场主导者是指在相关产品的市场竞争中占有领先地位的饭店,通常为同行所公认。市场主导者为了维持自己的优势,保住其主导地位,常采用三种措施:第一,扩大市场需求量。包括发掘新的客户、开辟产品的新用途、增加客户对产品的使用量等具体措施。第二,保持市场占有率。在产品创新、服务水平的提高等方面作出不懈努力,同时抓住对手的弱点主动出击。第三,提高市场占有率。市场主导者通过对饭店营销组合的调整等策略,努力提高市场占有率水平。

(2) 市场挑战者及其竞争策略。那些在市场中处于次要地位,如第二、第三位的饭店,为了争取市场主导地位而向竞争者挑战,即为市场挑战者。挑战者的战略目标通常是提高市场占有率。它们通过各种进攻性策略,向市场主导者或向与自己实力相当者展开进攻。通常挑战者应设计一套整体策略,借以改善自己的市场地位。然而,并非所有居于次要地位的饭店都可充当挑战者。如果没有充分的把握不应贸然进攻市场主导者,最好充当跟随者。

(3) 市场跟随者及其竞争策略。那些位于次要地位,在共存状态下求得尽可能多的收益的,就是市场跟随者。它与市场挑战者不同,不是向市场主导者发动进攻并图谋取而代之,而是跟随在主导者之后自觉地维持共处的局面。跟随者常用的策略有紧密跟随、有距离跟随及有选择跟随。

(4) 市场利基者及其竞争策略。在饭店行业中,有些企业专门关注市场上被大饭店或集团忽视的某些细小部分,在这些小市场上通过专业化经营来获得最大限度的收益,也就是在大企业的夹缝中求得生存和发展。事实上,这种市场地位不仅对于小型企业有意义,而且对某些大饭店中的较小部门也有意义,它们常设法寻找一个或几个既安全又有利的市场位置。通常具备足够市场潜力和购买力、利润有增长潜力、对主要竞争者不具吸引力、企业有能力占据且靠自己的信誉能对抗主要竞争者等特征,可视为最有利的市场地位。

三、饭店市场营销的策划

在对饭店市场情况分析的基础上,进行市场细分化(Segmenting)、市场目标化(Targeting)和市场定位(Positioning),即实行 STP 营销策划,是决定饭店营销成败的关键。

按照客人需求的差异程度,可将市场分为两种。一是同质市场,是指那些由需求几乎完全相同的顾客所构成的市场,如日常生活中,人们都需要购买酱油、大米,而且他们的需求基本一致;二是异质市场,即由许多具有不同需求的顾客组成的市场,如饭店客源市场是由许多不同类型且需求又有明显差异的顾客所组成的市场。

相比之下,同质市场的经营和开发比异质市场容易,管理者在策划产品、价格、销售渠道、促销等营销组合因素时,能很好地构思合理的营销组合策略,提供合适的产品、制定合理的价格、组建畅通的销售渠道及开展有针对性的促销活动。然而,异质市场的经营就不那么简单。管理者要获取成功,首先必须投入大量的人力、物力和财力去剖析顾客错综复杂的需求,然后再进行市场的选择,进而展开有针对性的营销组合策划,实施有效的营销方案。显然,异质市场带给管理者的挑战远超过同质市场。饭店管理者面临的市场是异质市场。国际上专家通过大量理论和实践的反复论证,形成了一套经营异质市场的有效方法,称为 STP 营销。S 是按照一定的依据和标准对市场进行细分;T 是选择对本饭店最有利且本饭店有能力满足的亚市场(经细分后的某一市场组成部分)作为自己为之奋斗和服务的目标市场,实行有目的、有针对性的营销活动,也称市场目标化;P 是确定本饭店在该市场上的竞争地位,做好产品的形象策划与设计,即明确饭店或集团的市场定位。

(一) 市场细分(S)

所谓市场细分是指饭店管理者按照消费者的一定特性,把异质市场分割成两个或两个以上的同质市场,以用来确定目标市场的过程。饭店做好市场细分工作,一是有利于发现市场营销机会;二是有利于深入了解消费者的需求;三是有利于制定正确的营销策略。

1. 市场细分的方法

饭店管理者可以使用许多因素来对饭店市场进行细分,常用的市场细分方法有以下几种。

(1) 地理细分方法。地理细分就是按不同的地理区域将饭店市场划分为若干个亚市场。它以现在及潜在的客源发生地为研究的出发点。根据旅游输出地与接待地之间的距离,可把旅游市场细分为远途旅游市场和近郊旅游市场;根据旅游者的客流量,可把旅游市场细分为一级市场和二级市场;根据旅游发生国或发生地,可以把旅游市场细分为不同的国家或地区旅游市场。

虽然地理细分方法有助于饭店管理者制定营销决策,如选择广告媒介决策等,但是仅凭地理因素划分饭店市场还不够,饭店消费者行为、态度、价值观念等内容需要用人口细分、心理细分和行为细分等方法。

(2) 人口细分方法。人口细分就是根据旅游者的年龄、性别、家庭规模、婚姻状况、家庭生命周期、收入水平、职业、文化程度、民族、宗教信仰、社会阶层等人口特征因素,将旅游市场划分成若干个亚市场。人口特征因素也是市场细分常用的因素。旅游者的各种要求、偏爱、使用产品的频率等均与人口特征因素有关。

(3) 心理细分方法。心理细分就是根据旅游者的生活方式、性格、爱好、价值观、心理敏感性、心理适应性等心理特征因素,把旅游市场划分成若干个亚市场。如旅游者的性格包括外向和内向、独立与依赖、乐观与悲观、开放与保守等,加上人们在不同社会环境中逐渐形成的不同生活习惯和价值观,因而饭店经营人员可以根据上述不同标准,将旅游市场进行不同的细分。

(4) 行为细分方法。行为细分就是根据旅游者的购买动机、购买时间、购买地点、购买习惯、使用频率、品牌忠诚度等行为特征因素,把旅游市场划分为若干个亚市场。如饭店利用忠诚度及特征因素来进行市场细分,发现长住客是比较忠诚的消费者,因此就可把长住客作为自己饭店重要的目标市场。

2. 市场细分的原则

如果把上述四种市场细分方法交叉使用,那么就有无数种市场细分方法。但是许多交叉使用的市场细分方法是没有实用价值的。市场细分应遵循下列原则。

(1) 可衡量性。细分市场的规模、购买力及它的特征要能被衡量和区分。

(2) 可获得性。饭店能有效地进入被细分的市场。即该细分市场的消费者可以通过饭店的营销而被获得。

(3) 可盈利性。细分市场应足够大,具有一定的稳定性,以便饭店进入该细分市场后最终能够盈利。

(4) 可行性。饭店有足够的资源设计出吸引和满足该细分市场的有效营销方案。

(二) 市场目标化(T)

市场目标化,是指饭店企业在市场细分的基础上,选择一个或几个亚市场作为企业的目标市场,这种营销活动称为市场目标化。足够大、有潜力、未饱和是饭店选择目标市场的三大依据。

饭店管理者在市场目标化进程中,常采用三种市场目标化策略。这三种策略也可统称为饭店市场覆盖策略。

1. 无差异目标市场策略

无差异目标市场策略忽略不同顾客的需求差别,寻找出全部目标市场需求的共性,据此以同样的营销组合为该市场服务(见图5-4)。

图5-4 无差异目标市场策略

无差异目标市场策略的优点是可以发挥规模效益优势,降低成本,简化营销工作。缺点是有效性较差,易引起其他企业模仿,造成更激烈的市场竞争。

2. 差异化目标市场策略

差异化目标市场策略是企业针对不同的细分市场分别设计相应的营销组合,即用不同的营销组合分别进入几个目标市场(见图5-5)。

差异化目标市场策略的优点是能针对性地满足不同消费者的需要,能创造出更多的销售收益。缺点是营销成本高、操作要求高,一般适合实力较强的企业。

3. 密集性目标市场策略

密集性目标市场策略是企业选择一个或几个细分市场,集中企业力量争取在所进入的细分市场获得大的市场占有率(见图5-6)。

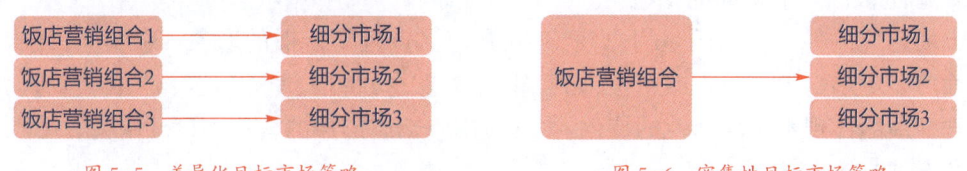

图5-5 差异化目标市场策略　　　　图5-6 密集性目标市场策略

密集性目标市场策略的优点是能集中力量、发挥优势、以特色取胜。缺点是风险较大。密集性目标市场策略为中小企业发挥自己的优势提供了一个较好的办法。

以上介绍了三种目标市场的营销策略,饭店管理者究竟选择何种策略,则应视其资源、产品特色、市场情况、竞争对手的策略等因素而定。

(三) 市场定位(P)

饭店进行市场细分并选定其目标市场及其策略后,就要对如何进入和占领市场作出决策。若选择的目标市场已有竞争对手,甚至竞争对手已经占有了有利的市场地位,则饭店管理者应首先对竞争态势进行分析与判断,并对目标市场顾客选择饭店所重视的标准或追求的利益加以分析与研究。通过竞争态势的分析,饭店管理者可了解现有的竞争者在市场中处于何种地位,竞争实力怎样,有何独特之处。在分析目标市场顾客追求的利益时,应查明顾客选择饭店的明显利益及关键利益。在对竞争形势和顾客所追求的利益进行分析的基础上，再进行本饭店的市场定位构思。

市场定位，是指饭店为了使自己的产品和服务在目标市场顾客心中具有明确的、独特的、深受欢迎的形象（或地位）而做出的相应决策和进行的营销活动。如上海金茂君悦大酒店的市场定位就是豪华型大饭店，汉庭酒店的市场定位就是经济型饭店。在上海要住豪华饭店的顾客就会想到金茂君悦大酒店，而要住经济型饭店的顾客首先会想到汉庭酒店，这就是正确市场定位的魅力。

通常，饭店可以通过创造产品差别、服务差别、员工差别、价格差别、消费群体差别和销售渠道差别来建立起自己区别于竞争对手的市场形象。正确的市场定位，有助于饭店在市场上营造自己的特色，增强竞争力。同时，市场定位决策也是制定饭店营销组合的依据。

饭店市场定位工作大致可分为五个具体步骤。

1. 明确饭店目标市场顾客所关心的关键利益（因素）

市场定位的目的之一是树立饭店明确、独特的深受顾客喜欢的形象。为此，管理者必须首先分析研究顾客在选择饭店时最关心的因素及顾客对现有饭店的看法，这样方能投其所好。

2. 形象的决策和初步构思

经过第一步定位工作，管理者就要研究和确定饭店应以何种形象出现于市场方能获得顾客的青睐。值得注意的是，饭店管理者在进行这一步工作时，应站在顾客的立场和角度去思考问题，如"该饭店能为我做些什么""我为什么偏要选这家饭店而不选择别的饭店"等。

3. 确定饭店与众不同的特色

市场定位的另一个目的是树立独特的、有记忆点且易传播的形象。事实上，饭店在许多方面可显示出自己的特点或个性，如管理风格、服务、价格、地理位置、建筑特色等。管理者应选择最能体现本饭店个性的特色，将其应用到饭店形象的构思与设计中去。

4. 形象的具体设计

这是指饭店管理者在前三步分析的基础上应用图片、文字、色彩、音乐、口号等手段，将构思好的理性形象具体地创造出来，使它对顾客的感官产生作用，让顾客容易记住饭店的形象。

5. 形象的传递和宣传

饭店的市场形象一经设计完善，就应立即选定适当的宣传时机和合适的宣传媒介向目标市场客人宣传和传递；否则，即使形象设计得再好，也只能是停留在纸上。

综上所述，饭店管理者应当明确，STP营销策划是一种能使企业经营成功、取得更多市场占有率的好办法，然而其难度也是显而易见的。因此，这就要求管理者具备市场知识、竞争意识、对本饭店产品的深入了解和丰富的饭店管理经验，同时，也要求管理者有一定的创造力和想象力。

小资料

爱干净,住汉庭

在酒店市场竞争日益激烈的今天,经济型酒店曾以其独特的定位和优势迅速崛起。汉庭酒店在2013—2015年经历了高速发展阶段,门店数量快速增长。然而,到了2016年,经济型酒店市场逐渐饱和,成为一片红海。汉庭酒店也面临诸多问题,品牌口碑受到影响。在这样的背景下,汉庭酒店急需重塑品牌,寻找新的发展方向,于是开启了第二次蓝海战略——"爱干净,住汉庭"。扫描二维码查看资料。

资料:"爱干净,住汉庭"

【思考】

1. 从汉庭酒店的第二次蓝海战略中,可以得到哪些关于酒店市场定位的启示?
2. 汉庭酒店在实施"爱干净,住汉庭"的战略过程中,采取了哪些具体的行动措施?这些措施对于酒店提升服务质量有哪些借鉴意义?

第二节 饭店市场营销任务与策略

在进行饭店市场营销分析和策划的基础上,饭店管理者必须明确自己的营销管理任务,并通过营销组合策略,达到预期的经营目标。

一、饭店市场营销管理的任务

视频:饭店市场营销任务与策略

饭店市场营销管理的任务是为促进企业目标的实现而调节顾客需求的水平、时机和性质。简言之,饭店营销管理的任务就是需求管理。

根据需求水平、时间和性质不同,市场上常常出现以下八种形态的需求(见表5-2)。在不同的需求状况下,市场营销管理的任务有所不同。

表5-2 市场营销状态与企业营销管理任务

需求状态	营销管理的任务	营销方式
否定需求	解释需求	转换性营销
缺乏需求	产生需求	刺激性营销
潜在需求	发现需求	开发性营销
退却需求	再生需求	再生性营销
波动需求	配合需求	平衡性营销
饱和需求	保持需求	维持性营销
过度需求	减少需求	降低性营销
无益需求	消减需求	抵制性营销

(一) 否定需求状态下的转换性营销

否定需求是指消费者不喜欢,反感甚至躲避的某种产品和服务。企业应通过适当的途径,向消费者作出解释,以转换他们的态度,使他们成为企业的顾客。这就是转换性营销(Conversion Marketing)。

(二) 缺乏需求状态下的刺激性营销

缺乏需求是指潜在的消费者没意识到自己需要使用这种商品。有时是因为缺少使用商品的特定环境,比如,冬天人们很少吃冰淇淋。对于无需求,企业应刺激消费者产生需求;对于缺少消费环境的市场,企业则可以营造出各种适宜的小环境;对商品和服务的形式可根据特定地区的环境进行必要的改进,这就是刺激性营销(Stimulation Marketing)。

(三) 潜在需求状态下的开发性营销

潜在需求是指消费者对某些产品或服务的需求尚未表现出来,购买力尚未实现的需求。对于潜在市场的需求,企业应开发新的产品,挖掘老产品的新功效。这就是开发性营销(Developing Marketing)。

(四) 退却需求状态下的再生性营销

退却需求是指市场对某种产品或服务的需求低于过去的水平,并且正进一步趋向衰退。很多退却的需求并不一定是产品落后造成的,而是由于时尚的转变、新产品的替代而引起的。部分老产品却依然有着新产品所无法替代的功能。对于退却需求,企业应进行再生性营销,以促使再生需求。企业要根据新的消费特点赋予老产品以新的特征,使传统商品带给消费者以时代感。这就是再生性营销(Remarketing)。

(五) 波动需求状态下的平衡性营销

波动需求是指需求与供给之间在时间或空间范围上的错位。比如,很多旅游设施在旺季人满为患,而到了淡季则生意冷淡。对于波动需求,企业应通过平衡性营销配合需求,使需求与供给之间在时空上的矛盾减至最低程度,从而充分利用资源,降低营运成本。这就是平衡性营销(Synchron Marketing)。

(六) 饱和需求状态下的维持性营销

饱和需求是指某种产品或服务的目前需求水平和时间等于企业期望的需求水平和时间,这是一种企业最理想、最满意的需求情况。但是在千变万化的市场上,任何饱和需求都不可能永久存在下去,作为一个企业,对于饱和需求必须根据市场出现的情况随时调整营销策略,进行维持性营销以保持需求的理想状态。这就是维持性营销(Maintenance Marketing)。

(七) 过度需求状态下的降低性营销

过度需求是指需求超过了企业所能或所愿提供的供给数量。过度需求从表面上看是产品或劳务的供不应求,但实质并不完全如此。比如,有些高档餐厅和酒吧,为了保持悠闲高雅的消费环境就不希望客流量过多。对过度需求,企业应采取消减需求的降低营销措施,如提高价格、简化服务或增加销售限制等,设法把需求降到理想水平。这就是降低性营销(De-Marketing)。

(八) 无益需求状态下的抵制性营销

无益需求指消费者在购买和消费某些产品或服务时损害身心健康和影响人身安全,并危害到社会公众利益。对无益需求,企业营销应通过软性反营销措施来消减这类需求。比如,发展新的无害或危害程度较小的产品以取代原有的产品或服务,在短期内如果无法停止这类产品供给时,可以通过必要的宣传控制此类需求的继续发展。这就是抵制性营销(Containment Marketing)。

二、市场营销的组合策略

传统的营销策略主要包括产品(Product)策略、价格(Price)策略、渠道(Place)策略和促销(Promotion)策略,也就是通常所说的 4P 营销组合策略。饭店的市场营销组合策略,是指饭店企业为了满足目标市场的需要,有计划地综合应用企业可以控制的产品、价格、销售渠道、促销四方面的市场营销手段,以达到销售产品并取得最佳经济效益的策略组合。

(一)饭店产品策略

饭店产品是营销组合中的首要的、决定性的因素。要设计和构思好饭店经营的产品,首先必须对饭店产品的概念、内涵等有清楚的认识,然后再研究饭店产品的开拓与创新。

1. 饭店产品的概念

从饭店营销角度去理解,饭店产品就是为客人提供的一种在饭店体验的经历。任何产品都包括两个因素:一是产品的有形特征,即产品的物质因素和物理特征;二是产品通过其物理特征所提供给消费者的各种利益。饭店营销更重视其产品带给客人的利益。我们把饭店产品具体定义为由核心利益、展现利益和附加利益所组成的一次客人的消费经历。这里,产品的核心利益是指饭店产品满足顾客需要的核心内容。例如有限服务型酒店的核心利益是洗好澡、睡好觉、上好网。饭店经营者的任务就是发现隐藏在产品背后的真正需求,把顾客所需要的核心利益提供给客人。然而,饭店产品的核心利益只是一个抽象概念,要卖给顾客必须通过一定的具体形式。

饭店产品的展现利益正是用来说明产品为客人提供的核心利益。展现利益是从物质上展示出产品核心利益的各种因素,如饭店地理位置、建筑特色、周围环境、灯光、音响设施、面积、气味、装修、饭店员工等。

饭店产品的附加利益是指客人在购买饭店产品时所得到的附加服务或好处。它对客人来说并不是必不可少的,但对饭店产品的完整性及吸引力产生一定的影响,如饭店为客人提供洗衣、康乐等服务。

2. 饭店产品生命周期分析

产品在市场上也像人的生命一样,有一个发生、发展和消亡的过程。这个过程可以分成若干阶段,每一个阶段都有一定的市场特点。营销理论中把产品从进入市场到最终退出市场的整个销售历史,称为产品生命周期。

在一般情况下,根据产品销售量变化的情况,可以把整个产品生命周期划分成四个阶段,即导入期、增长期、成熟期、衰退期(见图5-7)。

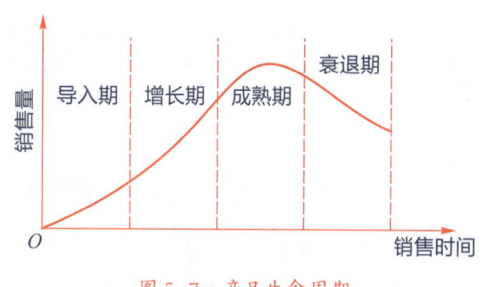

图 5-7 产品生命周期

导入期,指产品刚刚进入市场,处于向市场推广介绍的阶段。

增长期,指产品已为市场的消费者所接受,销售量迅速增加的阶段。

成熟期,指产品在市场上已经普及,市场容量基本达到饱和,销售量变动较少的阶段。

衰退期,指产品已过时,为新的更受市场欢迎的产品所代替,销售量迅速下降的阶段。

产品在其生命周期各阶段具有不同的市场特点,企业只有在了解各阶段的特点之后,才有可能制定出相应的营销策略,保证企业营销活动的成功。关于产品生命周期各阶段的特征,可以从这样几个角度去观察:销售量、价格、成本、利润、市场竞争和消费者态度等,下面着重分析前四种。

(1) 产品的销售量。如图 5-7 所示,在导入期,由于生产的批量少,一些消费者因为对新产品缺乏了解,常常不愿改变以往的习惯去购买,因此,在这个阶段,产品销售量小、销售增长率低,一般不超过 10%。

经过一个阶段的介绍推广,当产品被市场充分了解并接受时,由于市场容量很大,消费者踊跃购买,产品销售量迅速增加,增长率超过 10%,便进入了增长期。

在产品的成熟期,由于市场普及率高,市场容量接近饱和,销售量增长速度减弱,到了成熟期的后阶段,销售量便逐渐下降了。成熟期的销售增长率一般处在 0.1%~10%。

当市场出现了更新颖的产品,或者消费者的需求出现变化时,旧的产品就逐渐被新的产品代替。有时虽然没有替代商品的出现,但因为消费者需求的转移,对以往的产品不再感兴趣,产品就进入了衰退期,销售迅速地下降,销售增长率出现负值。

(2) 产品价格。当产品处于导入期时,生产成本和促销费用都很高,价格不可能太低,尽管这一阶段的价格有时会低于成本,但同整个生命周期的其他阶段相比,仍然可能是最高的,如图 5-8 所示。

当产品销售有了一定的增加之后,成本费用会相对减少,随着市场竞争的加剧,产品价格会不断下降。当进入衰退期后,各企业为了避免积压,往往把价格定得很低,甚至低于成本。

(3) 产品成本。在导入期,由于生产的批量小,固定成本和促销费用比较大,因此产品的总成本较高,如图 5-9 所示。

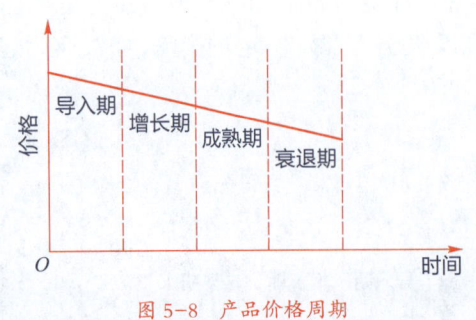

图 5-8　产品价格周期

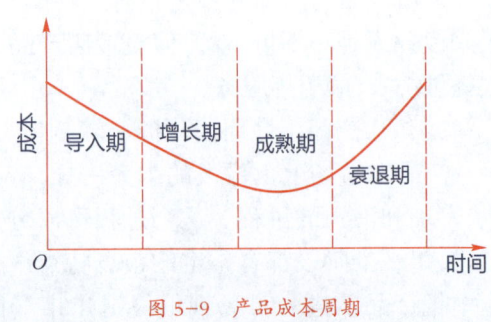

图 5-9　产品成本周期

当产品进入增长期和成熟期后,由于销量增加,技术进一步成熟,产品的固定成本不断减少。另外,随着产品市场知名度的提高,广告促销费用也相应减少。在成熟期,产品成本会出现整个生命周期中的最低点。

到了衰退期,由于销量下降,产品的单位成本必然会有所增加。同时,企业为了推销商品,大量地支出促销费用。种种原因,都增加了衰退期的产品成本。

(4) 销售利润。在产品的导入期,生产成本和销售费用比较高,但是由于新产品还不为消费者充分接受,价格一般不能太高,因而此时成本常高于售价,发生亏损,如图5-10所示。

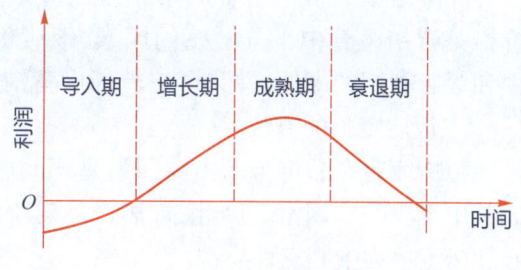

图 5-10 销售利润变化

当产品进入增长期后,由于销量不断上升,成本不断下降,价格开始高于成本,从而产生盈利。当进入成熟期时,利润往往达到最高点。

随着产品衰退期的到来,又会出现价格不断下跌、成本不断上升的情况,到了一定的点,就可能发生亏损,使利润出现负数。

3. 饭店产品组合的设计

饭店产品组合可概括为饭店提供给市场的全部产品线和产品项目的组合和搭配,即经营范围和结构。饭店产品线指相互关联或相似的一组产品,如饭店的餐饮产品线就包括自助餐、快餐、零点、多功能宴会厅及早茶等。所谓饭店产品项目,指产品线中不同的品种、规格质量和价格的产品。比如,自助餐是餐饮生产线上的一种产品,它可包括高档自助餐、平价自助餐等。

饭店经营者在设计产品组合时,常可采用以下几种组合策略。

(1) 增加产品组合的广度。广度是指一个饭店生产经营的产品生产线。多则宽,少则窄。这种组合策略对大型饭店及饭店集团是较为合适的,它充分发挥企业各项资源的潜力,提高效益,减少风险。

(2) 扩大产品组合的长度。长度是指饭店所有产品线中的产品项目总和。假设某饭店客房有3种类型,餐厅有3种类型,娱乐项目有2种,那么该饭店产品组合的总长度为8(3+3+2),该饭店可以根据市场及竞争情况,除已有的经营项目外,再提供客人所需的其他项目来增加产品组合的长度,这可使产品线丰满,同时给每种产品增加更多的变化因素。

(3) 增加饭店产品组合的深度。深度是指产品线中每种产品所提供的类型、口味、规格的多少。例如,假定某饭店餐厅有3种规格(高档、中档、低档)、2种风格(中式与西式),那么该饭店的这种餐饮产品的深度是6(3×2)。经营者可通过提供产品的差异性来增加饭店产品组合的深度,以适应不同顾客的需要,吸引更多的买主。

(4) 饭店产品组合相关性的调节。相关性是指各个产品线在最终使用、生产条件、销售渠道、促销等方面相关联的程度。饭店产品组合相关性的高低,可决定饭店在多大的领域内加强竞争地位和获得声誉。

由于饭店所面临的客源市场是一个动态系统,需求情况经常变化,原有的竞争不断花样翻新,新的竞争者又不断进入市场,这一切必然会对一个饭店产品的营销发生不同的影响。因此,饭店经营者要经常对产品组合进行分析、评估及调整,力求保持饭店最佳的产品组合。

(二) 饭店价格策略

价格是饭店营销组合的第二个组成因素,也是影响顾客选择饭店的主要因素之一。价格是营销组合中十分敏感的因素,饭店价格制定得是否合理,会直接关系需求量的多少和饭店利润的高低,并且影响着饭店营销组合的其他因素。

1. 饭店定价的方法

影响饭店产品定价的主要因素是产品成本、需求与市场竞争。饭店在定价时,通常考虑其中至少一个因素。因此,饭店产品定价的基本方法不外乎以成本为中心、以需求为中心和以竞争为中心三种类型。

(1) 以成本为中心的定价法。它是以饭店经营成本为基础制定产品价格的一种方法,以产品成本加企业盈利就是产品的价格。从饭店财务管理的角度看,产品价格的确定应以成本为基础,如果价格不能保证成本的回收,则饭店的经营活动将无法长期维持。

① 建筑成本定价法。建筑成本定价法也称"千分之一定价法",是国际上比较通用的一种根据饭店建筑总成本来制定客房价格的方法。其计算公式为:

$$客房价格 = \frac{饭店建造总成本}{饭店客房数} \times \frac{1}{1\,000}$$

饭店建造总成本包括建筑材料费用、各种设施设备费用、内部装修及各种用具费用、所需的各种技术费用、人员培训费用和建造中的资金利息等。

② 盈亏平衡定价法。该定价法是指饭店在既定的固定成本、变动成本和产品估计销量的条件下,实现销售收入与总成本相等的产品价格,也就是饭店不赔不赚时的产品价格。以客房产品价格为例,其计算公式为:

$$客房价格 = \frac{每间客房日费用额}{1-税率}$$

其中,每间客房日费用额包括客房固定费用日分摊额和变动费用部分。

$$每间客房日费用额 = 客房使用面积 \times 每平方米使用面积日固定费用 + 每间客房日变动费用$$

客房固定费用日分摊额可依据不同类型客房的使用面积进行分摊:

$$每平方米使用面积日固定费用 = \frac{全年客房固定费用总额}{客房总使用面积 \times 年日历天数 \times 出租率}$$

③ 成本加成定价法。这种定价法也称"成本基数法"。其定价方法是按产品的成本加上若干百分比的加成额进行定价。即:

$$客房价格 = 每间客房总成本 \times (1+加成率)/(1-税率)$$

按照这种定价方法,饭店客房价格可分三步确定:估算单位客房产品每天的变动成本;估算单位客房产品每天的固定成本;单位变动成本加上单位固定成本就可获得单位产品的全部成本,全部成本加上成本加成额,就可获得客房价格。

④ 目标收益定价法。这是另一种以成本为中心的定价法,它的出发点是通过定价来达到一定的目标利润,以期在一定时期内全部收回投资。其基本步骤如下:

a. 确定目标收益额(或投资报酬表)。

b. 确定目标利润额，计算公式为：
$$目标利润额 = 总投资额 \times 目标收益率$$
c. 预测总成本，包括固定成本和变动成本。
d. 确定预期销售量。
e. 确定产品价格，计算公式为：
$$产品单位售价 = \frac{总成本 + 目标利润额}{预期销售量} / (1-税率)$$

还有一种类似于目标收益定价法的客房定价法，称为赫伯特公式法，它以目标收益率作为定价的出发点，预测饭店经营的各项收入的费用，测算出客房的平均价格。

（2）以需求为中心的定价法。以成本为中心的定价法有一个共同缺点，即忽视了市场需求和竞争因素，完全站在企业角度去考虑问题。以需求为中心的定价法是以市场导向观念为指导，从客人的需要出发，认为商品的价格主要应根据客人对商品的需求程度和对商品价值的认同程度来决定。

这种定价法认为，一种商品的价格、质量及服务水平等在客人心目中都有一个特定的位置。当商品价格和客人的认识理解水平大体一致时，客人才会接受这种价格；反之，如果定价超过了客人对商品的理解价值，客人是不会接受这个价格的。产品销售不出去，饭店的目的也无法达到。饭店商品的价格，不仅取决于该商品满足客人某种欲望的客观物质属性，而且取决于客人的主观感受和评价。通常采用的方法有以下三种。

① 直觉评定法：邀请客人或中间商等，对饭店的产品进行直觉价值评价，以决定产品价格。

比如，某饭店除了拥有与竞争者饭店相同的标准客房外，还具有地理位置优越、环境清洁卫生、安全可靠、服务体贴热情等产品特点，为此根据直觉评定法，我们可得标准房价为：

竞争对手价格	350 元
地理位置优越	20 元
环境清洁卫生	20 元
＋ 服务员体贴热情	10 元
标准客房价格	400 元

② 相对评分法：这种定价法首先对多家饭店的产品进行评分，再按分数的相对比例和现行平均市场价格，计算出产品的理解价格。

比如，将 100 分按适当比例分配给不同的饭店，假定有甲、乙、丙三家饭店，经过综合测评，每家得分分别为 42 分、33 分、25 分，这三家饭店的客人愿意支付的平均房价为 400 元，则每家饭店的房价分别为：

$$甲饭店房价 = 400 元 \times 42/100 \times 3 = 504 元$$
$$乙饭店房价 = 400 元 \times 33/100 \times 3 = 396 元$$
$$丙饭店房价 = 400 元 \times 25/100 \times 3 = 300 元$$

③ 特征评分法：这种方法要求消费者按各家饭店产品的有形性、可靠性、反应性、保证性及移情性五个特征，按照对自己的相对重要性来评定各家饭店产品的直觉价值等级。

每个特征的相对优劣程度分配总分为100分,并按每个特征对消费者的相对重要性分配100分,每个特征的得分用重要性权数加权,求出全部特征相对优劣程度的总得分,详见表5-3。

表5-3 客房产品特征直觉价值

特征	重要性/%	优势相对分数			特征得分		
		甲饭店	乙饭店	丙饭店	甲饭店	乙饭店	丙饭店
客房设施	25	40	40	20	10.0	10.0	5.0
服务质量	30	50	25	25	15.0	7.5	7.5
服务手段	15	33	33	33	5.0	5.0	5.0
客房安全	15	45	35	20	6.75	5.25	3.0
情感满足	15	33	33	33	5.0	5.0	5.0
合计	100	—	—	—	41.75	32.75	25.5

从表中可见,甲、乙、丙三家饭店产品特征直觉价值总分分别约为42分、33分、26分,如果市场平均房价为400元,则结果与第二种方法基本相同。

(3) 以竞争为中心的定价法。如果饭店行业的竞争异常激烈,饭店在定价时就会把竞争因素放在首位,这样就形成了以竞争为中心的定价法。

采用此定价法的饭店,紧盯竞争对手或行业标杆的价格,并使饭店价格随着竞争对手价格的变化而变化。饭店经营者认为,市场价格往往反映了行业的集体智慧。采用竞争导向定价法,既可避免定价过高而导致客源流失,又可避免定价过低而导致利润流失。

① 追随市场领导者定价法:所谓的市场领导者是指某一企业在市场销售总量上占同类企业产品销售总额的40%,该企业的产品价格往往反映了市场行情。其他企业采用与其相近的价格,并追随市场领导者的价格变化而相应调整本企业的价格。

② 随行就市定价法:在完全竞争市场,有大量的卖主与买主,他们之中没有哪个能直接影响产品价格,每家饭店面临的需求曲线都是弹性充分的,每家饭店出售的产品没有差别或差异很小。在这种情况下,卖者只能按现行价格出售自己的产品。

2. 饭店价格的类型

饭店产品的市场交易价格,可以分为以下四种基本类型:

(1) 公布房价。公布房价就是在饭店价目表上公布的各种类型客房的现行价格,也称基本价格、门市价或散客价。

(2) 追加房价。追加房价是在公布价格基础上,根据客人的住宿情况,另外加收的房费。通常有以下几种情况:

① 白天租用价(Day Charge):客人退房超过了规定时间,饭店将向客人收取白天租用费。许多饭店规定,客人在12时以后、18时以前退房,加收半天房费;在18时后退房,加收一天房费。

② 加床费(Rate for Extra Bed):饭店对需要在房内临时加床的客人加收的一种房费。

③ 深夜房价（Midnight Charge）：客人在凌晨抵店，饭店将向客人加收一天或半天房费。

④ 保留房价（Hold room Charge）：住客短期外出旅行，但需继续保留所住客房的，或预订客人因特殊情况未能及时抵店的，饭店通常要求客人支付为其保留客房的房费，但一般不再加收服务费。

（3）特别房价。特别价格是根据饭店的经营方针或其他理由，对公布价格做出各种折让的价格。饭店日常采用的折让价格有以下几种形式。

① 团队价：团队价是饭店为团队客人提供的数量折扣，其目的在于吸引大批量的客人，从而售出大批量的客房。

② 家庭租用价：饭店为携带孩子的父母所提供的折扣价格，例如，为未满6周岁儿童免费提供婴儿小床等，以刺激家庭旅游者。

③ 小包价：饭店为有特殊要求的客人提供的打包报价，通常包括房租费及餐费、游览费、交通费等项目的费用，以方便客人做好预算。

④ 折扣价：饭店向常客或长住客或有特殊身份的客人提供的优惠价格。

⑤ 免费：饭店在互惠互利原则下，给予与饭店有合作关系的客人免费招待待遇。免费的范围既可以包括餐费，也可以仅限房费。

（4）合同房价。合同房价或称批发价格，是饭店给予中间商的优惠价。中间商销售饭店的客房要获取销售利润，为此与饭店确定散客和团队的优惠价，使他们在销售饭店产品后有足够的毛利支付销售费用，从而获得利润。根据中间商的批发量和付款条件，饭店给予不同的数量折扣和付款条件折扣。

3. 饭店价格的调整

饭店的价格政策不是一成不变的。饭店产品在不同的生命周期阶段上，具有不同的市场特征和产品特征，饭店产品价格也应有相应的调整。

（1）导入期的定价策略。饭店产品开发完毕到投入市场的初始阶段为产品导入期。在这一阶段产品本身尚不完善，销售额低，单位成本高。在这一阶段，常用的定价策略有：

① 低价占领策略：即以相对低廉的价格，力求在较短的时间内让更多的客人接受新产品，从而获得尽可能大的市场占有率的定价策略。这种定价策略有利于尽快打开销路，缩短介绍期，争取产品迅速成熟完善。同时，还可以阻止竞争者进入市场参与竞争。但这种定价策略不利于尽快收回投资，影响后期降价销售。

② 高价定价策略：又称撇油定价策略或取脂定价策略，是指把新产品的价位定得很高，以便在短期内获取厚利的定价策略。这种定价策略如果成功，可以迅速收回投资，也可为后期降价竞争创造条件。但这种策略的风险较大，如果客人不接受高价，则会因销量少而难以尽快收回投资。这种定价策略比较适用于有鲜明特色且其他饭店在短期内难以仿制或开发的新产品。

（2）增长期的定价策略。饭店产品在增长期其销售量迅速增加，单位产品成本明显下降，企业利润逐渐增大，市场上同类产品开始出现并有增多的趋势。这一阶段可选择的定价策略如下。

① 稳定价格策略：即保持价格相对稳定，把着眼点放在促销上，通过强有力的促销，组

织较多的客源完成较多的销量,从而实现利润最大化。

② 渗透定价策略:在市场需求增多的情况下,以较低的价格迅速渗透、扩展市场,从而较大幅度地提高市场占有率。

(3) 成熟期的定价策略。这一阶段市场需求从迅速增长转入缓慢增长,达到高峰后缓慢下降,产品趋于成熟,成本降到最低点,客人对产品及其价格有较充分的了解。这一阶段常常选择富有竞争性的定价策略,即用相对降价或绝对降价的方法来抵制竞争对手。采用绝对低价策略时,要把握好降价的条件、时机和降价幅度;采用相对低价策略时,要辅之以服务质量的提高。

(4) 衰退期的定价策略。当市场需求从缓慢下降转向加速下降,产品成本又有上升趋势时,产品进入衰退期。这时的定价策略有:

① 驱逐价格策略:即以尽可能低的价格,将竞争者挤出市场,以争取客源的策略。此时的产品价格甚至可以低到仅比变动成本略高的程度,因为此时饭店的固定成本已经收回,高于变动成本的余额便是对饭店的盈利。也就是说,驱逐价格策略的低价以变动成本为最低界限。

② 维持价格策略:即维持原来的价格,开拓新的产品和市场来维持销售量的策略。这样做既可使产品在客人心目中的地位不至于发生急剧变化,又可使饭店继续有一定的经济收益。

(三) 饭店销售渠道策略

饭店销售渠道是营销组合的第三个组成因素。其作用在于使饭店的产品更方便让顾客获取,为客人提供时间效用和地点效用。

1. 饭店销售渠道模式

在饭店销售渠道中,根据到达最终消费者所经历的环节,可分为两种主要模式:直接销售渠道与间接销售渠道。直接销售渠道,顾名思义就是不经过任何中间环节,由饭店将产品与服务直接销售给最终顾客;间接渠道则需要中间商经销、代理或帮助销售,按中间环节,又可分为一层渠道、二层渠道、三层渠道等。如表5-4所示。

表5-4 饭店销售渠道模式

直接销售渠道	零层渠道	饭店→最终消费者
间接销售渠道	一层渠道	饭店→旅游代理商→最终消费者
		饭店→旅游经销商→最终消费者
		饭店→其他销售渠道→最终消费者
	二层渠道	饭店→旅游经销商→旅游代理商→最终消费者
		饭店→其他销售渠道→代理商→最终消费者
	三层渠道	饭店→旅游批发商→旅游经销商→旅游代理商→最终消费者

2. 饭店中间商的作用

对饭店而言,产品能直接销售给最终顾客,单位利润相对较高,而且对渠道能进行直接而有效的管理与控制,当然是不错的选择。而实际上,众多饭店的销售有赖于中间商的运作,毕竟最终消费者(现有的或潜在的)数量巨大且分布极广,一家饭店如完全靠直接渠道,需要花费巨大的人力、物力、财力,却不能保证取得理想的效果,因为分散到每个单位销售收入(或利润)的成本太高,而利用中间商可以起到以下作用。

(1) 节省销售费用。通过中间商,能减少饭店与最终顾客之间的接洽次数,尤其是减少跨地区的接洽,节约时间和人力,降低交易费用,提高经济效益。

(2) 弥补饭店营销财力、人力的不足。由于饭店客源市场无论从地域上还是从人口结构上都分布极广,如果仅靠自身力量进行营销活动,要付出很高的机会成本(这部分资金如果投向它处获得的收益也许更大)。利用中间商的销售网络,可以扩大饭店的市场覆盖面,提高其销售效率。

(3) 具有强于饭店的营销能力。首先,旅游中间商一方面与旅游者联系广泛,另一方面对各饭店的产品、服务特色很熟悉,因此能向顾客推荐更适合其需要的产品,从而提高顾客满意度;其次,旅游中间商与最终顾客之间的空间距离近,更便于顾客购买;最后,旅游中间商更了解市场的特点,也富有营销经验,能使饭店获得更理想的营销效果。

3. 饭店销售渠道的选择

选择销售渠道,就是确定渠道的长度与宽度。短渠道主要是利用旅游代理商和旅游经销商的一层渠道,而长渠道则需旅游批发商介入;宽渠道是在同一层次的渠道环节,采用多个中间商,以扩大市场覆盖面,而窄渠道则是在同一层次精选几个得力的中间商,建立密切联系,以求在某目标市场中取得较大市场份额,同时也能加强对渠道的控制。选择需综合考虑以下几方面因素。

(1) 市场特点。旅游市场的容量、购买频率的高低、各细分市场的地理分布与人口分布及不同市场对营销方式的反应等市场特点无一不影响着饭店销售渠道模式的选择。如果目标市场规模非常大,为方便顾客预订,使用较多的中间商即宽渠道达到更大市场覆盖面。如果订单常常来自小批量预订,则需较长的销售渠道,而大批量的团体预订和会议预订则往往通过一个中间商,或由主办单位直接与饭店接洽订房,渠道很短。如果某饭店的主要客人集中于某些特定地区,就应考虑直接在该地设立饭店自己的网点,进行零渠道直接销售。而相反,如果饭店的顾客分散在世界各地,则需较多的旅游中间商代理销售。此外,顾客对不同营销方式的态度也是应考虑的因素,随着网络技术的发展,网上预订方便快捷,深受顾客欢迎。

(2) 饭店产品与服务的特点。如商务饭店宜采用直接销售或较短的渠道,直接与目标市场的公司企业接触;休闲度假饭店的目标市场分散,更多会利用旅行社代理。同一家饭店的不同产品与服务的销售渠道也不尽相同:客房是饭店预订的主产品,多采用中间环节,而餐饮、娱乐健身等设施则重点面向住店客人及当地居民,可以采取直接促销方式。

(3) 饭店自身条件与经营策略。饭店的规模决定了它的最大接待能力,所接待的顾客规模及层面分布又影响了它的渠道选择。例如,某饭店有客房 500 间,假设它全年出租率为 100%(不考虑因离抵时间差所造成的高于 100% 的出租率情况),则其年最大接待能力为 365 000 人(按一年 365 天,每间客房住 2 人计);一家只有 50 间客房的饭店,年最大接待能力为36 500人,则它的渠道自然会比前者要窄。

饭店的财力也决定了对营销渠道的选择与控制。力量单薄的小饭店更多地依赖旅行社为其带来客源,减少营销活动的开支;实力雄厚的大饭店虽然也利用旅行社,但也非常重视自身渠道的建设,如在主要目标市场区域设立网点,同时大饭店在与旅行社的合作中,也比小饭店更有控制权。

饭店销售渠道的选择自然不能有悖于饭店的总体经营策略。有的饭店希望维持豪华、高端的形象,则会尽量减少旅行团与普通会议的客人,采用更直接的方式对目标市场进行促销活动;有的饭店对于中间商的信誉、形象非常重视,对目标市场也很有选择性,则应考虑加强饭店自身销售能力及利用较短的销售渠道。

饭店营销人员的素质也会影响渠道选择。如饭店自身营销力量有限,人员不具备涉外销售的条件(如相应的专业知识、流利的外语水平、丰富的谈判与营销经验等),则应委托旅行社或其他旅游中间商代理销售。

(四) 饭店促销策略

现代饭店的促销方式主要有人员销售、公关策划、广告宣传和销售推广等。

1. 人员销售

人员销售对大多数产品及服务来说,都是直接而有效的营销手段,因为与顾客直接接触,所以能够发现、解释或答复对方的疑问,把销售工作贯彻到底,最终获得订单。

饭店的人员销售具有其他营销手段无法比拟的优越性:第一,直接接触。通过人与人之间的直接沟通,劝说潜在顾客购买产品,提高现有顾客的复购率。向顾客解释说明,并提供建议与帮助。深入了解顾客需要什么、关心什么,并向管理层汇报。第二,增进人际关系。经常性的直接接触易使饭店与中间商及顾客建立融洽的关系,对销售极有益处。

人员销售可以分为销售访问和电话销售两种形式。整个推销过程可分为四个阶段。

(1) 培养阶段。客人可能对产品一无所知,销售员应重点向客人介绍饭店及产品,并稍加引导。培养对方的信任感,建立良好的沟通关系。

(2) 引导阶段。客户对饭店的产品仍不太了解,但已有印象或已发生兴趣。销售员应加强沟通来探察客人的需要,给予相应的产品介绍和辅助性引导。

(3) 清障阶段。客户对饭店及产品已经有了相当的了解,但就某些问题仍心存疑虑,销售员应积极沟通,消除订单障碍。

(4) 巩固阶段。客户对产品服务已相当了解,或已做了初步尝试,销售员需要不失时机地巩固成果。

2. 公关策划

饭店的公共关系是指为了增进与社会公众和内部员工之间的了解、信任和合作而做的各种有计划的、持续性的沟通努力。饭店通过各种公关活动,如宣传报道、大型活动、捐款赞助等,来树立自己良好的公众形象,提高自己的知名度,减少或消除对饭店不利的影响,提高饭店员工间的凝聚力,密切与新闻界、客户、竞争者及社区的关系,创造良好的经营环境。

饭店公共关系的对象包括与饭店有关的所有社会关系,分为内部公关和外部公关,如图5-11所示。

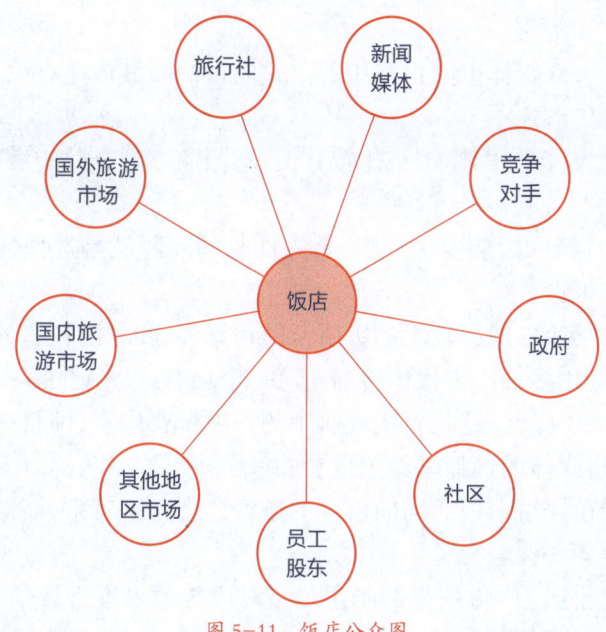

图 5-11 饭店公众图

(1) 饭店的内部公关。饭店的各项工作最终要由员工来完成。营销工作的原则就是让顾客满意,而没有满意的员工就不可能有满意的顾客。所以管理者应处理好与员工的关系,以达到有效的沟通与协作,使每个员工都有归属感,这是内部公关追求的目标。

① 尊重、信任员工:管理者应将每位员工视为不可缺少的一员,积极听取员工对饭店管理、营销的建议与意见,对员工做出的成绩应及时给予充分肯定,使员工能从中获得成就感和满足感。

② 促进上下沟通:当领导权力过分集中、缺乏沟通时,领导不知道员工的想法,员工也没有参与管理的机会,就会出现关系淡漠,所以应加强对员工的关心与信赖,创造民主气氛,使员工参与决策与管理,争取员工的支持。

③ 重视员工的培训与激励:将人作为饭店最宝贵的资源,通过培训不断提高人员素质,通过各种激励,激发员工的工作热情,充分发挥其潜能。

④ 增强员工对饭店的归属感:这种归属感可以使员工与饭店荣辱与共,风雨同舟。

(2) 饭店的外部公关。饭店外部公众涉及面极广,饭店的公关活动主要有以下几种。

① 维护与顾客的关系:顾客是饭店最直接、最有影响的公众群。饭店与顾客的关系融洽与否,不仅决定了现有顾客的满意度,还能影响潜在顾客的购买选择。具体来说,一方面要积极主动地做好接待工作,向顾客详细介绍饭店的设施、服务和活动,做到细致入微;另一方面要高度重视顾客的投诉。

② 维护与新闻媒体的关系:饭店应保持与新闻界的密切联系,将有价值的信息及时通过大众传媒传达,吸引公众对饭店的注意和了解,促进自身产品与服务的销售。

③ 维护与旅行社的关系:旅行社是饭店传统渠道中最重要的环节,与旅行社关系密切,就等于拥有一部分稳定的客源。维护与旅行社的关系是饭店日常公关活动的重点。

3. 广告宣传

广告是通过各种大众媒体以支付费用的方式向目标顾客传递有关企业的信息、展示企业的产品或服务的宣传形式。

人员销售虽然对大客户、团体销售比较有效,却照顾不到分散的潜在顾客。因此,广告就很有必要了。

(1) 广告媒体的选择。饭店要做广告,首先面临的问题就是选择何种媒体。通常可以根据以下三个方面来把握。

① 饭店的规模与实力:规模较大的饭店营销预算多,能拿出较多的费用做广告。在这种情况下,饭店可以利用多种广告媒体传播至每一个现有或潜在的客户。

② 目标市场定位及特点:这是营销调研中的一项重要内容,即目标顾客有效接触的媒体有哪些,这对于广告媒体的选择是至关重要的。

③ 所要重点推销的产品:饭店面向不同的市场群会分别着重推荐某些产品或服务,自然选择的广告媒体也不一样。

(2) 广告效果的测定。广告效果的测定是指对广告效果进行评估,以确定是否达到预期的广告目的。广告效果很难简单地用量化指标来衡量,主要从其所产生的心理效果与销售效果两方面进行测定。

① 心理效果的测定:

- 知觉度测定:通过对饭店广告的知晓程度进行估测。
- 记忆度测定:通过对饭店的名称、产品特色等广告的记忆程度进行估测。
- 理解度测定:考察广告内容是否达到预期的理解度。
- 购买动机测定:调查有多少购买行为是由于广告的影响。

② 销售效果的测定:这方面的测定要求饭店对旅行社、重要公司客户或重要个人的购买量做动态调查,比较广告前后的效果。广告效果的好坏以广告成本效率(Cost Effectiveness)表示,该数值越高说明广告效果越好。其计算公式为:

广告成本效率 = 广告引起的销售增加额 / 广告费用

4. 销售推广

销售推广是指企业刺激购买、扩大销售的各种短期的、非经常性的营销活动,目的在于迅速扩大需求,取得立竿见影的效果。其作用可以归纳如下。

(1) 吸引客人。通过提供优惠,争取新客人以及竞争对手的客人。对于现有客人可向其提供增值服务,如赠品、打折等,吸引他们多消费或再次光临。

(2) 推广新产品。当饭店推出一项新的产品或服务(如新菜单、特别活动、主题晚会)时,要通过广告、公关活动的配合,取得理想的效果。

(3) 扩大淡季销售。饭店产品与服务的需求时间性、季节性强,淡季时设施的闲置对饭店无疑是极大的损失。而要改善饭店资源时紧时松的局面,一个有效的方法就是淡季加强销售推广,刺激需求。饭店常用的销售推广活动方式有以下几种。

① 赠送样品:此法经常被用来推销顾客不熟悉的新产品。如饭店新开业,可以邀请旅行社及其他重要中间商或一些有影响的人士前来免费住宿,或者餐厅推销人员请客人免费

品尝新菜肴或饮料。

② 发放优惠券：价格优惠券常通过线上线下推广活动发放。许多优惠券有使用时限，以鼓励顾客及早使用。有时在顾客结账时，饭店会赠送一张优惠券，顾客下次光顾时可获得优惠。这些方法虽可取得快速的促销手段，但易被竞争者模仿，如过于滥用则有变相削价竞争之嫌。

③ 赠送小礼物：这种方法比较实用，比如，对来饭店餐厅就餐者赠送一定的酒水，对高级商务客人每天送一篮水果或鲜花等。有的饭店向客人或旅行社中负责预订的人赠送当地的工艺品和印有饭店名称、地址、电话的纪念品等。

④ 抽奖促销：饭店可以对住宿量达到一定标准的客人给予抽奖资格，如果中大奖能得到免费旅游的机会等。

⑤ 赠礼品券：许多饭店对重要客户按购买量给予不同等级的礼品券，客户凭券可领取不同的礼品。尤其对那些经常订房或使用其服务的公司的秘书、旅行社负责人等可以赠送礼券，或者可做免费旅游，或者可免费入住本饭店。

⑥ 设立俱乐部：饭店针对不同类型的客人设立相应的俱乐部，分别提供一定的利益，鼓励他们多购买本店产品。

- VIP俱乐部。主要针对那些对价格不太敏感的重要人物，向他们提供增值服务，如保证会员能订到高档客房，可享受免费早餐、鸡尾酒、水果和报纸等。
- 商务客人俱乐部。因为许多大企业的销售员经常出差，所以饭店可以邀请他们加入俱乐部，向他们提供优惠的房价、免费酒水等，希望他们经常光顾。

三、市场营销策略的创新

随着21世纪服务经济时代的到来，饭店业的市场营销策略也有了新的发展。

（一）服务营销

市场的变化，使饭店将营销重点放在如何挽留顾客，如何使他们购买相关产品，如何让他们向亲友推荐饭店的产品上，所有的一切最终落实到如何提高顾客的满意与忠诚。这就产生了3R，即顾客保留（Retention）、相关销售（Related sales）和顾客推荐（Referrals）。由传统营销4P组合加上3R形成了服务营销组合理论（见图5-12）。以顾客忠诚度为标志的市场份额的质量取代了市场份额的规模，成为饭店的首要目标。

图5-12　4P+3R服务营销组合

1. 顾客保留

顾客保留是指通过持续地和积极地与顾客建立长期的关系，维持与保留现有顾客，并取得稳定的收入。随着顾客对企业与产品的熟悉和接纳，对这些顾客所耗用的营销费用将随着时间的推移而下降，对这部分顾客的销售收入的利润率越来越高。对于有顾客参与的服务而言，费用的下降更为明显。研究发现，顾客的保留率每上升5%，企业的利润将上升

20%~80%;吸引一位新顾客所需的花费是保留一位老顾客的5倍以上。由于消费者的购买模式在不断变化,只有良好的服务才是提高忠诚度、与顾客建立长期关系并保留顾客的有效方法。

2. 相关销售

在企业新产品上市时,由于老顾客已对企业产生了信心,因此新产品的介绍与推广费用将大大降低,推进时间也大大缩短。老顾客在购买企业的新产品的时候,对价格也不太敏感。因此,相关销售的利润率通常较高。一些企业的成长主要来自产品的升级换代和相关产品的销售。

3. 顾客推荐

实施服务营销,提高顾客的满意度与忠诚度的最大好处就是忠诚顾客对其他潜在顾客的推荐。顾客推荐将形成对企业有利的效应,最终提高企业的盈利水平。当今市场竞争日趋激烈,广告信息泛滥,人们对大众传播媒介(如电视、网络直播)的信任越来越少,进行购买决策时越来越看重亲朋好友的推荐,尤其是已有产品使用经验者的推荐。顾客的满意程度将对饭店形成好的或坏的效应,从而影响饭店的获利能力。

服务营销的4Ps+3Rs组合,是服务经济时代企业取得竞争优势的关键。饭店作为一个服务型企业,特别要注重服务营销组合策略在日常经营活动中的应用。应充分理解现代服务营销理念,将营销重点放在培养忠诚顾客身上,通过提高顾客的满意与忠诚度,使他们成为本企业最有利可图的顾客群,实现顾客保留和顾客推荐,并最终实现他们对饭店企业而言的终身价值。

(二) 整合营销

整合营销是企业在兼顾企业、顾客、社会三方共同利益这一目标驱动下,为了更好地协调企业内外系统的关系和活动,在营销概念日益丰富和完善的基础上,演变和发展起来的一种更适合现代市场营销需求的新模式。

4C理论是整合营销的核心理念,它从对企业经营者的研究转向对消费者的关注,实现了"由内而外"到"由外而内"的巨大转变。4C理论的主要论点是:

(1) 相较于现有的产品,应先去研究消费者的需要与诉求(Consumers' Wants and Needs)。企业要生产特定的消费者确实想购买的产品,而不是卖自己所能制造的产品。

(2) 定价时不要先估算企业的成本和利润,而应先考虑消费者为满足其需求而愿意付出的全部成本(Customer Cost),并兼顾消费者的收入状况、消费习惯以及同类产品的市场价位。

(3) 不要局限于有限的几条渠道,要尽最大努力为消费者提供方便,让消费者快捷便利(Convenience)地购得商品和服务。

(4) 要淡化促销,强调沟通(Communications)。努力实现企业与消费者的双向沟通,谋求与消费者建立长久的伙伴关系。

企业对固有的定价策略、价格竞争也应以一种新的视角去考虑。真正重要的是要研究消费者为了满足自己的需要与诉求,愿意出多少价格。日趋理性的消费者更重视价格所包含的价值量,而不同的消费者对价值量又有自己的理解。

移动互联网时代,消费者获得信息和进行消费已变得更加方便。为了赢得顾客,企业除了要重新思考销售渠道的状况,还必须了解各种不同类型的顾客偏好使用的购买方式。而种种只为自己企业管理方便制定出来的繁复程序和规定,都是与快捷便利原则背道而驰的。

在竞争激烈的市场上,好的商品、好的服务、好的品牌唯有存在于消费者心中,才是真正的企业价值。而要达到这一点,沟通至关重要。在整合营销中,强调正确、适时地整合一切与消费者有关的营销信息,不断与消费者进行双向沟通。双向沟通的基础是企业拥有完整的消费者资料库。企业对自己推销的产品要进行长期跟踪,在长期的营销积累中通过建立顾客档案库,进行营销的顾客追踪,分析消费者关心的热点,积极进行市场应对,分辨出消费者的不同需求进行个性化的服务,在双向沟通中赢得顾客的信任,获取顾客的忠诚。

(三) 关系营销

关系营销,是指企业与顾客和其他合作者建立、保持并加强联系,通过互惠性交换及共同履行诺言,使有关各方实现各自利益的营销理论与方法。

关系营销是伴随着大市场营销理论的发展和社会学对传统营销理论的渗透而产生的。关系营销把营销活动看成一个企业与消费者、供应商、分销商、竞争对手、政府机构和社会组织发生互动作用的过程。关系营销的关键因素是建立并发展与相关组织和个人的良好关系;核心是追求顾客忠诚;主要表现形式是一对一营销;主要重要特征是双向沟通。

维系顾客,是关系营销的重要内容。有三个级别的关系营销来发展与顾客长期的友好关系。

1. 一级关系营销

一级关系营销又称频繁市场营销,有时也被称为购买型关系营销。在关系营销的三个级别中,这是最低的级别。要使顾客忠诚于企业,必须让顾客感到满意。一级关系营销通过直接经济利益刺激顾客购买更多的产品和服务。如对频繁购买的顾客实行让利奖励、减少顾客购买风险、损失补偿等手段来保障顾客利益,获得顾客满意,使顾客与企业建立友好关系。

建立顾客关系,不能只是企业的主观行动,而应该成为企业与顾客双方的共同愿望。企业必须采取有吸引力的措施,激发顾客主动与企业建立关系。仅靠单项关系营销的直接经济利益刺激,很难使企业与顾客建立长久的良好关系。

2. 二级关系营销

二级关系营销有时也称社交型关系营销。二级关系营销更重视与顾客建立长期交往联系网络,通过了解单个顾客的需要与欲望并使其服务个性化和人格化来增加企业与顾客的社会性联系,把人与人之间的营销和人与组织之间的营销结合起来,增加顾客对企业的认同感。

顾客组织是二级关系营销的主要表现形式。以某种方式将顾客纳入企业的特定组织中,使企业与顾客保持更紧密的联系,实现企业对顾客的有效控制。顾客组织可分为有形顾客组织和无形顾客组织。有形顾客组织,是指正式的或非正式的俱乐部、顾客协会、顾客之家等;无形顾客组织是利用数据库建立顾客档案,并进行分类管理。通过顾客组织,企业可以给予长期顾客优惠和奖励,提供产品最新信息,定期举办联谊活动,借以加深顾客对企业的情感信任,增加顾客对企业的认同感,密切双方关系。

3. 三级关系营销

三级关系营销又称结构性营销,有时也称忠诚型关系营销。在关系营销的三个级别中,这是最高级别。这种营销方式就是企业通过向顾客提供某种对顾客很有价值又不易获得的增值服务,实现企业与顾客双向忠诚、相互依赖、长期合作的关系,这种关系被称为结构性关系。在结构性关系中,企业为客户提供的增值服务往往以技术为基础,有精心设计的独特服务体系,使竞争对手很难模仿。这种结构性关系的形成,将提高客户转向竞争对手的机会成本,同时也增加了从竞争对手那里吸引另一些客户的机会。企业只有通过建立独特的服务体系,向客户提供技术性等深层次的联系,才能吸引顾客,并与顾客保持长久的良好关系。

关系营销与传统营销的比较如表 5-5 所示。

表 5-5 关系营销与传统营销的比较

关系营销	传统营销
关注保持顾客	关注一次性交易
高度重视顾客服务	较少强调顾客服务
高度的顾客承诺	有限的顾客承诺
高度的顾客联系	适度的顾客联系
质量是所有部门都关心的	质量是生产部门所关心的

第三节　饭店市场营销模式的创新

视频:饭店市场营销模式的创新

移动互联网时代的到来,使得人与人之间的交流能够跨越时间与空间的限制,"即时互动"与"信息对称"成为新时代的特征。"客户流量"成为各大商家争夺的热点,"争夺客户时间"是商家竞争的重点,同时也催生着饭店营销模式的创新。

一、互联网营销

饭店网络营销是以互联网为基础,利用数字化信息和网络媒体来达成饭店营销目标的一种新型营销方式。简而言之,就是以互联网平台为核心,以网络用户为中心,以市场需求为导向,整合各种网络资源实现饭店营销目标的一种行为。

互联网在饭店行业的应用,为其带来一种新的广告营销方式,饭店官网可与其他网站建立连接,利用网络新闻巧妙插入广告。与传统广告形式相比,互联网广告成本低、互动性强、传播速度快、传播面广,而且能够帮助饭店与客户建立对一的营销关系。

(一)互联网营销的渠道

饭店互联网营销的渠道主要有中介代理、直销、电商平台等。

1. 中介代理

中介代理,又称在线旅行代理,即 OTA(Online Travel Agency),是指饭店将各种信息发布在携程、艺龙等中介代理网站上,由其代为开展市场营销活动,而饭店则向其支付一定的佣金,属于饭店营销渠道的外包形式。消费者如果点击饭店名称的链接,并不是直接进入饭店界面,而是进入到饭店在中介代理的页面展示。由于中介代理的网络辨识度更高,从而会给饭店带来大量的订单。但中介代理并非只代理一家饭店,因此会产生饭店间的激烈竞争,特别是在价格方面。另外,客人通过中介代理选择饭店,无法形成对饭店品牌的信赖和忠诚,使饭店失去独立成长的机会。

2. 直销模式

直销模式是指饭店或饭店集团自建网络平台销售产品。在国内饭店网络直销中,官网直销和搜索引擎排名是较流行的模式。通过直销模式,饭店可以与客户建立直接联系。通过持久的直销,饭店也可以逐步树立起自己的品牌形象,获得比较稳定的客源。但是,如果饭店不能跻身搜索引擎排名靠前位置的话,就很难获得理想的销售效果。同时,由于饭店缺乏比较完善的与银行关联的担保体系,如何降低 No-show 比率,也是饭店直销模式面对的难题。一般而言,规模较大、服务水平较高、以协议客户为主的饭店,更适合采用直销模式。

3. 电子商务平台

电子商务平台简称电商平台,是为企业或个人提供网上交易洽谈的平台。近年来,越来越多的饭店在电商平台发布自己的信息以吸引消费者,消费者可以直接在平台上向饭店客服人员咨询饭店的详细情况,并完成购买行为。企业可充分利用电商平台提供的网络基础设施、支付平台、安全平台、管理平台等共享资源,有效且低成本地开展自己的商业活动。

(二)互联网营销的组合策略

在互联网营销模式下,4P 营销组合策略的内涵和外延都发生了显著的变化。如图 5-13 所示。

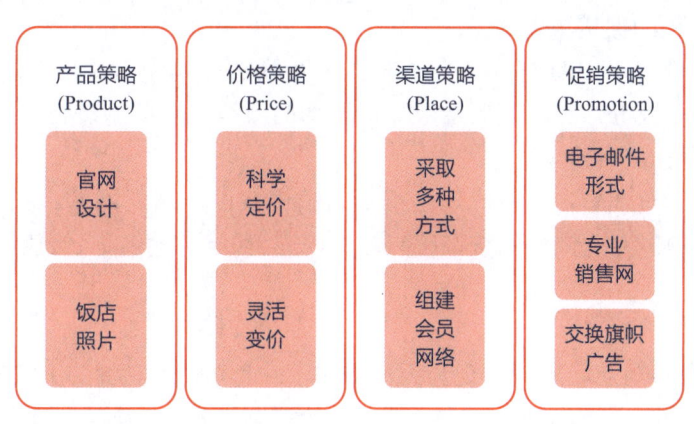

图 5-13 互联网营销模式中的 4P 组合策略

1. 互联网营销的产品策略

在互联网时代,客户往往先在网上浏览饭店信息后再做出是否预订的决定。如果饭店官网设计得好,就会大大增加消费者预订的可能性。因此,做好官网设计和饭店照片展示是饭店产品策略的关键。

(1) 官网设计。饭店官网要以设计精致和操作方便为准则。

① 饭店主页:以强烈的视觉冲击力给消费者留下深刻的印象。

② 网页结构:布局合理,层次分明,让消费者能在较短的时间内找到自己所需要的服务功能。

③ 网页内容:全面、重点突出,消费者所要了解的信息都可以在网页上找到。

④ 网页链接:浏览方便,上传和下载速度快,不可出现链接中断及缺乏图形的情况,尽可能在众多饭店网页中吸引消费者浏览自家的网页。

(2) 饭店照片展示。消费者在购买产品前需要对产品有一个大致的了解。饭店可利用互联网展示各个客房产品和公共区域的环境,让消费者可以根据自己的偏好选择产品。

2. 互联网营销的价格策略

价格是饭店营销管理的关键因素。互联网的发展,在为消费者提供便利服务的同时,也将饭店客房价格公开在竞争对手面前。因此,在互联网营销模式下,饭店定价需关注下列问题。

一是科学定价。由于互联网的发展,消费者可以在网上看到其他饭店的客房价格,一定程度上也增加了市场价格的透明度,能够在一定程度上消除消费者的预订疑虑。

二是灵活变价。饭店可建立客房价格及流量监控系统,为饭店提供智能决策依据,按照淡旺季的不同消费流量,动态灵活变价,与市场需求变化保持同步。

3. 互联网营销的渠道策略

目前,互联网已成为饭店营销的主要渠道。饭店可采取多种渠道来进行市场营销,增加饭店在不同渠道上的曝光度。

会员网络是在虚拟组织基础上建立的网络团体,会员通常由曾住过饭店的顾客组成。饭店会通过各类活动和增值服务,表达对消费者的尊重和重视,提升顾客黏性度。

4. 互联网营销的促销策略

一是电子邮件(E-mail)形式。电子邮件是互联网促销中常用的一种方式,具有成本低、反馈及时、速度快等优点。饭店会成立专职部门对消费者信息进行分析和归类,有针对性地向目标客户投放广告。

二是网络代理(OTA)。网络代理是指专门销售某种产品的网站,具有省时、高效的特点。消费者可以通过专业销售网查询感兴趣的内容,如旅游地名称、饭店等级等。

二、移动营销

移动互联网的出现为人们带来了一种可随时随地获取信息的方式。移动便携性、本地化以及社交化等功能的日渐丰富,让饭店营销活动发生了改头换面式的变革。

视频:数字酒店之会员管理

(一)移动营销的方式

伴随着移动网络的普及,饭店的预订方式也发生了翻天覆地的变化,人们更喜欢借助移动网络工具,进行快捷预订。

大型饭店集团或网络代理公司有属于自己的App。饭店通过App可以与客户时刻保持互动,并通过App向客户进行宣传推广和产品促销。在移动互联网时代,饭店业务由PC端移至移动端,有助于快速提高经营业绩。同时,在这些平台上"一键预定"的功能拉近了饭店与消费者之间的距离,大大缩短了顾客的预订时间,顾客在交易平台上所留下的相关信息可被饭店纳入数据库,有利于饭店的精细化管理和精准化营销。

华 住 会

在移动互联网的浪潮下,饭店预订方式发生了巨大变革。华住集团构建的会员体系"华住会",成功地将传统饭店业务从PC端转移至移动端,实现了与消费者的紧密互动。"华住会"的快速发展,不仅提升了品牌影响力和市场竞争力,还体现了会员模式在饭店行业中的重要地位。扫描二维码查看资料。

资料:华住会

【思考】

1. 饭店行业如何通过会员体系创新来提升客户忠诚度和市场竞争力?
2. 结合"华住会"案例,分析饭店企业可以采取哪些策略和措施来确保会员数量的增长和会员体验的提升?

(二)移动营销的意义

1. 建立饭店直销模式

移动互联网的应用,拉近了饭店和终端客户之间的距离,客户通过手机客户端不仅可与饭店直接沟通,也可随时了解饭店最新的优惠信息,传递自己的服务要求。这样,OTA中间商的优势没有过去那样突出,而饭店也建立了通往终端客户的直销渠道。智能手机客户端除了提供客户预订功能,入住饭店的客户也可以通过客户端预订送餐服务和购买客房用品,这也是饭店从传统互联网模式进入移动互联网时代的一大跨步。

2. 减少饭店库存房量

通过智能手机客户端向会员客户推送当天最新房价,促进客房的销售,减少库存房量。这样,不仅可以让客户享受到更多的优惠,也不破坏酒店与OTA等渠道合作伙伴的商业规则。

3. 提升客户参与度

在PC时代,客户不可能随时随地在线,饭店很难与客户之间实现随时互动。手机移动终端的出现,可以让客户时时在线,饭店也可以加强与客户之间的联系。比如华住会通过签到获取积分的奖励方式鼓励客户参与,从而增强与客户的互动。

4. 提升客户满意度

通过手机智能终端,饭店可以直接与客户建立联系,并利用移动互联网的社交属性,了解客户消费习惯以及爱好,为提供个性化的饭店服务创造了条件。让客户获得极致服务体验的同时,也增强了客户对饭店品牌的忠诚度。

(三)饭店 App 创意营销

1. 开发饭店 App 手机客户端

智能手机具有随时、随地、随身都可携带的便利性。智能手机已成为人与人之间、企业与客户之间保持联系、促进交流的重要工具。各饭店开发 App,消费者下载饭店 App,便可成为饭店的固定客户,提升饭店精准营销的水平。

2. 利用其他 App 做广告宣传

现在,手机成为人们日常生活中必不可少的工具,App 的营销效果是电视、报纸所不能企及的。无论是在大街上还是地铁中,人们几乎每时每刻都在关注着自己的手机,当消费者长期停留于某个页面时,客户端的 App 广告就会显示出来。饭店在知名的 App 植入广告,当消费者在体验这些 App 时,这些广告形式就会停留在页面中,从而吸引消费者。

3. 与专业饭店预订 App 合作。

App 不仅具有游戏娱乐等功能,更具有实用的信息工具功能,消费者可通过这类实用性的 App,获得海量、准确、时效性的信息。目前,饭店预订 App 的应用已经越来越普遍,这些 App 都可以满足消费者的饭店查询、房态查询、电话预订等需求。饭店注重与专业饭店预订 App 合作,可为消费者提供准时的房态及房价信息。

三、新媒体营销

新媒体是相对于传统媒体而言的。具体来说,新媒体就是利用数字技术、互联网技术等,借助宽带、无线通信、卫星等通道及计算机、手机等终端,形成一种传播新渠道,为客户传递各种媒体信息。在新媒体时代下,多样化的媒体形态为饭店提供了多种选择,逐渐成为饭店营销的重要方式之一。

(一)新媒体营销的平台

饭店的新媒体营销平台主要有以下几种类型,如图 5-14 所示。其中酒店官方网站平台前面已经讲过,此处不再赘述。

1. 电子刊物及电子商务平台

电子刊物突破了传统纸媒的传播局限,以其丰富的内容、生动的表现形式、快速的传播等特点备受人们青睐,成为饭店营销的一种新形式。饭店同相关的网络杂志平台合作,选取热门杂志的适当位置植入饭店的信息,可以取得不错的营销效果。电子商务平台也是饭店展示自己服务和产品的理想渠道。电子商务平台往往拥有完整的营销系统,如宣传、交易、客户服务等。饭店与电子商务平台的联合,有助于扩大市场范围,提升产品销量。

2. 社交平台与微信平台

微博、小红书等社交平台拥有极大的流量和极强的互动性,客户之间很容易因为某个共同关注点而成为一个社交群体。饭店借助这个平台进行营销,不但可以拉近与消费者的相互关系,还有助于提升消费者对酒店品牌的认同度。同时,饭店在微信平台上也有很大的营销拓展空间。饭店在微信上通过官方公众号、小程序、社群等方式发布饭店信息、推送营销活动,与消费者保持持续不断的联系,吸引其参与互动。

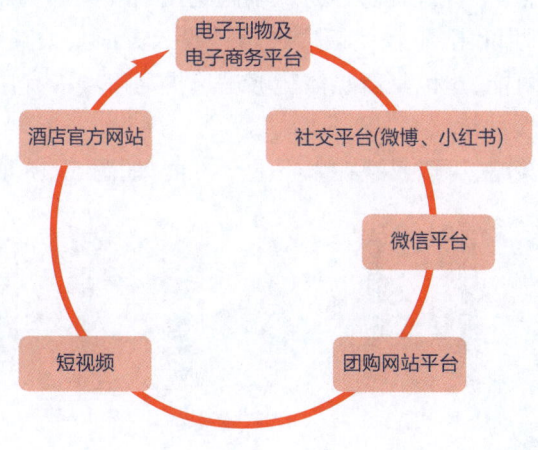

图 5-14 饭店新媒体营销的平台

3. 团购网站平台

团购网站是具有极大营销价值的平台。团购能给消费者提供价格上的优惠,吸引大量消费者。饭店采用团购网站平台开展营销,可借助价格优势吸引消费者,降低客房的闲置率。当然,团购也会带来饭店利润空间被压缩的情况。大多数饭店选择与团购网站进行合作,主要用意还在于扩大饭店的知名度。

4. 短视频

短视频一般是指在互联网新媒体上传播时长在 5 分钟以内的视频,它被看作一种有效的营销渠道。饭店可以把产品信息等融入视频中,借助视频的直观性、故事性展示出来,起到娱乐性、观赏性和宣传性相结合的效果。和传统的图文相比,短视频具有轻量化、直观性强等特点。人们可通过碎片时间来浏览短视频,通过弹幕、评论、分享进行社交互动。

(二)新媒体营销的特性

新媒体营销具有以下特性。

1. 互动性

新媒体能够建立一个即时的交流平台,在平台上饭店和消费者可以进行双向互动,也在无形之中为饭店做了品牌推广。饭店在平台上发布服务、设施、安全等信息并与消费者进行交流;消费者还可以针对饭店的服务、安全、满意度等问题与其他消费者进行交流。在这个过程中饭店不需要做额外的华丽宣传,营销效应自然发生。

2. 复杂性

复杂性是指信息内容和信息传播的复杂性。新媒体时代下的舆论环境极为复杂,信息量庞大且良莠不齐,消费者信息接受的警惕性增强。这种情况无疑影响了饭店信息传递的效果。因此,饭店必须树立起良好的品牌形象,注意大众舆论的引导,及时维护企业形象。

饭店在营销宣传过程中应当掌握营销话题,引导有利舆论。

3. 多样性

多样性是指媒体形态的多样化,如微博、微信、短视频、电子刊物等,这些平台为饭店营销提供了形式丰富的载体。在互联网环境下,各个载体联系密切,整个营销过程立体化,在消费者周围形成一个完整的宣传情境,容易从不同角度引发其消费热度。使用成本的降低提高了饭店营销宣传的性价比,不仅使饭店在营销投入方面大大减轻负担,也为后期持续进行新媒体营销提供了可能,这也是新媒体能够迅速提高市场占有比重的原因之一。

(三) 饭店新媒体营销的策略

饭店新媒体营销的策略,可以反映在以下七个方面,如图 5-15 所示。

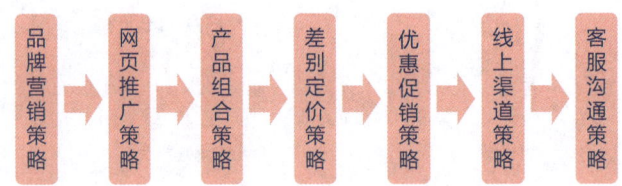

图 5-15　饭店新媒体营销的策略

1. 品牌营销策略

互联网营销的重点之一就是借助互联网的各个渠道和各个平台迅速树立起饭店的品牌形象,并不断扩大品牌影响。饭店可在互联网上实行一系列的推广措施,对饭店的品牌进行营销推广,逐步把品牌形象推入公众视野并获得公众认可。

2. 网页推广策略

饭店需重视官网的建立和维护,并在网页建设过程中针对消费者需求进行持续的调整,不断提高网站的人性化程度。饭店官网要结构完整、信息丰富,从企业介绍到服务类型、预订信息应有尽有。同时,网站需与饭店管理系统对接,使得线上收到的预订信息能够及时进入饭店管理系统。

3. 产品组合策略

饭店需要推出独具特色的产品组合,以吸引目标市场客户的注意。饭店除了要具备完善的功能产品、完备的设施设备,其主题化的特色装饰、个性化的服务提供,都可以为饭店带来极好的声誉。

4. 差别定价策略

饭店需要根据不同季节、不同产品设计富有层次的阶梯式价格体系,并根据市场需求的变化及时进行动态价格调整,使饭店的价格具有较大的灵活性和浮动性,提升饭店产品的竞争能力。

5. 优惠促销策略

饭店可适时推出优惠促销活动,如配合节假日的促销活动,或以建立会员体系的形式,吸引一批长期消费者,以各种会员活动鼓励客户多次消费。

6. 线上渠道策略

网络直销模式省去了其他中间销售环节,消除了生产商、经销商和消费者之间的障碍,为交易的实现提供了更便捷、高效的途径。同时,在成本控制方面,网络直销也是卓有成效。饭店需要充分利用线上销售的优势,积极借助网络交易平台开展营销活动。

7. 客服沟通策略

饭店在营销活动过程中与顾客的互动是十分重要的,而互联网最显著的特征之一就是可以进行互动交流。在网络销售模式中,饭店需设立专业团队,通过实时的网络监控,了解消费者信心,在与消费者交流过程中提高消费者对饭店产品与服务的满意度。

本 章 小 结

- 饭店的市场营销是指饭店企业为了让目标顾客满意,并实现饭店经营目标而展开的一系列有计划、有步骤、有组织的活动。做好市场营销调研、分析和 STP 营销策划,是饭店开展营销活动的基础工作。
- 根据不同的市场需求状况,确定相应的营销管理任务,并通过产品、价格、渠道及促销四大营销组合策略,组织和实施营销活动,是饭店营销活动的基本内容。随着营销理念的发展,又形成了服务营销、整合营销和关系营销等新的营销概念与策略。

互联网技术的不断提升及互联网在人们工作和生活领域的不断渗透,带来了饭店营销模式的变革与转型。互联网营销、移动营销、新媒体营销,将饭店的市场营销活动推向了一个新的高度。

赛 证 直 通

一、在线练习

扫描二维码,进行在线练习。

在线练习 5

二、问题思考

1. 波士顿矩阵分析法和多因素组合矩阵分析法分别是什么?
2. STP 营销是什么?
3. 针对不同的需求状况,饭店的营销管理任务分别是什么?
4. 互联网营销、移动营销和新媒体营销分别是什么?有哪些共同点和不同点?

三、拓展训练

三至四人为一小组,通过网络查找资料或实地考察饭店,进行以下问题的研究,将调研结果在课堂上进行小组演示讲解。

1. 分析某一品牌饭店的市场定位。
2. 分析某一品牌饭店的营销策略,包括互联网营销、移动营销、新媒体营销等方面。

第六章　饭店收益管理方法与技巧

学习目标

知识目标

1. 理解饭店收益管理的五大要素和衡量指标。
2. 掌握饭店收益管理的六大方法和要点。
3. 理解主要定价策略的制定依据和实施方法。

能力目标

1. 能运用收益管理工具进行市场分析和预测。
2. 能结合具体案例评估收益管理的效果。
3. 能结合具体案例提出针对收益管理策略的具体建议和优化方案。

素养目标

1. 培养对饭店管理的热情和好奇心。
2. 培养职业道德,提升职业认同感。
3. 培养良好的团队协作精神。

第一节 饭店收益管理的基本概念

视频:饭店收益管理的基本概念

收益管理(Revenue Management,RM)是在对市场的供求关系和消费者的行为模式进行分析和预测的基础上,以最优化的产品、价格和销售渠道组合,实现最大限度提高产品销售总量和单位产品平均售价,从而获取最大收益的一种理论、方法和策略。通俗地说,收益管理就是通过把合适的产品以合适的价格,在合适的时间,通过合适的渠道,销售给合适的顾客,从而实现企业利润最大化的一种管理过程。

有研究表明,运用了收益管理的公司,可以在不增加资本投入的情况下使营业额提高3%~7%,利润率提高50%~100%,并有效和迅速提高市场占有率。

一、收益管理的起源

收益管理起源于20世纪80年代中期的美国航空业。由于航班座位有限,而且航班座位的使用有很强的时效性和不可储存性,航空公司竞争激烈,各航空公司都想尽办法在飞机起飞前尽量卖掉所有的机票。价格的恶性竞争使不少航空公司亏损或倒闭。于是,很多专家开始研究市场的供求关系和价格对需求与消费者行为的影响,以寻求帮助航空公司适时将机票以合理价格卖出去的方法,由此产生了收益管理的概念和理论。

20世纪90年代初期,美国饭店业开始借鉴航空业的成功经验,研究收益管理在饭店管理中的应用,并逐步形成饭店收益管理的相关理论,研发出适合饭店行业的收益管理系统。经过多年的探索和改进,收益管理凭借先进的经营理念、完善的需求预测系统、科学的收益管理方法和有效可行的实施手段,成为世界品牌饭店经营成功的法宝之一。

21世纪初,收益管理的理论及方法开始被中国饭店业接受,成为实现利润最大化的一个有效方法。

王大姐的理发店

王大姐在乡下小镇上经营了一家理发店,由于手艺精湛,很受当地人欢迎。但是,这家小店没有其他理发师,周末时常常要排两个小时的队才能得到服务,许多人因此不愿意光顾她的理发店,张先生就是其中的一位。由于工作在外,张先生只有周六上午的时间可以用来理发,虽然很欣赏王大姐的手艺,但紧张的时间安排让他无法接受长时间的等待。张先生曾劝说王大姐接受预约安排,但王大姐担心这样会疏远顾客,不愿意改变经营方式。

于是,张先生同她一起详细分析了理发店面临的问题:
(1)理发店在星期六过于拥挤,但是星期二却很少有顾客来。

(2) 一些工作繁忙的顾客只会在星期六来,而其他退休的或上学的顾客可以在一周内的任何一天来理发。

(3) 王大姐在星期六损失了不少顾客。

(4) 王大姐考虑过再增加一把椅子和一个兼职理发师,但她知道这样要花费很多钱,可又不知能增加多少收入。

根据上面的分析,张先生提出,应当提高周六的价格而降低周二的价格。原因是有些顾客宁愿多花点钱换取周六的便利,而另一些顾客为了省钱也会乐意在周二来理发。用收益管理的术语来讲,叫认清细分市场上顾客对价格与便利的取舍。

开始,王大姐很不情愿这样做。她认为自己提供了相同的服务,不应根据时间来设定不同的价格。但后来发生的一件事让她改变了自己原来的想法。

有个周六,王大姐正在为张先生理发,有一个人站在门口张望。当他看到等候室里坐满了人时,摇摇头走开了。张先生问:"他是你的老顾客吗?""不是。"王大姐回答。"那么,"张先生说,"他今天将找到另外一位理发师,如果不是手艺特别糟,他再也不会到你这里来了。你不只是今天失去了一位顾客,而是永远失去了这位顾客。"听到这里,王大姐决定实行改革。

王大姐把周六的价格调高了10%,同时把周二的价格降低了10%。结果,原本喜欢周六来等候、聊天的退休老人和带小孩的母亲,大多改成了在周二来理发,周二生意不再清淡;匀出周六时间,可以服务情愿多花点钱来换取时间便利的客人,那些摇头离去的顾客又被吸引了回来。

一年后,王大姐惊喜地发现,理发店收入增长了20%。

当然,收益管理也不是万能的。收益管理从航空业扩展到酒店业等其他行业,是因为这些行业的产品都具有以下特点:

(1) 生产能力相对固定,即一定时间内供给总量相对固定。

(2) 产品价值不可储存,即产品的价值具有很强的时效性。

(3) 高固定低变动成本,即产品销量变化对成本影响不大。

(4) 市场需求不断变化,即淡旺季的周期和需求差异明显。

(5) 产品可以提前预售,即市场需求可以预测和规划管理。

(6) 产品可以进行细分,即不同消费群体的需求存在差异。

二、饭店收益管理的要素

收益管理的成效,在很大程度上取决于饭店经营管理者对收益管理的五大要素:产品、价格、时机、渠道和客源的把控能力。如图6-1所示。

(一) 客房产品的组合设计

客房是饭店收入和利润的主要来源,客房收入一般占饭店总收入的50%以上,客房的经营利润高达70%~90%。但是,客房产品又具有很强的时效性和不可储存性。认识客房产品的属性,做好客房产品的组合设计,营造不同客房产品的卖点,并做好客房产品的容量控制,是提升客房收益管理水平的前提条件。

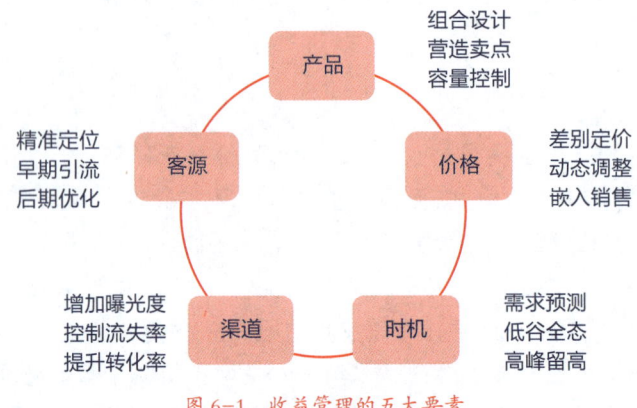

图 6-1 收益管理的五大要素

1. 单一客房产品的设计

如某饭店有 300 间客房,饭店经营者把这些客房都定为普通标房,每间客房的定价为 400 元。那么,该饭店的最大客房销售潜力为 120 000 元,平均每房收入为 400 元(见表 6-1)。

表 6-1 单一客房类型的收益分析

客房类型	客房价格 / 元	客房数量 / 间	房费最大收入 / 元
普通标房	400	300	120 000

2. 组合设计客房产品

根据客房产品的属性和客人需求的差异,进行客房产品的组合设计,有利于提升客房的收益水平。比如,该饭店经营者根据客房产品的属性和客人需求的差异,把 140 间外景房、高层房定为豪华客房,价格定为 450 元;把其余普通标房价格降 20 元。那么,在没有增加资本投入的情况下,该饭店的最大客房销售潜力可提升为 123 800 元,平均每房收入提升约为 413 元(见表 6-2)。

表 6-2 两种客房类型的收益分析

客房类型	客房价格 / 元	客房数量 / 间	房费最大收入 / 元
普通标房	380	160	60 800
豪华房	450	140	63 000
合计			123 800

如果该饭店经营者根据客房产品的属性和客人需求的差异,再增加若干套房,则效果将更好。若把 30 间普通客房打通,组合成 15 间套房,每间套房定价 880 元,那么,该饭店的最大客房销售潜力可提升到 125 600 元,平均每房收入可提升到约 441 元(见表 6-3)。

可见,为了提高客房的收益,饭店经营者在认真分析客房产品属性和客人需求差异的基础上,合理增加饭店客房类型,适当拉开房价差距,在满足不同客人需求的基础上,客房的收益也得到了相应的提升。在实际经营过程中,可根据客房的设施、级别和朝向等,精心设计客房产品组合(见表6-4)。

表6-3 三种客房类型的收益分析

客房类型	客房价格/元	客房数量/间	房费最大收入/元
普通标房	380	130	49 400
豪华房	450	140	63 000
套房	880	15	13 200
合计			125 600

表6-4 客房产品的组合设计

设施	级别	朝向	特殊
单人间	普通房	海景房	连通房
大床间	高级房	湖景房	错层房
双床间	豪华房	园景房	无烟房
三人间	行政楼层	城景房	公寓房
套间	总统套房	内景房	残疾人房

(二) 客房价格的阶梯分布

饭店客房营收是由客房出租率和客房平均房价决定的。客房出租率通常与客房平均房价成反比。当房价上升时,需求会下降,客房出租率就会较低;当房价下降时,需求会上升,客房出租率就会提高。因此房价是否合适,直接关系到饭店客房产品的销量和营收。

饭店客房价格的高低,首先取决于客房产品价值的本身,价值越高,价格也会越高;价值较低,价格也会相应较低。但是,客房价格的高低,还受市场供求关系的影响,市场需求量越大,价格就会越高;市场需求量越小,价格就会越低。另外,客人主观上对客房产品的价值感知和支付能力不同,也会影响客房产品的定价。

国内饭店传统的定价方法是成本导向。这种定价法的长处在于:当客房产品销售出去后,可以抵消饭店的经营成本,保证预期目标利润的实现。但这种定价法没有考虑市场的需求情况,当饭店产品销售价格高于竞争对手时,饭店产品没有竞争力;当饭店产品销售价格高于消费者的支付能力时,消费者也不会购买。随着市场竞争的加剧,这种定价法显然已不适应饭店的市场营销。

1. 需求平衡定价法

目前,中国饭店流行的定价法是需求平衡定价法。这种定价法考虑了市场情况,力图寻求需求与供给的最佳结合点(见图6-2)。

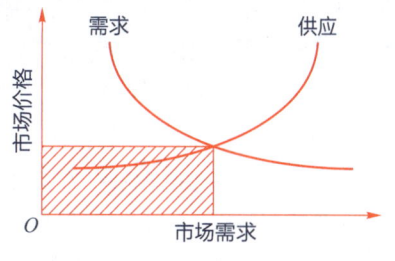

图6-2 供给与需求的平衡点

需求平衡定价法尽管反映了市场导向的定价观念,但仍然存在很大缺陷:一是房价与需求的最佳平衡点很难确定,因为价格会影响需求,竞争对手的价格政策也会影响需求。需求平衡定价法无法适应快速变化的供求关系。二是没有进行产品细分,饭店无法获得增值产品带来的利润,同时也没有合适的产品吸引对价格敏感的顾客。

2. 市场导向的动态定价法

饭店在把握市场供求关系变化情况、细分市场订房行为模式、市场竞争情况和客人对产品价值理解的基础上,建立起一套完整的客房价格体系。市场价格随市场供求关系曲线的变化而上下浮动。由于饭店客房价格不是固定的,而是根据供求关系在变化的,所以称为动态定价法(Dynamic Pricing),见表6-5。

表6-5 饭店客房动态价格表

日期	星期	市场需求/元	非动态价格/元	动态价格/元
8/3	一	623 561	521	482
8/4	二	652 121	521	505
8/5	三	612 311	521	472
8/6	四	515 840	521	400
8/7	五	622 200	366	479
8/8	六	468 946	366	362
8/9	日	480 480	366	371

注:市场需求指顾客在现有市场上订房总需求的金额。

从表6-5中可以知道,在一周需求波动时,单一平衡定价在周一至周四是一个价格,其余时间是另一个价格;动态定价却需要根据需求的波动而相应变动价格,使价格随市场需求的变动而变动,价格曲线和市场需求曲线运动方向一致,同时起落。当然,在实际营销过程中,客房价格曲线与市场需求曲线完全吻合是不可能的,但收益管理能做到的就是不断提高分析预测能力,尽量减少两者的偏差。

饭店采用市场导向的动态定价法:一是要建立合理的客房价格结构。针对不同的细分市场,提供不同类型的产品和不同的价格。二是要确定合适的基准房价。基准房价过低,不仅影响饭店的市场形象,也给今后饭店实施收益管理的折扣策略带来障碍。三是要争取一定数量的签约客户,确保饭店一定的业务量和客房出租率,有助于饭店在保本基础上增加客房收益管理的效益。四是要研究细分市场预订模式和竞争对手价格策略,适时调整基准价。五是要根据市场需求的特点及其变化,采用灵活运用价格策略。

(三) 销售时机的灵活掌握

饭店客房产品的时效性和价值的不可存储性,决定了把握客房销售时机的重要性。饭店营销人员过早地把客房产品低价卖出去,会导致客房经营效益下降;饭店营销人员惜售,也会带来客房产品闲置的风险。

收益管理要求饭店经营者准确把握客房销售的时机,在淡季时尽可能地扩大客房的销售途径，在旺季时要预留足够的客房给上门的散客。要提高客房销售的效益，需要关注市场需求的三个方面：

1. 季节波动指数

饭店客房产品的销售，有明显的淡旺季节之分，一年里面有波动，一周里面也有波动。对国内大多数饭店来说，每年的4月和5月及9月和10月是旺季，每年的11月到次年3月是淡季；对城市商务饭店而言，周一到周四的出租率都很高，而度假饭店则在周五和周六达到出租率的高峰。掌握销售的季节波动指数，有助于做好收益管理的客房存量控制。

2. 重大活动日期

饭店客房产品的销售，也会受到各项重大活动的影响。节假日、各种博览会等大型节事活动和商务活动，都会在短期内形成饭店客房销售的高峰。把握重大活动日期，有助于做好收益管理的客房预订控制，保证重大活动日期客房营收的最大化。

3. 提前订房天数

客人的提前订房天数，会影响他们对饭店客房价格的接受程度。通常，提前订房的客人对房价较为敏感，希望得到房价折扣较大的客房，而临时预订的客人，其对价格的敏感度较低，砍价的能力也较弱。如果饭店预测未来市场需求不足，就以低价鼓励客人提前预订；反之，饭店就控制提前预订的客房数量，以便将来出售给对价格不敏感的客人。

（四）销售渠道的合理选择

现代社会中，销售渠道已经成为饭店收益管理要素中一个重要的组成部分，其重要性表现在两个方面：一是面对竞争、全球市场、电子分销技术及产品的不可储藏性等环境因素的变化，饭店仅仅依靠自身的销售力量是不够的，而必须选择能为饭店开拓消费者市场的合作伙伴，不断完善和发展饭店的销售网络，扩大客源市场，以在竞争中取胜。二是通过委托渠道中的各种营销中介，饭店可以进入更广阔的市场，降低营销成本，提高投资收益率。销售渠道的中介作用可用图6-3表示。

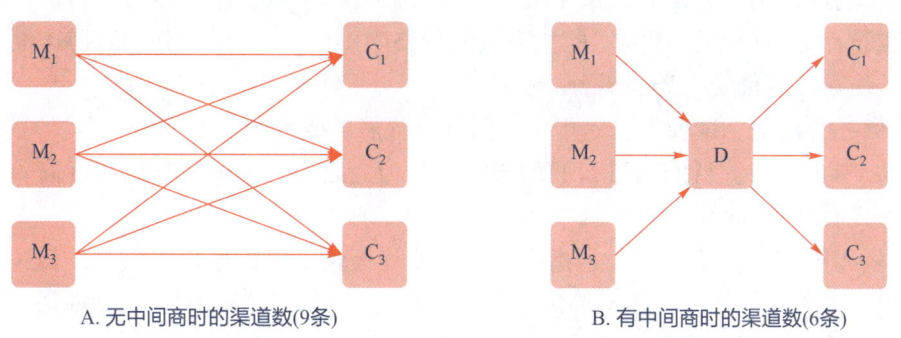

A. 无中间商时的渠道数(9条)　　B. 有中间商时的渠道数(6条)

图6-3　饭店的中间商的中介作用

饭店的中间商主要有以下几类。

1. 旅行社

为旅游者提供住宿是旅行社的重要业务之一，所以，旅行社成为饭店销售其产品的重要渠道之一。如果饭店能够保持与旅行社的密切合作，对稳定饭店客源及预测客源都十分有利。旅行社的销售特点主要有：订房数量大、订房价格低、订房时间集中、订房取消率高、订房连续性强。

2. 旅游批发商

旅游批发商是指从事批发业务的旅行社或旅游公司。旅游批发商组合旅游产品销售给其他旅游经销商和代理商，不直接面对公众销售。旅游批发商通常实力雄厚，通过与交通运输部门（航空公司、铁路及旅游车船公司等）、饭店、景点及其他餐饮娱乐公司直接谈判，将旅游单项产品组合成旅游线路产品，确定一个包价（大包、小包）。其营业收入主要包括从各种交通公司获得的代理佣金和饭店订房差价。

3. 在线旅游服务平台

资料：国内外知名在线旅游服务平台介绍

OTA（Online Travel Agency）是饭店销售的重要渠道之一，指在线旅游服务平台。这些平台通过互联网技术，将饭店产品与广大消费者直接连接，为饭店带来大量的订单。OTA通常提供丰富的饭店信息、用户评价、价格比较等服务，帮助消费者做出选择。对于饭店而言，与OTA合作不仅能提高品牌曝光度，还能通过数据分析优化销售策略，实现更高效的市场推广。因此，OTA在饭店销售中扮演着至关重要的角色。

4. 饭店连锁预订中心

如万豪、洲际、华住、锦江等著名饭店集团自设中央预订系统。

（五）饭店客户的精准定位

客人是饭店客房产品的最终购买者。对饭店经营者而言，客人的购买行为是饭店制定经营策略的依据。分析购买者购买行为的目的，是便于饭店经营者实施正确的收益管理策略，引导客人的购买行为朝着有利于本企业的方向发展。

1. 购买行为的类型

根据购买目的，可把客人的购买行为分成以下几种类型。

（1）休闲度假型。它是客人出于放松身心、解除疲劳、减轻精神压力等目的，离开常住地外出旅行而进行的购买行为。此类客人的价格敏感度高，娱乐性强的旅游产品、休闲随意的饭店住宿环境很受这类购买者的欢迎。

（2）商务会议型。这种类型是指出于商务经营需要或专业需要如出席会议、教育旅游、体育旅游、专业旅游等目的而进行的旅游购买行为。此类客人的价格敏感度高，对饭店和客房的选择有某种偏爱。

（3）健康医疗型。这种类型是指客人为了治疗慢性疾病或增进本人身体健康，同时又能轻松地欢度假期参加旅游活动而进行的购买行为。如温泉浴、阳光浴、沙滩浴、森林浴等旅游产品很受这类旅游购买者的青睐，健身、保健旅游项目也很受欢迎。

（4）探亲访友型。这种类型是指以满足探亲访友需要为目的的旅游购买行为。此类客人购买目的性明确，对饭店的地理位置和房价比较在乎。

（5）宗教旅游型。这种类型是指出于宗教目的而购买旅游产品的行为。宗教旅游在不少国家较为兴盛，一些旅游目的地也因此闻名。饭店对信奉宗教的客人应充分考虑他们在食、住、娱乐等方面的禁忌。

2. 购买行为的过程

客人对饭店客房产品的购买活动,是通过一定的购买过程来完成的。通过对购买过程的分析,饭店经营者可以针对每个过程中客人消费的心理与行为特点采取适当的措施影响客人的购买决策,从而促使客房营销活动顺利开展。

客人的购买行为过程一般分为五个步骤。

一是认识需求。购买行为的过程始于明确需求,这种需求由内外部的刺激引起,内在刺激源于生理需求,外在刺激则包括一切能够激发客人消费动机的因素。在一般情况下,这一需求是两方面共同作用的结果。饭店经营人员必须了解客房产品可以满足消费者哪些内在需求,同时应知晓可通过哪些外在刺激引发人们对产品的需求。

二是收集信息。当人们认识到自己对某项产品的需求后,就会有意识地去收集相关信息。一般而言,客人的信息来自旅游市场、相关团体、公众信息和个人经验(见图6-4)。

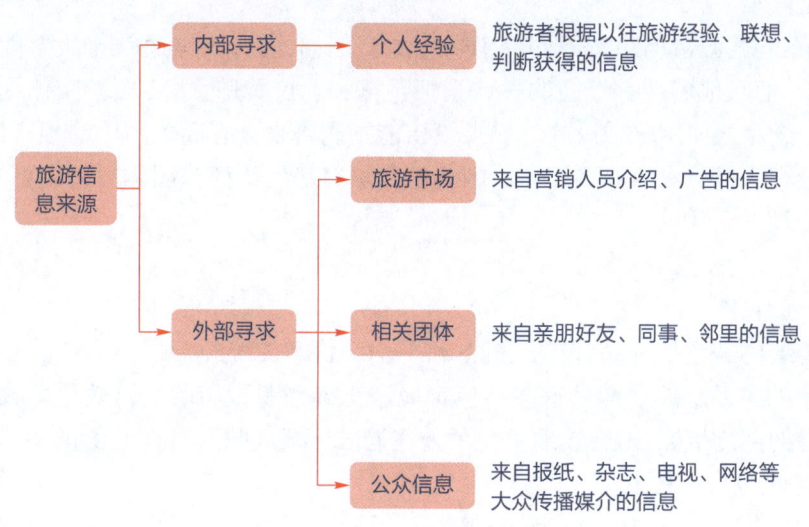

图6-4 客人信息来源示意图

三是判断选择。潜在购买者通过各种渠道得到产品信息后,会对这些信息进行评估判断,在各种备选方案中进行比较,经综合评价后做出抉择。在评估判断阶段,潜在购买者往往对饭店客房产品的设施、价格、服务、品牌、环境氛围等方面较为关注。不同的人士在评估同一产品时,所关注的重点往往有较大差异,但无论如何,利益是客人购买行为决策过程中寻求的东西和评价的标准。

四是购买决策。在经过评估判断后,潜在购买者对于可供选择的饭店产品,按其符合自己心意的程度排出先后次序,通常会选择最符合心意的产品优先购买。然而从购买意图的初步形成到实际购买,还会受到他人态度和意外情况这两个因素的影响(见图6-5)。

五是购后评价。购后评价是购买决策的反馈阶段,潜在购买者实际购买后,并不意味着饭店营销工作结束。当客房产品符合客人的期望,客人在购买后会比较满意,并再次购买;反之,期望与现实差距很大,客人就会不满,并不再购买。因此,应重视客人的购后评价,建立必要的购后沟通渠道,做好售后服务,进行必要的宣传,使客人相信购买行为的正确性。

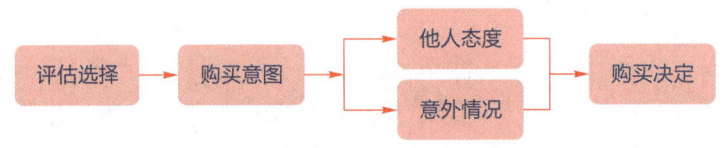

图 6-5　客人购买决定的形成

3. 购买行为的模式

不同类型的客人还有不同的订房模式。例如,商务散客通常在入住日的前两周内才会订房,度假客人往往在入住日的四周前就开始订房。了解客人的购买行为模式,饭店就可以在入住日的前两周时间,推出较低价格的客房去吸引度假客人,以提高客房出租率;在离入住日只剩两周时间时取消折扣房,等待商务散客订房。这样,饭店既可以通过争取部分度假客人来提高客房出租率,又可以从商务散客那里得到较高的平均房价,从而提升饭店客房的收益水平。

此外,不同客源市场还有不同的消费模式。例如,商务团体通常比旅游度假团体更能接受高房价,而且他们会有较高的餐饮消费预算和会议费用预算;旅游团体则会比较多地购买旅游纪念品或使用康乐设施。如果饭店能预测将来会有商务团体的预订需求,就不会急于把存量客房提前卖给旅游团体。因为把存量客房卖给商务团体对饭店更有利,有助于客房收益的最大化。

三、收益管理的衡量指标

饭店传统的经营指标是客房出租率和平均房价。传统经营指标的缺陷是没有考虑房价与出租率的关系。单独考量这些指标都无法正确判断饭店的经营效果。收益管理的理论及其收益的衡量指标,则有效地避免了上述局限。饭店收益管理的衡量指标主要有:

1. 单房收益(RevPAR)

RevPAR 是 Revenue Per Available Room 的缩写,即每间可供出租房产生的平均实际营业收入。

$$单房收益 = 实际客房营业额 / 可售客房数$$

$$= 实际平均房价 \times 客房出租率$$

由于客房产品的不可存储性,将出租率和平均房价结合起来,能更好地分析饭店的经营绩效,寻找出租率和平均房价的最佳结合点,从而实现客房收入最大化的目标。

例如,A 饭店有客房 200 间,公布房价 400 元。某日销售客房 100 间,房费收入 40 000 元。则:

$$单房收益 = 实际客房营业额 / 可售客房数$$

$$= 40\,000/200 = 200 元$$

或:

$$= 实际平均房价 \times 实际出租率$$

$$= 40\,000/100 \times 100/200 = 200 元$$

2. 客房收益率

客房收益率是指饭店每天的实际客房销售额收入与潜在的客房销售收入之间的比例。潜在的客房销售收入是指饭店通过客房出租所能获得的最大客房收入，也就是客房数和公布房价的乘积。

$$客房收益率 = 实际客房销售额 / 潜在客房销售额 \times 100\%$$

$$= 出租率 \times 房价实现率$$

例如，饭店有客房 200 间，公布房价 400 元。某日销售客房 100 间，房费收入 16 000 元。则：

$$实际客房销售额 = 16\ 000\ 元$$

$$潜在客房销售额 = 200\ 间 \times 400\ 元 = 80\ 000\ 元$$

$$客房出租率 = 100\ 间 / 200\ 间 \times 100\% = 50\%$$

$$房价实现率 = 16\ 000\ 元 /(100\ 间 \times 400\ 元) = 40\%$$

有：

$$客房收益率 = 出租率 \times 房价实现率$$

$$= 50\% \times 40\% = 20\%$$

3. 市场渗透指数（MPI）

市场渗透指数指饭店的平均出租率与竞争市场平均出租率的比率。该指数表示饭店在竞争对手中的获客能力。

$$市场渗透指数 = 饭店的平均出租率 / 竞争市场平均出租率 \times 100\%$$

市场渗透指数评估原则为：指数高于 100%，表示饭店的获客能力（销售能力）高于竞争对手；指数低于 100%，则表示饭店的获客能力低于竞争对手。

4. 平均房价指数（API）

平均房价指数指饭店的平均房价与竞争市场平均房价的比率。

$$平均房价指数 = 饭店的平均房价 / 竞争市场平均房价 \times 100\%$$

平均房价指数评估原则为：指数高于 100%，表示饭店的平均房价高于竞争对手；指数低于 100%，则表示饭店的平均房价低于竞争对手。

5. 收益产生指数（RGI）

收益产生指数指饭店的单房收益与竞争市场平均单房收益的比率。

$$收益产生指数 = 饭店单房收益 / 竞争市场平均单房收益 \times 100\%$$

$$竞争市场平均单房收益 = 竞争市场饭店客房总收入 /$$

$$竞争市场饭店可售房间总数 \times 100\%$$

收益产生指数评估原则为：指数高于 100%，表示饭店当前价格政策与经营策略优于竞争对手；指数低于 100%，表示饭店的价格政策与经营策略需要及时调整。

第二节　饭店收益管理的主要方法

视频：饭店收益管理的主要方法

饭店收益管理的目标是降低客房空置率并提高客房平均房价。要达到这个目标，从战略层面，需要对市场需求进行研究，确定目标市场，做好市场定位，设计产品组合，建立合理的价格体系，选择销售渠道，配备收益管理人员。在日常的经营管理工作中，可采用差别定价与房型细分、容量控制与嵌入销售、需求预测与动态定价、房价限制与时滞控制、升格销售与超额预订、包价促销与附加价值的方法，来争取饭店收益最大化。

一、差别定价与房型细分

收益管理指导下的差别定价方法，要求饭店经营者在市场细分的基础上，根据不同客户对象、不同预订方式、不同入住天数、不同客房数量、不同客房位置、不同服务方式，制定差别价格体系（见图6-6）。

假设：某饭店有100间客房，根据预测，房价与市场需求的关系如表6-6所示，饭店同类房间允许多种价格同时存在，并对客房按五个子类房价作存量控制。

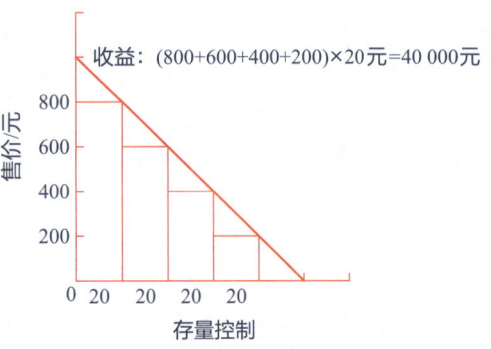

图6-6　差别定价下的客房价格体系

表6-6　客房差别定价体系

客房类型	房价体系/元	市场需求/间	客房配置/间
A	江景房460	10	8
B	城景房420	20	18
C	雅致房400	50	50
D	优惠价380	20	24
E	促销价350	100	0

不同的定价方法，会给饭店带来不同的收益结果（见表6-7）。收益管理指导下的差别定价，既能提高客房出租率，又能使客房收益最优化。区分不同订房渠道的差别定价体系如表6-8所示。

表6-7　不同定价方法的经营结果比较

定价方法比较	选择定价	销售客房数/间	出租率/%	平均价格/元	实际收入/元	客房收益/元
追求平均价格	折扣价1（420元）	30	30	420	12 600	126
追求出租率	折扣价2（350元）	100	100	350	35 000	350

续表

定价方法比较	选择定价	销售客房数/间	出租率/%	平均价格/元	实际收入/元	客房收益/元
单一平衡价格	折扣价3(400元)	80	80	400	32 000	320
收益管理的差别定价	四种价格同时存在	100	100	403.6	40 360	403.6

表6-8 区分不同订房渠道的差别定价体系

细分市场	细分子市场	订房渠道
散客	会员客人	酒店官网、电话、App等
	直销客人	CRS、酒店官网、电话、App、搜索网站、媒体等
	中间商散客	OTA、机关单位、公司、旅行社、信用卡公司、GDS等
	上门散客	广告宣传、大众传媒、口碑、亲朋好友、回头客等
	特惠客人	投资商、职工家属等
团队客	旅行团体	旅行社、旅游批发商等
	商务团体	机关单位、公司、代理公司等
	会议团体	机关单位、公司、科研机构、学校等

当然，差别定价法使用的前提是对饭店客房产品的组合设计，如表6-9所示。

表6-9 根据客房属性进行的房型细分

客房属性	房型				
朝向	海景房	湖景房	园景房	城景房	内景房
特殊	连通房	错层房	高级房	豪华房	行政楼层

二、容量控制与嵌入销售

容量控制（Capacity Control）是指经营者在需求预测基础上，通过细分市场就现有产品资源进行优化分配，在特定时间以特定价格按分配方案销售产品，以实现收益最大化的一种收益管理方法。

饭店传统销售做法是"先来先得"，并根据饭店的授权程度和销售人员的谈判技巧，以及客人愿意支付的价格和与客户的关系，决定成交价格与成交数量。这种销售方法的弊端是显而易见的。假设某家饭店有400间客房，公布价是450元，某日客房需求和按照传统销售方法产生的销售结果如表6-10所示。

表 6-10　运用传统销售法的销售结果

客人类型	离入住日/天	市场需求数/间	接受订房数/间	No-Show	实际入住客房/间	客房价格/元	客房销售收入/元
旅行社	49~56	150	150	1	149	320	47 680
商务团队	28~48	75	75	1	74	340	25 160
度假散客	21~27	60	60	1	59	350	20 650
商务散客	5~13	90	90	1	89	380	33 820
散客 1	2~4	40	10	0	10	410	4 100
散客 2	0~1	30	0	0	0	450	0

注：销售客房 395 间；客房收入 136 450 元；RevPAR 约为 345 元。

按照收益管理的容量控制方法销售，在准确把握市场需求的基础上，销售人员会对特定时期、特定价格的客房作出一定数量的控制，以争取客房收益的最大化。

如上例，在旅行社和商务团体预订时，因为价格较低，只分配给 110 间和 60 间；对度假散客、政府散客和商务散客的预订，因为价格较高，可全部接受；在离入住日还有 4 天时，因为竞争对手的房间已全部出售，所以可按公开价销售；在入住日当日和前 1 天，根据过去订房客人未到数据超订 5 间，按公布价出售 30 间。表 6-11 反映的是运用收益管理的容量控制方法产生的销售结果。

表 6-11　运用容量控制法的销售结果

客人类型	离入住日/天	市场需求数/间	接受订房数/间	No-Show	实际入住客房/间	客房价格/元	客房销售收入/元
旅行社	49~56	150	110	1	109	320	34 880
商务团队	28~48	75	60	1	59	340	20 060
度假散客	21~27	60	60	1	59	350	20 650
商务散客	5~13	90	90	1	89	380	33 820
散客 1	2~4	40	40	0	40	410	16 400
散客 2	0~1	30	30	0	30	450	13 500

注：销售客房 400 间；客房收入 144 350 元；客房收益约为 361 元。

对比两种方法的销售结果，差异是巨大的。采用容量控制方法，单房收益可增加 16 元，营收可增加 7 900 元。当然，在实际销售过程中，即使达不到这样精确的预测程度，但利润的差距也会是十分明显的。

市场需求多变，饭店的容量配置数与市场的需求数往往会不一致。容量控制下的嵌入式销售法,在严格控制低价房的预订数情况下,如果高价房有需求,可把低价房按高价房出售,从而保证饭店的整体收益达到最优(见表6-12)。同时,容量控制方法下实施的嵌入式销售,可使饭店对市场的需求状况有较全面的了解。当市场需求发生显著变化时,饭店可相应调整客房容量配置,以保证饭店收益最大化。

表6-12 嵌入式销售法

房价体系/元	客房配置数/间	可接受预订数/间
豪华景观房价500	50	300
城景房价480	50	250
雅致房价450	100	200
团队价420	100	100

三、需求预测与动态定价

准确有效的需求预测,能使饭店经营者敢于并善于承担价格决策和容量控制的风险,为饭店争取最大的收益。

1. 需求预测的步骤

(1)选择主要市场指标为需求预测变量。如预订量、销售价格等。
(2)收集历年经营数据。
(3)异常值处理剔除与修补。
(4)选择合适的预测方法,建立预测模型并实施预测。
(5)导入未来可能发生的相关市场活动。
(6)分析预测效果,作出评价。

饭店可根据预订周期来预测客房销售量,如表6-13所示。

表6-13 根据预订周期预测客房销售量　　　　　　　　　　单位:间

时间	入住日结果	离入住日还有若干天时的预订客房数			
		7	14	21	28
3月15日	300	180	120	90	60
3月22日	291	170	109	73	36
3月29日	296	188	108	81	27
4月5日	292	204	102	58	29
4月12日	285	190	119	71	36
平均数	293	187	112	75	38
预测可获新订房数	0	106	181	218	255

假设离入住日还有 7 天,该饭店已预订 170 间房,应预测入住日该饭店销售的客房数。则入住日预计销售客房数为:

$$170+106=276（间）$$

2. 饭店的动态定价

根据市场供求关系及竞争状态,实施价格的浮动政策,称为动态定价(Dynamic Pricing)。动态定价使饭店的房价随着市场需求的变化而变化,最终与市场波动趋势相匹配,从而消除了恒定价格在需求旺盛周期损失的高价格收入,以及在需求衰退周期价格显得过高而导致顾客流失的弊端,能最大限度地提高客房产品的销量和总体收益。在日常经营过程中,饭店会依据季节波动指数、重大活动日期、订房提前天数、入住时间长短等情况来实施动态定价。动态定价与静态定价的区别如表 6-14 所示。

表 6-14 动态定价与静态定价的区别

价格水平	预测客房出租率 /%	传统静态价格 / 元	收益管理的动态价格 / 元
1	>90	450	再提价 5%~10%
2	80~90	450	提价 20%
3	60~80	450	提价 10%
4	≈60	450	470
5	<60	450	开放折扣

饭店实施动态定价,首先要对价格进行结构设计,按市场细分横向设定层级关系不同的基础价格。基础价格反映了饭店的市场定位,必须慎重定价,一般可采用百分比法确定差距。在市场平稳时基础价格维持不变,而是通过调整各种价格折扣实现动态变价;在市场起伏较大时可采用固定差价法纵向变动基准价格,关联的其他价格也随之变化。如表 6-15 所示。

表 6-15 饭店动态定价的组合设计

标准房门市价 ￥998 元		BRD/ 元	价格代码	执行时间	价格说明
散客	酒店会员 金卡会员	648	VD1	4 月份	可随 W1 变化而变化
	酒店会员 银卡会员	685	VD2	4 月份	可随 W1 变化而变化
	酒店会员 普通会员	708	VD3	4 月份	可随 W1 变化而变化
	官网 /OTA 商旅散客	718	ET1	4 月份	可随 W1 变化而变化
	公司协议散客	678	CT1	4 月份	可随 W1 变化而变化
	Walk In 客人	898	W1	4 月份	BRD 标准价可变化
团队	公司会员团体	585	CG1	4 月份	不可变化
	旅行社团体	495	TG1	4 月份	不可变化

四、房价限制与时滞控制

1. 房价限制

经营者在预测未来顾客需求的基础上,确定开放或关闭低价房的时期,并根据供求关系的不断变化,相应调整房价。因此称为房价限制。房价限制的目的,是在需求低时,通过开放低价房谋求出租率的上升;在需求高时,通过关闭低价房谋求平均房价的上升。最终,使饭店客房收益达到最优。

在实施房价限制方法时,饭店经营者根据事先设定的准则,确定房价变动的触发点。一般以客房出租率和RevPAR水平作为房价变动的触发点。当需求高于某一触发点时,就要关闭某些等级的价格;当需求低于某一触发点时,就可开放某些等级的价格(见表6-16和表6-17)。

表6-16 "客房出租率触发点"房价控制法

客房出租率/%	最低房价/元	开放或关闭的房价
0	350	开放高于350元的折扣
60	380	关闭低于380元的折扣
70	400	关闭低于400元的折扣
80	420	关闭低于420元的折扣
90	450	按公开价450元销售

表6-17 "RevPAR触发点"房价控制法

目标收益/元	实际收益/元	占目标比例/%	最低价格/元	开放或关闭的房价
117	0	0	160	开放高于160元的折扣
117	59	50	220	关闭低于220元的折扣
117	82	70	280	关闭低于280元的折扣
117	94	80	340	关闭低于340元的折扣
117	110	90	380	按公开价380元销售

设定触发点价格控制的策略也是收益管理系统进行价格控制的主要理论依据,当获得的预订数达到预先设定的客房出租率和RevPAR目标时,收益管理系统就会建议关闭某些等级的客房价格。当然,客房出租率和RevPAR目标的确定是主观的,所以触发点的确定也是主观的。饭店要根据市场需求的变化,做好触发点的调整。

2. 时滞控制

时滞控制(Duration Control)是指饭店通过限定客人住店时间的长短,调节客房出租率的不均衡,以达到客房平均收益最大化的一种收益管理方法。

在饭店经营过程中,各种原因都会导致某一天的客房出租率高于其他日期,即出现了客房使用量的"长钉"(Spike),如果该"长钉"导致随后几天客房出租率出现大幅下降,显然对饭店经营是不利的。比如,度假饭店在周五出现"长钉",会挤走准备在饭店住宿周五和周六两个晚上的客人。

"长钉"的对立面称为"孔洞"(Hole)。图6-7显示了出租率的"长钉"和"孔洞"会导致饭店客房可供量出现高峰和低谷那样的需求起伏。

饭店可以通过规定客人"最短入住天数"和"最长入住天数"的方法,避免出现出租率的"长钉"和"孔洞"情况。

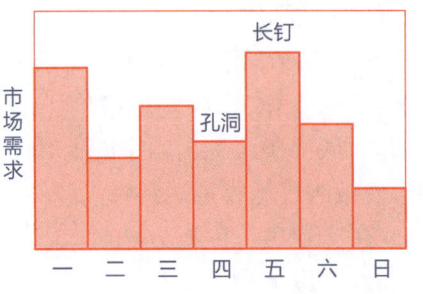

图6-7 客房出租率的"长钉"与"孔洞"

(1) 最短入住天数限定。需要设置最短入住天数限定的情况主要有两种:一是在需求处于低谷的淡季,饭店推出特价以填补出租率的不足,这些特价在一定销量的情况下才能发挥最大效用,饭店就会要求客人至少入住几晚,才能享受特价。二是在需求处于高峰的旺季或重大节事活动日期间,饭店也会对客人的最短入住天数作出限定,防止出现"长钉"而导致随后几天客房需求呈现"孔洞"。

从经营成本的角度而言,客人住宿时间长,将能节省饭店客房的开支。因为这意味着减少了由住客房转换成空房而带来物品更换和布草洗涤的费用,同时也减少了饭店前厅办理入住登记和离店结账的工作量。

(2) 最长入住天数限定。最长入住天数限定,一般用于客房需求从低谷转向高峰的过渡时期。避免淡季低价房客人住宿时间过长,影响高峰时段客房的出租。同时,为了防止出现了客房使用量的"长钉",也会对入住客人限定入住到"长钉"日前。

为了填补客房出售的"空洞"或淡季的销量不足,饭店一般可根据客人住宿天数的长短给予一定的折扣。例如,给第二晚入住者20%的折扣,第三晚继续入住者半价优惠。使用住宿天数折扣策略,有利于提高客房出租率,降低客房运营成本,也有助于增加饭店其他营业部门的收益。

五、升格销售与超额预订

1. 升格销售

当饭店高档客房(如行政楼层)有存量,而低档客房(如普通标间)不够时,选择部分预订低档房的客人自动升级到高档房,把空出来的低档房出售给有需求的客人。同时,在预订低档房的客人抵店时实施升格促销。这种方法称为升格销售(Up Selling)。

实施升格销售方法,饭店首先要合理确定各种类型客房的比例及其价格差异。同时,要加强对前厅员工的销售技巧培训,使员工掌握从高到低开价法的技巧,优先推销高档客房。当市场需求量很大时,可选择适当时机暂停普通客房的销售,适当保留普通客房。当市场需求量不大,高档房存量充足,普通客房存量相对不足时,可把部分存量高档房以普通房价格出售,降低客房空置率;对重要客户和首次抵店客人也可进行客房自动升格。

饭店实施升格销售方法的好处,一是可减少高档房的闲置,有利于增加饭店的经营利润;二是可以增加低档房的可销售数,提升收益的空间;三是有助于加深顾客对饭店的印象,扩大酒店的市场份额。

2. 超额预订

超额预订(Overbooking)是指饭店在订房已满时,实行有选择的超额预订(如只对低档房实行超订),在降低风险的同时,确保客房收益最大化的一种收益管理方法。因客人预订却没有如期出现(No-Show)、临时取消(Cancellation)或提前退房(Understay)等情况时有发生。据统计,订房不到者约占5%,临时取消者占8%~10%,这可能导致饭店客房利润的流失。

(1) 超额预订数的确定。实施超额预订收益管理方法的关键是准确预测并合理确定超额预订房间数。超额预订数的确定,可通过以下方式计算:

$$超额预订房间数 = No\text{-}Show 房间数 + 临时取消房间数 + 提前退房数 - 延长住房数$$

例如,某饭店根据历史数据统计,预计某日 No-Show 房间数4间;临时取消房间数8间;提前退房数4间;延长住房数2间,则可确定该日超额预订数为:

$$超额预订房间数 = 4+8+4-2=14(间)$$

(2) 超额预订的控制。超额预订既是饭店客房收益管理的一种方法,体现了饭店管理者的经营能力,又具有一定的风险,要求饭店管理者做好预订历史资料的统计分析、团体与散客订房比例分析,并与同行建立业务协作关系。

一是预订历史资料的统计分析。统计下列各种类型客人的数量与比例:订房不到者、临时取消者、提前退房者、延长住房者。如订房不到者、临时取消者、提前退房者的数量较大,超额订房的数量不宜过小;如延长住房者数量较大,则超额预订的幅度不宜过大。

二是团体与散客订房比例分析。团体订房一般指由国内外旅行社、专业会议、商业机构等事先计划和组织的订房,要与饭店签订订房合同,双方愿意共同履行契约。因此可信度较高,预订不到的可能性较小,即使有变化也会提前通知。而散客是由个人订房,无担保订房者居多,随意性很强,预订不到的可能性较大。所以在团体订房多、散客订房少的情况下,饭店超额预订的幅度不可过大;反之,在散客订房多而团体订房少的情况下,超额订房的数量不宜过少。

三是与同行建立业务协作关系。即使饭店超额订房或遇意外事件,导致客人抵店无房时,也可安排客人住本地区其他的同类型饭店。

六、包价促销与附加价值

1. 包价促销

饭店的包价促销可分为内部包价法(包价产品)和外部包价法(套票组合)两种。

内部包价法(包价产品)就是将饭店畅销与不畅销产品组合起来捆绑销售,增加吸引力。如在客房供不应求时,关闭仅含客房的价格,销售含早餐或晚餐费用的客房。在淡季时,把客房、餐饮、娱乐等都不畅销产品捆绑销售,提高整体吸引力,刺激高消费细分市场的购买欲望。

外部包价法(套票组合)就是将饭店产品与外部产品组合起来,以套票形式出售,资源共享、优势互补。套票的销售方式,既方便客人的购买,刺激了购买的欲望,也可以较大程度地增加饭店产品的吸引力。饭店很容易从外部获得价格优惠的入场券和购物券,饭店也可以通过置换的方法抵消套票组合的外部成本。

2. 附加价值

无经验的销售经理以价格为卖点,而出色的销售经理以价值为卖点。饭店不要轻易采取打折销售方法,虽然房价打折能提高销量,但代价是损失了打折那部分的营收,这往往意味着净利润的流失。既不减少营收又能提高销量的一种有效方法,就是附加价值法,采用该方法能给客人带来更多的利益,如表6-18所示。

表6-18　营收变化对饭店利润的影响

麦肯锡公司的研究结果	营收变化对饭店利润的影响
销售量每增加1%	利润+3.3%
平均价格提高1%	利润+11.1%

饭店在日常经营管理过程中,采用客房+X或客房+X+X等的附加价值的销售方法,比打折促销方法更能增加饭店的收入,较大幅度地提升饭店的收益水平。

饭店客房+X的项目有:

① 免费升级。

② 享受提前入住延迟退房服务。

③ 实施居住期奖励等。

④ 赠送其他服务产品:如双人早餐/晚餐;酒吧/康体/泊车;特产礼品等。

第三节　饭店收益管理的实战技巧

视频:饭店收益管理的实战技巧

收益管理不仅是现代饭店企业管理的先进理念,也是一项重要的经营手段和管理技术。有效实施饭店的收益管理,需要熟练掌握预订环节的"招财法则"、旺季提升营业收入的"增收法则"、淡季增加销量的"增量法则"和制衡竞争对手的"竞争法则"(见图6-8)。

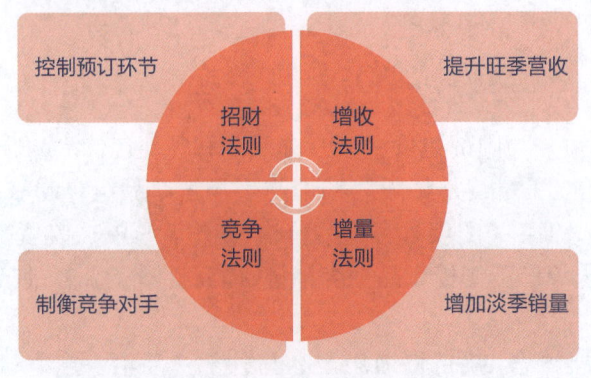

图6-8　收益管理实战技巧的"四大法则"

一、招财法则：如何控制预订环节

随着人们工作和生活节奏的加快，客人都希望在行前获得对旅行目的地住宿的确认。预订是饭店招徕客人、提升经营收益的首要环节。

客人一般会通过OTA渠道订房，也会通过饭店官网和电话进行预订。

在日常预订中OTA渠道可给饭店引来众多客户，但若过度依赖OTA，则会被OTA限制。

1. 正确利用OTA渠道

（1）善于把OTA客源转化成直销客源。

① OTA的主要作用应该是广告、引流、补充客源。不能过分依赖OTA，饭店定价权和库存分配权不能被其控制。

② 要注意提高顾客对饭店直销渠道的忠诚度，要杜绝员工让客人直接到OTA上预订，然后饭店再支付佣金给OTA的现象。

③ 要研究OTA客源的特点，制定相应流程和绩效考核标准，努力把OTA客源转化为饭店直客，培养客户到饭店官网、微信公众号和电话预订的习惯。

（2）善用图片的视觉冲击力。

① 一张好照片胜过千言万语，使用高像素、高清晰度的图片，突出饭店特色。

② 适当精选一些周边旅游资源的照片，增加饭店附加值。

（3）内容为王，重视点评。

① 多用客人搜索的热词，提高被搜索频率——景点、事件、交通枢纽、设备设施、价位等。

② 顾客在OTA上的评论是饭店宣传的延伸和补充。利用网评互动，做好客户关系管理。

（4）保持价格的公平与一致性。

① 饭店直销渠道价格不能高于OTA价格，宁可提高佣金比例，也要防止价格倒挂现象。

② 给OTA的短期促销价也要同步体现在会员价上。

（5）做好OTA渠道客源偏好分析。

① 不同OTA渠道客源在出行目的、停留时间、预订规律、房型喜好、来源地区、同房人数、房间类型、餐饮和其他消费等方面会有差异。可通过分析采取相应销售策略。

② 海外OTA的预订窗口较国内长，综合消费能力更强，可提前推出针对海外OTA的促销价。

（6）清除OTA上的竞争代理商。

① 不允许包房商和旅行社用代理方式在OTA渠道上公开销售，与饭店直销竞争，吸引客户。

② 可提供优惠价给包房商和旅行社，通过房费+机票+门票等不透明价格销售，给饭店带来额外客源。

(7) 在 OTA 渠道上不能关房。

① 关房会导致客户流失和市场热度下降。即使满房,也要将其放在网上。

② 在旺季可根据需要减少低价房型的数量,引流到高价房型;或设置入住天数的限制。

(8) 尽量与更多 OTA 渠道开展合作。

① 只与一两家 OTA 合作容易受限,不要因某些 OTA 销量不高而不合作。

② 合作的 OTA 越多,饭店的曝光率就越大,广告牌的作用就越大,这对品牌知名度不高的单体饭店尤其重要。

2. 预订环节的问题与破解

(1) 问题一:饭店在某一房型无房时,在 OTA 上关闭该房型,前台员工则回绝订单。

例如,某饭店有江景大床房 50 间,房价 580 元;城景大床房 50 间,房价 550 元;城景双床房 50 间,房价 550 元;行政楼层 30 间,房价 650 元。目前,饭店江景大床房已满房,虽然其他类型客房还有较多空房,但饭店在 OTA 渠道关闭了江景大床房。

破解之策:关闭畅销房会导致客户流失,饭店应确保畅销房仍有空房继续引流。在经营过程中,饭店可设置房型库存预警,在接近满房时,对该房型提价至上一级房型接近的价位,与上一级房型产生联动营销效应。同时,对该房型后续订单进行升级处理。

又如,某饭店有豪华景观房 90 间,房价 560 元;行政楼层客房 30 间,房价 680 元。目前豪华景观房已满,行政楼层客房还有 25 间空房。客人致电要预订一间豪华景观房,员工回复无房。

破解之策:员工应积极引导客人选择行政楼层客房。如客人接受,则饭店增加了 680 元营收;如客人可以接受该房型,但不能接受该价格,则可给客人免费升级,降低行政楼层客房的空置率,给饭店增加 560 元的营收。当然,员工如没有获得免费升级授权,在这个环节只能拒单。饭店管理层不授权的主要原因,是担心员工收取了高房费却登记为免费升级房,赚取中间差价,使饭店营收流失。管理层可为每种房型设置库存量预警提示,比如在豪华景观房仅剩若干间时,需上报总经理知晓,便于总经理及时有效地掌握房态信息,及时作出相关授权决策。

(2) 问题二:饭店在空房不多时,关闭 OTA 渠道或只接受担保类订房。

例如,时值销售旺季,饭店在空房不多时,关闭 OTA 渠道惜售。其用意一是为了留给前台以更高价格销售;二是风险规避,预留一些客房满足客人调房或换房之需,减少客人投诉率。当然,关闭 OTA 渠道会导致客户流失和空房损失。

破解之策:饭店可对 OTA 渠道的房型进行提价销售,在确保 OTA 渠道畅通的同时,实现这个时段在饭店前台和 OTA 渠道都有销售客房的机会,也可减少 No-Show 房导致的饭店营收损失。

又如,饭店为了减少临时取消和 No-Show 等原因引起的客房空置,采取严格的预订政策,即在 OTA 渠道上只接受担保型订单。而且,只开通预付及担保订单服务,饭店需要向 OTA 支付的佣金也相对较低。

破解之策:饭店在高需求期可采取严格的预订政策。但在常规情况下仍然采取严格预订政策,等于把本饭店客户倒逼给了竞争对手。饭店可开通现付功能,即同一房型如客人选择房费现付,则饭店可按照一定比例提高房价。根据客人不同支付方式的差别定价,对饭店和客人都会带来益处。

(3) 问题三:对饭店低价客房的订房数量不做任何监控。

例如,在出租率越高说明饭店生意越好的传统经营管理思维影响下,饭店对很早时间段就预订大量本饭店客房的旅游团队和会议团队不做任何监督控制,导致饭店较低房价的客房在某一天或某一时段被大量占房。

破解之策:饭店需要增强收益管理意识,在高峰期要做好流量控制,并分析提前大量预订低价房的原因:是否有重大社会活动发生,竞争对手是否也有大量预订。若是,应该做好容量分配或考虑提价;预留部分房量,在后面销售周期里提价销售。

(4) 问题四:没有注重饭店特价房的引流作用和二次销售。

例如,某饭店将异形房、无窗户房、小面积房等有缺陷的客房作为特价房,进行市场促销。特价房作为饭店的最低房价类型,饭店也相应降低了对客服务规格,并在预订的高峰期,关闭了特价房。

破解之策:饭店设置特价房的目的是引流,因此不能关闭。引流的特价房虽然是饭店客房的最低价格,但并不代表价格不能变动。即使客人选择入住特价房,也应享受相同的服务,以提升顾客体验感。同时,需注重到店客人的二次营销,通过客房优惠升级,引流客人选择入住到更高价格的房型。

(5) 问题五:缺乏对饭店客房预订限制政策的合理运用。

例如,饭店在客房存量较少的高峰期,没有采用严格的预订政策,没有要求预订的散客预付、担保、交付定金;没有要求支付定金的团体客户承诺最低的用房数和入住天数,最终导致饭店部分客房空置。

破解之策:饭店在销售低谷期,可采取宽松的预订政策引流;在销售高峰期,应采取严格的预订政策来保证营业收入。同时,要仔细排查饭店内部的自用房、临时内控房,及时掌握最真实的库存量,并根据饭店的销售周期和预订进度,合理运用宽松或紧缩的预订政策。

二、增收法则:如何提升旺季营收

在较高出租率时期,是饭店全面提升平均房价、综合收入、市场占有率和竞争力的关键销售期。一些饭店在旺季,虽然有较高出租率,但收益水平没有得到很好的提升。究其原因,是因为饭店在旺季没有制定相应的收益管理策略,对预订拒单率、客户流失率、No-Show与临时取消率和滞销房空置率问题关注度不够,白白错失了很多提升饭店收益的机会。

1. 饭店在旺季的收益管理策略

(1) 适当提价,停止或限制打折。

① 适当提高房价水平,拉大不同房型之间价差,但价位要控制在中央订房系统和饭店官网上公布的价格范围内。

② 停止实行房价折扣,或只给住店时间较长的客人房价折扣。延住客人要按当日价

收取,不能沿用旧价格。

(2) 鼓励连住,采取超额预订措施。

① 饭店根据需要,设置最少停留天数限制,防止出现客房销售的"孔洞"。

② 采取超额预订措施,减少 No-Show 导致的客房空置。

(3) 采取严格的信用政策。

① 减少或取消无信用担保订房,紧缩预订取消政策。

② 认真做好每一个预订的确认,掌握订单情况,减少临时取消而引起的信息滞后。

③ 住宿期较长的顾客,饭店应要求客人定金付到最后一晚。

(4) 动态定价,减少免费升级。

① 加强价格监控,每天至少研究两次未来 7~14 天竞争饭店价格的变动情况。根据需要实施动态定价,适当提升对外散客价。

② 饭店不能改变的协议价,要通过及时关闭低价房型来提升销售单价,尽量减少免费升级。

(5) 团队入住模式优化。

① 饭店要测算好每日团队用房量上限和团队价格下限,严格控制特定日期团队用房占比。

② 合理减少团队房配额,研究调整团队入住时间和入住天数的可能性,优先接受愿意支付高价位的团队,用低价鼓励团队住到低需求时段。

③ 挤掉团队订房数量的水分,团队如增加团房要加价,尽量不要免费升级。

④ 团队价与散客价挂钩,报价根据停留日期,取平均数报价。可采用置换分析法,把团队带来的客房、餐饮、会议等总收入和利润综合计算后才报价,尽量避免分开报价。

2. 饭店"四率"提升空间分析

饭店在旺季提升营业收入的关键,是要做好预订拒单率、预订流失率、预订 No-Show 与取消率和客房空置率的收益管理。如表 6-19 所示。

表 6-19 饭店"四率"提升空间分析

房价类型	数量	预定进度							
		今天	昨天	前天	3 天前	4 天前	5 天前	6 天前	7 天前
套房	20	8①	8	8	4	2	1	0	0
豪华大床房	60	52②	60	60③	50④	32	16	16	10
豪华双床房	40	40	40⑤	12	10	4	4	0	0
商务大床房	60	60⑤	50④	30	16	12	6	0	0
合计	180	160	158	110	80	50	27	16	10

注:① 滞销空置;② No-Show 或临时取消;③ 流失;④ 涨价时机;⑤ 拒单。

(1) 预订拒单率:饭店某一房型较早销售一空,导致饭店员工在该房型满房后对后续预订拒单。

问题表现:饭店未来三天的豪华标准间一周前就被旅行团队占房。饭店会有10天的销售期,对该房型的预订会以满房形式拒单。首先,饭店会损失10天内愿意以更高价格入住这个房型的订单;其次,饭店该房型对OTA拒单,会影响饭店在OTA渠道的排名和显示度;最后,饭店该房型关房10天,会让该房型的市场热度下降,以后还需费时培养市场热度。

破解之策:饭店应时刻掌握不同房型的市场需求热度,及时调整流量分配。对部分畅销房型,在接受大单预订时,做好升级到滞销房型的准备,确保畅销房型在预订高峰时段有足够的房源供应,实现用畅销房型去获取更多订单和更高收益。

(2) 预订流失率:饭店对客人的预订响应不及时,导致客户流失。

问题表现:一是在退房高峰期,饭店前台员工忙于办理退房手续,缺乏对当下致电预订客户的有效沟通,让客人不愿订房;二是饭店员工对OTA渠道的订单没有及时发现,导致客人转订他处;三是饭店房态紧张且内部沟通效率较低,对OTA订单没有及时确认,延长客人等待的时间,客人就会转订他处。这些都会增加饭店挽回客户的时间和费用成本。

破解之策:客人预订时,其合理等候的时间约为3分钟。3~5分钟的预订等候会让客人处于焦虑期,超过5分钟的等待会让客人失去耐心,增加转订他处的可能。同时,不满意客人留好评的积极性也会降低,所以饭店内部要有明确的回复预订的效率标准,即要做到所有客人的预订必须在3分钟内完全响应。

(3) 预订的No-Show与取消率:客人预订房间后没有入住或临时取消,导致饭店在客房预订保留期内无法出售。

问题表现:客人预订房间后,饭店通常会给予一定的预订保留期,按照惯例,非担保预订会保留至预订入住当天的18时。如果客人No-Show或临时取消,则会导致饭店在预订保留期内无法及时销售该房间。另外,也不排除竞争对手恶意订房、占房,然后再临时取消的情形。

破解之策:客人在出租率高峰期订房,饭店应严格执行预付、担保、交付定金等担保预订政策,减少订单取消的可能性。同时,对每一个订单要进行有效沟通,尤其是在18—20时客房预订和入住的第三个高峰时段前,要与预订客人确认具体到店时间,以免错失候补预订的时机。

(4) 客房空置率:饭店部分房型(如套房)会因价格较高,造成房间长期空置。

问题表现:饭店有20间套房,每天平均销售量约为5套,每天空置数为15套。饭店若每天有一定的房间空置,既不能储存,又会产生分摊成本,降低了饭店RevPAR的指数。

破解之策:饭店在日常经营过程中,一是要积极做好升级销售的准备,选择部分客户优惠或免费升级到套房,以增加其他畅销房的存量;二是可采取包价促销的方法,赠送饭店其他不畅销的产品或外部赠券,提升产品吸引力和性价比;三是细分市场,针对不同消费群体,采用不同的营销组合策略。在饭店产品改造期,可根据市场需求调整各类房型配置数,或把套房改造成连通房,提升客房产品的灵活性。

三、增量法则:如何增加淡季销量

在淡季,许多饭店会一味采取低价策略来刺激市场需求。其实,这种观念具有片面性。

虽然低价策略会刺激一部分需求的上升，但在淡季依然会有不少高价需求。

1. 饭店在市场进入淡季的换位思考

(1) 竞争对手。提供低价房的竞争对手，其实是主动放弃了购买高价、高附加值产品的市场机会。

(2) 客户价值。淡季来饭店消费的客户，在旺季重复购买的可能性更大，是饭店开展客户资源维护的良机。

(3) 服务提升。在淡季，饭店可以有更多时间和精力研究目标客户偏好，是提升饭店服务水准的契机。

(4) 口碑营销。饭店在淡季实施的优惠措施会换取客人更多的好评，是饭店好评积累的有利时机。

2. 饭店在淡季的收益管理策略

(1) 创造顾客需求。

① 深入分析每个公司协议账户、团队在客房、餐饮、会议和宴会等方面的产出，寻找隐含的需求。

② 确立全员销售理念，使全体员工都成为酒店的销售代理人。多向客户介绍饭店产品和服务特色及其可给予客人不同于竞争对手的体验。

(2) 实施价格折扣。

① 实行淡季价格折扣。在特定时期，只要能产生边际利润，都是饭店可接受的短期最低房价。

② 针对特定市场、特定时间或特定产品实行限时限量的优惠促销。

(3) 提供包价和住店奖励。

① 把客房与其他有吸引力的产品结合在一起销售，采用一揽子报价形式。采取激励措施奖励订房人员，如协议公司的秘书和会议、宴会组织者等。

② 给予住店期较长的客人积分、优惠券等住房奖励。

(4) 放松控制，并鼓励升级。

① 暂时取消对客人抵、离店的时间和停留天数的限制。

② 适当缩小各种房型之间的价差，鼓励升级销售。

③ 推出套房或豪华房特价促销，加强钟点房的销售。

(5) 采取灵活的团队报价。

设定每天最少团房数量和最低团价，促使销售团队主动寻找淡季团队业务，用团房打底，带动客房、餐饮、会议、宴会和康乐等消费。

(6) 探索新市场的开拓。

① 通过对市场需求与饭店产品特色的分析，主动出击，拜访客户，探索开发新兴市场的可能性。

② 开展体验式营销，引流为主，创造惊喜，善用口碑和广告效应。

3. 饭店在淡季的收益管理步骤

饭店在淡季实施收益管理步骤，如图 6-9 所示。

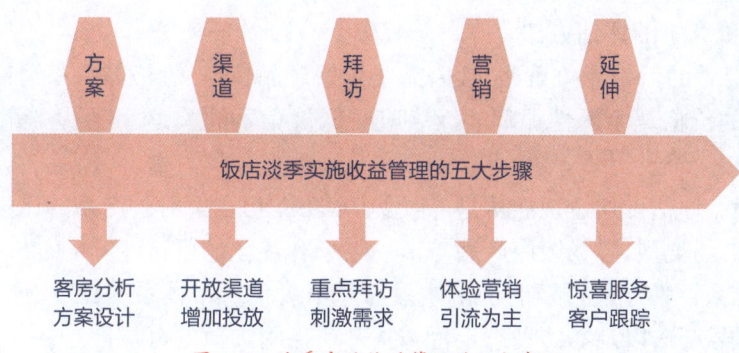

图 6-9　淡季实施收益管理的五大步骤

四、竞争法则：如何制衡竞争对手

在饭店经营过程中，必然会受到来自竞争对手的影响和挑战。对竞争对手优势的分析，可以帮助饭店优化自身经营策略；对竞争对手劣势的判定，可帮助饭店制定针对性的市场策略，寻找提升收益的契机。

在市场环境中，竞争对手往往会采取低价竞争策略来抢占市场份额。如果饭店此时盲目降价，会陷入削价竞争的恶性循环。饭店可通过对竞争对手产品特点、价格体系和销售渠道的比较研究，寻找破解低价竞争怪圈的途径。

1. 制衡竞争对手综合技法

饭店可通过 OTA 上的网评指数分析，来评估竞争对手在环境、设施、服务和卫生等方面的竞争能力，采取制衡竞争对手的策略。如表 6-20 所示。

表 6-20　评估竞争对手综合分析表

饭店名称	环境			设施			服务			卫生		
	评分	好评	差评	评分	好评	差评	评分	好评	差评	评分	好评	差评
本饭店	4.7	85	15	4.8	90	10	4.6	80	20	4.7	85	15
竞争饭店 A	4.8	90	10	4.8	90	10	4.8	95	5	4.8	90	10
竞争饭店 B	4.7	80	20	4.6	75	25	4.5	70	30	4.6	80	20
竞争饭店 C	4.6	70	30	4.4	65	35	4.5	70	30	4.5	75	25

（1）环境方面。饭店可通过 OTA 渠道宣传本饭店的地理区位优势，利用饭店官网进行便利交通的详细介绍，并提供酒店免费接送服务。

（2）设施方面。饭店可通过精心制作网页宣传资料来提升产品的吸引力，同时完善设施日常保养制度，定期更新改造设施设备。

（3）服务方面。饭店可通过组织管理人员和一线员工进行学习，设置相应的激励机制，鼓励一线员工提出最佳操作规范建议。

（4）卫生方面：饭店可通过组织管理人员和一线员工赴样板饭店进行考察和培训，同时完善饭店清洁卫生制度，做好日常清扫的督导与检查。

2. 应对低价竞争的评估方法

面对竞争对手的低价竞争策略,饭店需要做好产品特点、价格体系和销售渠道的评估,避免陷入传统的价格竞争恶性循环。饭店应对低价竞争的关键,是要从"竞争思维"转到"用户思维"。

(1) 产品特点评估。通过饭店房型、床型基本功能与竞争对手产品的比较,评估其可对应的相关细分市场类型,寻找饭店产品与市场细分和优化的可行性。

(2) 价格体系评估。通过饭店价格体系与竞争对手价格体系的比较,评估饭店在定价方式上是否可再细分,以及实施动态定价与提升产品附加值的可行性。

(3) 销售渠道评估。通过饭店与竞争对手在获客方式、订单来源的比较,评估饭店在不同销售渠道实施不同营销策略、实现更好获客方式的可行性。

成功的收益管理,既要懂得收益管理的基本原理,又需要掌握收益管理的方法和技巧,并依靠收益管理系统的科学技术。今天,收益管理正成为中国饭店业提升经营绩效的重要法宝。

本 章 小 结

收益管理就是把合适的产品,以合适的价格,在合适的时间,通过合适的渠道,销售给合适的客人,从而实现企业利润最大化的一种管理过程。21世纪,收益管理的理论及其方法开始被中国饭店业接受,成为中国饭店业实现经营利润最大化的一个重要法宝。

在日常的经营管理工作中,可采用差别定价与房型细分、容量控制与嵌入销售、需求预测与动态定价、房价限制与时滞控制、升格销售与超额预订、包价促销与附加价值六大方法,来争取饭店收益的最大化。

有效实施饭店的收益管理,需要熟练掌握预订环节的"招财法则"、旺季提升营业收入的"增收法则"、淡季增加销量的"增量法则"和制衡竞争对手的"竞争法则"。

赛 证 直 通

一、在线练习

扫描二维码,进行在线练习。

在线练习 6

二、问题思考

1. 什么是饭店收益管理的五大要素？
2. 有哪些衡量饭店收益管理成效的指标？
3. 饭店在运用差别定价方法时需要考虑哪些关键因素，举例说明如何根据这些因素制定差别价格体系。
4. 简述容量控制的原理并举例说明如何运用容量控制方法制定收益管理。
5. 在经营旺季，饭店应该采取哪些有效的收益管理技巧来提升营收？
6. 在经营淡季，饭店应该采取哪些有效的收益管理技巧来提升销量？

三、拓展训练

三至四人为一小组，通过网络查找资料或实地考察饭店，进行以下问题的研究，将调研结果在课堂上进行小组演示讲解。

1. 分析某一家饭店的价格体系和定价策略。
2. 以季度为周期观察门店价格波动，分析价格波动的原因，分析饭店使用了哪些调价策略。

实例参考

饭店前厅人员的收益管理工作

如今，不少饭店都成立了收益管理团队，负责饭店收益管理工作的开展和运行。饭店前台作为起着饭店经营管理中枢作用的重要岗位，不仅承担着为客人提供接待服务的任务，同时也是饭店开展收益管理工作不可忽视的重要窗口。

收益管理工作的开展，通常离不开前台人员的参与和配合，一些收益管理策略需要通过前台人员来实施。主要体现在以下几个方面。

1. 饭店客源主要来自线上和线下渠道，细分市场有上门散客、OTA散客、会员客人、公司协议、政府用房、旅游团队等。其中，上门散客是价格最高的客源群体之一，会员客人虽然价格没有上门散客高，但却是忠诚度较高的客源群体。而前厅人员在收益管理工作中主要扮演的是针对上门散客、会员客人预订和促销的角色，这就需要前厅人员掌握一定的收益管理知识，并为他们制定相应的促销激励政策。

2. 应加强对前厅员工的收益管理培训，使他们了解收益管理五个基本要素组合的作用，并掌握如何在最佳的时机，以最优的价格，将客房出售给最有价值的客人。同时，还要提高前厅员工对房间优化分配的能力、价格管控能力及加深对差别定价运用的理解。使他们了解市场需求和价格之间的杠杆关系，以通过运用收益管理策略提高客房收益。

3. 根据饭店收益管理部门的市场预测和制定的价格体系，认真执行动态定价，并就此对不理解的客人给予耐心合理的解释，以征得客人对同一客房产品在不同市场时期出售不同价格的认同。

4. 在饭店现有客房存量资源的条件下,对不同细分市场客源进行合理控制,应该接受哪些预订,拒绝哪些预订,也是前台人员需要掌握的。

5. 要求饭店前厅员工善于观察和分析客人的消费心理,区别不同对象,恰到好处地为客人推销房间。当市场供过于求时,根据市场需求预测,开展升档销售工作,尽量把高档次客房先销售出去,以在同等市场条件下为饭店获得更高的收益。

(资料来源:迈点网)

第七章 饭店服务质量测定与控制

学习目标

知识目标

1. 掌握饭店服务质量的构成要素和属性。
2. 了解饭店服务质量测定的方法和工具。
3. 了解国内外饭店服务质量管理的基本内容和优秀案例。

能力目标

1. 运用所学知识对饭店服务质量进行客观、准确的测定。
2. 根据测定结果,分析服务质量,提出改进意见和建议。
3. 运用服务质量管理的原理和方法,对饭店服务流程进行优化和改进。

素养目标

1. 培养对饭店服务质量的关注度和责任感。
2. 树立以顾客为中心的服务理念。
3. 培养持续创新的精神,不断寻求提高服务质量的途径和方法。

第一节　饭店服务质量要素与属性

视频：饭店服务质量要素与属性

饭店属于服务性行业，为客人提供的产品主要是服务。服务质量控制是饭店经营管理的核心内容。目前，全球饭店市场总体上是供大于求，饭店间的竞争异常激烈，谁能够向客人提供全面优质的服务，谁就能在市场上取得竞争优势，获得良好的经济效益。服务质量管理是当前企业管理研究的热点之一，也是企业赢得长久竞争优势的保证。

一、饭店服务的定义与特性

对服务的研究起源于经济学领域。从20世纪五六十年代开始，市场营销学把研究的领域从物质产品拓展到了服务产品，并关注服务的概念和特性，服务的研究步入正轨。

（一）饭店服务的定义

1960年，美国市场营销协会（AMA）最早对服务的定义为："用于出售或者是同产品连在一起进行出售的活动、利益或满足感。"在此后的较长时间里，这一定义一直被许多学者广泛采用。但这一定义的缺陷也是明显的，它没有将服务的无形性凸显出来，因此在一定程度上混淆了有形产品同无形服务产品的最本质区别。

1990年，服务管理理论与思想大师格鲁洛斯（Gronroos）在综合前人观点的基础上，提出了试图让所有人接受的定义："服务是以无形的方式，在顾客与服务员、有形资源、产品或服务系统之间发生的，可以解决顾客问题的一种或一系列行为。"格鲁洛斯的观点较为综合，也比较有代表性，并明确指出了服务的本质特征。但由于服务自身的复杂性，服务的内涵处于不断变化之中，该定义也有它的局限性。

对饭店服务的界定是一个复杂的、困难的过程。国外的研究主要以服务营销和服务管理为基础，运用定量和定性相结合的方法进行个案的实证研究。中国目前对饭店服务的研究主要有饭店服务的经济属性和饭店服务市场的供需两方面。因此，可以认为饭店服务就是在一定经济发展阶段中的一种综合性服务现象，是发生在饭店服务提供者和接受者之间的一种无形性的互动作用，饭店服务的供需双方在交换中实现了各自利益的满足，但互动过程不涉及所有权的转移。

从顾客的角度看，服务的无形性互动关系使顾客获得了经历和感受，并没有得到实体结果，顾客在接受服务中，注重心理和精神感受。从企业角度看，服务的无形性互动过程，需要一定的支持设施与物质投入，但这种服务的结果却不可以储存，发生互动作用的目的是实现企业既定的价值目标。

（二）饭店服务的特性

对饭店服务定义的剖析为深入研究饭店服务奠定了基础。与制造业的有形物质产品相比，饭店服务也有自己独特的属性（见表7-1）。

1. 无形性

饭店服务是抽象的、无形的，既没有一定的状态，又不可触摸。虽然绝对的无形服务是很少的，因为大多数饭店服务都要利用有形设施的支持才能完成服务的过程，但它们只是作为饭店提供服务的条件而存在，顾客真正感觉、评价和衡量的服务质量来自与服务人员的互动。

表7-1 饭店服务与有形产品的区别

物质产品	饭店服务
有形	无形
生产、传递与消费过程分离	生产、传递与消费过程同时发生
一种物体	一种活动或过程
核心价值在工厂中生产	核心价值在买卖的交互过程中实现
顾客不参与生产过程	顾客参与生产过程
可以储存	无法储存
涉及所有权的转移	不涉及所有权的转移

饭店服务与制造业物质产品之间最本质的区别就在于服务的无形性。由于服务的无形性，所以会产生以下三种情况：不能申请专利，竞争者容易模仿；顾客在购买前难以预测服务质量，增加顾客的购买风险；饭店服务的单位成本很难确定，价格与质量的关系变得更为复杂。要消除饭店服务无形性带来的负面作用，可以采取无形服务有形化的策略，通过有效的有形展示将服务的无形性变得可以感知，从而减少顾客购买的风险。

2. 同时性

传统的饭店服务的提供必须以顾客的到来为前提，没有顾客的参与，饭店服务就不可能进行。当顾客的消费过程结束时，饭店服务的过程也自然结束。随着饭店行业的数字化变革，饭店服务的边界也在不断延展。如客人未到店前可以线上选房，客人离店后可以线上开发票等。

对有形产品而言，顾客只评价其性能，而不会考虑生产的过程。而由于顾客要参与饭店服务生产过程，因此以什么样的方式或程序进行生产就会直接影响顾客的利益。例如，饭店选择什么时间清扫客房就是一个较敏感的服务问题。由于顾客参与了服务过程，因此如何引导顾客的行为也将对饭店服务产生重要影响。再如，顾客在餐厅点菜，服务人员要善于与他们交流，帮助他们获得必要的信息，以保证他们顺利点菜。

3. 不可储存性

饭店服务是在生产中被消费的，其使用价值往往都有一定的时间限制。因此，顾客获取到的服务不能像物质产品那样储存起来。也就是说，饭店服务价值是通过划分不同的时间段来体现价值的。例如，饭店的客房、餐厅的餐位都有其特定的时间价值，若不能在有效的时间中销售出去，则一间客房、一个餐位的服务价值就不能体现，即使下一次的价值可以产生，但上一次的价值就流失了。饭店服务的不可储存性对企业的经营活动构成很大的挑战。

饭店服务的不可储存性带来了供需之间的矛盾,这就需要饭店企业采取相应的措施来改变这种局面。一方面,要对需求流量进行监控,对需求波动进行预测和干预。另一方面,要调节需求量,使其与饭店的供给相适应。例如,利用价格杠杆的作用,削减高峰期的需求量和刺激低谷期的需求量,解决供需的不一致。

4. 不可转移性

物质产品在生产出来以后,需要经过一定的流通环节才会到达顾客手中,表现为实物形式的流动。由于饭店服务必须以一定的建筑设施为基础,而饭店的建筑不可能发生空间的移动,这使饭店服务呈现出不可转移性。另外,饭店服务的不可转移性还表现在所有权不发生变更。物质产品在进行交换活动时伴随着所有权的转移,而饭店服务则不同,顾客购买饭店产品时,只能拥有服务设施的暂时使用权,而不是所有权。例如,顾客下榻饭店两天,他只是拥有客房两天的使用权,而不是所有权。

饭店服务的不可转移性给饭店企业的经营带来极大的困难。一方面,饭店企业要加大宣传推销的力度,把最新的服务信息及时、准确地传递给消费群体和潜在消费者,通过强大的信息流刺激顾客的流动;另一方面,饭店企业要在日常经营中树立良好、可信的服务形象,从而形成一种服务消费的无形推动力。

5. 不稳定性

饭店服务特有的属性使饭店服务质量呈现出一定的波动性。由于生产与消费的同时性,不可避免造成服务质量的差异性及生产过程的可变性。因为不同的顾客对服务的要求、参与提供服务的程度都有很大不同,对质量的评价也不一样。另外,大多饭店服务是由人来提供的,会受许多有关人员自身因素的影响和制约。顾客自身的消费行为、其他顾客消费行为的影响及员工素质,都会对服务质量产生影响。

鉴于饭店服务的不稳定性,饭店企业应有意识地对服务质量进行控制,以尽可能保证服务质量的稳定性。一是对一些反复操作的服务流程,可用标准化手段来规范服务行为;二是加强对服务现场的控制,发现问题及时纠正;三是提高员工的综合素质,增强服务质量控制的能力。随着数字化工具的运用,在提供服务的便捷性和及时性的基础上,还可以改善人工服务带来的不稳定性。

二、饭店服务质量的构成要素

饭店服务质量是指饭店服务活动所能达到规定要求和满足客人需求的能力与程度,它包括技术性质量(结果要素)和功能性质量(过程要素)两个方面。技术性质量是指服务过程的结果,即顾客从服务过程中所得到的东西。比如,饭店的建筑和为顾客提供的设施等。对于技术性质量,顾客容易感知,也易于评价。功能性质量是指顾客是如何得到这些东西的。由于服务是无形的,在服务过程中,服务人员的服务态度、服务效率、服务程序、服务礼仪、服务技巧等是否满足顾客需求,与顾客的个性、态度、知识、行为方式等因素有关。与技术性质量不同,功能性质量一般是不能用客观标准来衡量的,对它的评价更多地取决于顾客的主观感受。

(一) 技术性质量

技术性质量是指饭店服务生产过程的结果,也称结果质量。结果质量是顾客在饭店服务过程结束后的所得,通常包括建筑外观、功能环境、设施设备、服务项目等,这些构成了饭店服务质量的一个基本要素。

1. 建筑外观

饭店的建筑外观是指饭店建筑带给客人的视觉感受,包括独特的建筑设计手法、建筑体量、表面材质处理、设计语言符号等。饭店的建筑外观在一定程度上体现了饭店的品质。通过各种历史的、地域的、艺术的文化元素的运用,赋予饭店建筑物深刻的文化内涵,给客人带来第一视觉冲击。

2. 功能环境

饭店的功能环境是由饭店的空间布局、内外部交通动线设计、室内装潢、灯光、音响、室内温度等构成的。在功能环境的设计上要体现科学性、功能性、合理性、艺术性及整体性,在此基础上带给客人方便性、舒适性、易识性及安全性。

3. 设施设备

饭店的设施设备是饭店提供服务的基础。饭店的设施设备包括客用和运营两大类。客用设施设备也称前台设施设备,是直接供客人使用的设施设备,如客房设备、健身康乐设施等。营运设施设备也称生产设施设备,如锅炉设备、制冷供暖设备、厨房设备等。饭店设施设备质量指设施设备的舒适程度和完好程度。

4. 服务项目

饭店服务项目大体上可分为两大类:一类是基本服务项目,即在服务手册中明确规定的标准服务项目;另一类是附加服务项目,是指由客人即时提出的,不是每个顾客必定需要的服务项目。服务项目的多样性反映了饭店的服务功能和满足顾客需求的能力。

5. 实物产品

饭店的实物产品通常包括菜点酒水和客用品配备,直接满足客人物质消费的需要。菜肴的原料选择、烹调工艺、风味特色及客用品的品质、数量,都构成了饭店服务质量的重要组成部分。

(二) 功能性质量

功能性质量是指顾客接受服务的方式及其在服务生产和服务消费过程中的体验,也称过程质量。过程质量说明的是饭店服务提供者是如何工作的,通常包括员工服务态度、服务效率、服务程序、服务礼仪与服务技巧等,这些构成了饭店服务质量的主体,也是顾客在饭店消费过程中最期望获得的。

1. 服务态度

服务态度是提高服务质量的基础。它取决于服务人员的主动性、积极性和创造精神,以及服务人员的素质、职业道德和对本职工作的热爱程度。在饭店服务实践中,良好的服务态度表现为热情、主动、周到和细致的服务。

2. 服务效率

服务效率是服务工作的时间概念,是提供某种服务的时限。饭店服务效率衡量的依据有三类:第一类是用工时定额表示的固定服务效率,如打扫一间客房用 30 分钟,宴会摆台用 5 分钟,夜床服务用 5 分钟等。第二类是用工作时限表示的服务效率,如 30 秒入住,零秒退房,15分钟客需响应,接听电话不超过3声铃响等。第三类是有时间概念,但没有明确的时限规定,是靠客人感知来衡量的服务效率,如在餐厅点菜后多长时间上菜,客人的委托代办服务何时完成等,这一类服务工作在饭店是大量存在的,强调员工要根据客人的需要,提供周到的服务。

3. 服务流程

服务流程是以描述性的语言规定饭店某一特定的服务过程所包含的内容与必须遵循的顺序。首先,服务流程是从对服务作业的动作、过程、规律的分析研究中设计出来的;其次,服务流程的对象是每个具体的服务过程;最后,服务流程以强制性的形式规定了服务过程的内容与标准。要保证饭店服务质量,必须有一套完整、适用的服务流程标准。

4. 服务礼仪

服务礼仪是提高服务质量的重要条件。饭店服务员是面对面地为客人服务,因而服务礼仪直接影响服务质量。服务礼仪是以一定的形式通过信息传输向对方表示尊重、谦虚、欢迎、友好等的一种方式。服务礼仪中的礼节偏重于仪式,礼貌偏重于语言行动。服务礼仪反映了一个饭店的精神文明和文化修养,体现了饭店员工对顾客的基本态度。饭店服务礼仪的内容十分丰富,主要表现在仪容仪表、礼节礼貌、语言谈吐、行为动作。要求服务人员衣冠整洁,举止端庄;待客有礼,尊重风俗习惯;语调恰当,语言文明;动作规范,姿势优美。

5. 服务技巧

服务技巧包括操作技能、沟通艺术和应变能力,它取决于服务人员的专业技术水平,是服务质量的技术保证。饭店服务员在为顾客提供服务时需要采用一定的操作方法和作业技能,服务技巧就是将这种操作方法和作业技能在不同场合、不同时间,对不同对象进行服务时,根据情况灵活而恰当地运用。提高服务技巧的关键是抓好服务人员的培训工作。员工要掌握丰富的专业知识,具备娴熟的操作技术,从而带来使人愉悦的服务效果。

三、饭店服务质量的基本属性

近年来,国内外许多专家和学者对服务质量的属性进行了论述。研究认为顾客在评价服务质量时主要从可靠性、反应性、能力、礼貌、可信度、安全性、可接近性、沟通、理解,以及有形性十个因素进行考虑。后来,在进一步的研究中,又将这十项因素合并为五项,分别是可靠性、反应性、保证性、移情性和有形性。

服务质量五大标准基本涵盖了饭店服务质量的属性,也是顾客衡量饭店服务质量优劣的主要依据。

(一) 可靠性

可靠性是指饭店可靠地、准确无误地完成所承诺服务的能力。它是饭店服务质量属性的核心和关键。顾客希望通过饭店可靠的服务来获得美好的体验。而饭店也把服务的可靠性作为树立企业信誉的重要手段。例如,必须兑现向预订客人承诺的客房或餐厅包房。

(二) 反应性

反应性是指饭店准备随时帮助客人并提供迅速有效服务的能力。反应性体现了饭店企业服务传递效率,反映了服务传递的设计是否以顾客的需求为导向。服务传递要以顾客的利益为重,尽量缩短顾客在消费过程中的等候时间,如顾客在饭店办理住宿登记的等候时间、就餐等候的时间等。当服务传递出现故障导致服务失败时,及时地解决问题将会给顾客的感受带来积极的影响。

(三) 保证性

保证性是指饭店员工所具有的知识技能、礼貌礼节及所表现出的自信与可信的能力。首先,员工应具有完成服务的知识和技能,这是赢得顾客信任的重要因素;其次,对顾客的礼貌和尊重、友好的态度,会使顾客有宾至如归的感觉;最后,员工要有可信的态度,主动与顾客进行沟通与交流,适时适地帮助他们。

(四) 移情性

移情性是指饭店的服务工作自始至终以客人为核心,关注他们的实际需求,并设身处地为他们着想。在服务过程,员工要主动洞察客户的需求,同时运用同理心提供有人情味的服务。

(五) 有形性

有形性是指饭店通过一些有效的途径传递服务质量的形式,如设施设备、人员、氛围等。饭店服务具有无形性的特征,因此必须通过有形的物质实体来展示服务质量。一方面有形性提供了企业服务质量的依据;另一方面对顾客评价服务提供了参考。例如,饭店通过装饰材料、色彩、照明、温度、香氛、背景音乐等来塑造饭店特色氛围。

鉴于饭店服务交易过程的顾客参与性和生产与消费的不可分离性,饭店服务必须经顾客识别,并被顾客认可。饭店服务质量同有形产品的质量在内涵上有很大的不同,二者的区别在于:饭店服务质量较有形产品的质量更难被顾客评估;顾客对饭店服务质量的认知取决于他们的经验与实际所感受到的服务水平的对比;顾客对饭店服务质量的评价不仅要考虑服务的结果,而且涉及服务的过程。

第二节 顾客满意度的调查与分析

饭店服务质量是服务的客观现实与顾客的主观感觉对比的结果。既符合饭店制定的服务标准,又满足顾客需要的服务才是优质服务。顾客是服务质量评估的主体,其对服务质量的评估是一个相当复杂的过程。顾客对服务质量的感知,与其消费经历和服务的期望有关,如果实际服务低于预期,顾客感知的整体服务质量就差。

视频:顾客满意度的调查与分析

顾客对服务质量的期望受企业的市场宣传活动、形象、口碑、顾客需求等一系列因素的影响。饭店可控制广告、营销等饭店活动,却无法直接控制顾客口碑和企业形象。顾客主要是根据自己过往在该饭店的服务经历,向亲友介绍服务情况,并形成、加强或改变自己对饭店企业形象的看法。顾客的需求也会对他们的期望产生重大的影响。

一、顾客满意度的测评模型

顾客满意度的测定是饭店对顾客感知服务质量的调研、测算和认定。如何测定顾客的满意度,是一个困难而又复杂的问题。目前,饭店企业测定顾客满意度的模型主要有SERVQUAL模型和SERVPERF模型两种,即"感受－期望"模型和"服务绩效"模型。

(一) SERVQUAL模型

SERVQUAL是通过"感受－期望"(Perceptions-Minus-Expections)的评估框架来测定顾客满意度,主要内容以服务质量的五大属性(可靠性、反应性、保证性、移情性和有形性)以及与其相关的各项目为基础展开,在进行顾客调查的基础上,计算顾客感知服务质量的状况(见图7-1)。

具体的测量过程如下。

1. 问卷的设计

调查问卷涵盖服务五大标准及其相关的22个测试项目。主要分两部分:第一部分用于测量顾客的期望,第二部分用于测量顾客实际体验的质量。

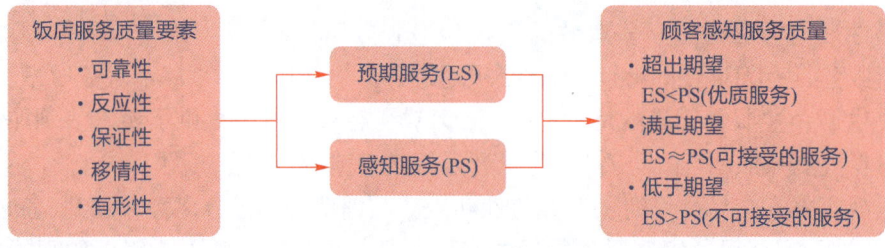

图7-1　SERVQUAL的简化模型

2. 对顾客进行问卷调查

将设计好的问卷发给特定的样本顾客进行调查,顾客根据自己的情况对每一个问题打分,问卷的填写要规范,符合调查的要求。在感受和期望的意思表达上,对同一个项目设计的问题应有所区别,以便于顾客填写准确。

3. 顾客满意度的分数

评估服务质量实际就是对顾客的打分进行计算,顾客感知的服务质量与期望质量往往是不同的,其间的差异就是评估的最终结果。用公式表示如下:

$$SQ = \sum (P_i - E_i) \quad ①$$

式中:SQ——SERVQUAL模型中顾客感知的总的服务质量;

P_i——顾客体验的第i个问题的得分;

E_i——顾客期望的第i个问题的得分。

公式①表示的是一个顾客感知的总的服务质量,将所得的分数除以问题的总数22就得到一个顾客的SERVQUAL的分数。把调查样本中所有顾客的SERVQUAL分数相加,再除以顾客的总数,就得到饭店的平均SERVQUAL分数。

4. 权重的确定

在公式①中隐含着一个假定的条件,即企业提供的服务属性在顾客心目中的重要程度是相同的,不存在哪个属性更重要。而事实上,专家通过对1 000多名顾客的调查发现,可靠性被顾客认为是最重要的标准,其次是反应性、保证性和移情性,而有形性则排在最后。如果考虑到服务标准的相对重要性,评估饭店服务质量就要计算加权平均SERVQUAL分数。在公式①的基础上可进一步得到加权计算公式:

$$SQ = \sum \left[\sum (P_i - E_i) \cdot W_i / R \right] \quad ②$$

式中:SQ——SERVQUAL模型中顾客感知的总的服务质量;
　　W_i——每个服务属性的权重;
　　R——每个服务属性问题的数目;
　　P_i——顾客体验的第i个问题的得分;
　　E_i——顾客期望的第i个问题的得分。

SERVQUAL模型是应用较为广泛的顾客满意度测定方法,许多服务型企业都采用这种模型来测定企业的服务质量水平。

(二) SERVPERF模型

美国学者克罗宁和泰勒认为SERVQUAL模型在概念上和操作方面评估服务质量是有缺陷的:该模型和顾客满意度二者对顾客期望的解释命名是有差异的。在评估感知服务质量时,顾客期望是指顾客应该期望什么;在评估顾客满意度时,指顾客一直期望的是什么。

另外,在实际操作中,如果对期望的衡量是在服务体验后或服务体验过程中,那么,顾客服务期望在衡量过程中或多或少地要受到服务体验的影响。在很多情况下,没有必要在服务体验之前对服务期望做出度量,因为顾客并不总是用这种服务期望与其实际的服务体验进行比较;在任何情况下,对服务期望的衡量都非常困难,因为服务体验是对现实的感知,这种现实感知的来源是服务期望。所以,如果我们先衡量服务期望,然后再衡量服务感知,那么就等于是对服务期望进行了重复的测定。

在此研究基础上,为了克服SERVQUAL模型的弊端,两位学者提出了以绩效(Performance)为核心的SERVPERF(服务绩效)评价模型,即在评估服务质量时不考虑顾客期望的影响,而直接用服务绩效(Performance)来评估服务质量。在进行顾客调查时,采用SERVQUAL模型的问卷调查内容,顾客只需就服务的体验打分,而不必给服务期望打分。

美国学者在对饭店业进行顾客感知服务质量研究时,认为SERVPERF模型比SERVQUAL模型更适合于饭店企业评估服务质量,而且不计权重的SERVPERF模型比计权重的SERVPERF模型评估效果更好(见图7-2)。

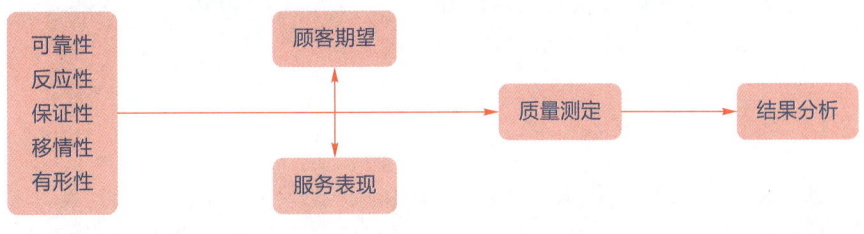

图7-2　SERVPERF的简化模式

经多年运用实践,顾客满意度测评技术和手段也日趋完善,形成了先进的GSTS(Guest Satisfaction Tracking System)顾客满意度模型(见图7-3)。

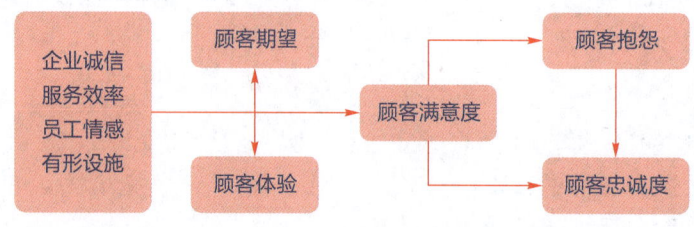

图7-3　GSTS顾客满意度测评模型

该模型的基础源于消费心理学、服务营销学和体验经济理论,主要结构由顾客对饭店服务企业的诚信度、服务效率、员工情感和有形设施的价值感知,以及顾客的抱怨与投诉、顾客满意度、顾客忠诚度组成。

GSTS顾客满意度测评指标体系是一个多层次指标结构体系,运用层次化结构逐级设定,并对应问卷上的问题,由表及里、深入清晰地表述顾客满意度测评指标体系的内涵(见图7-4)。

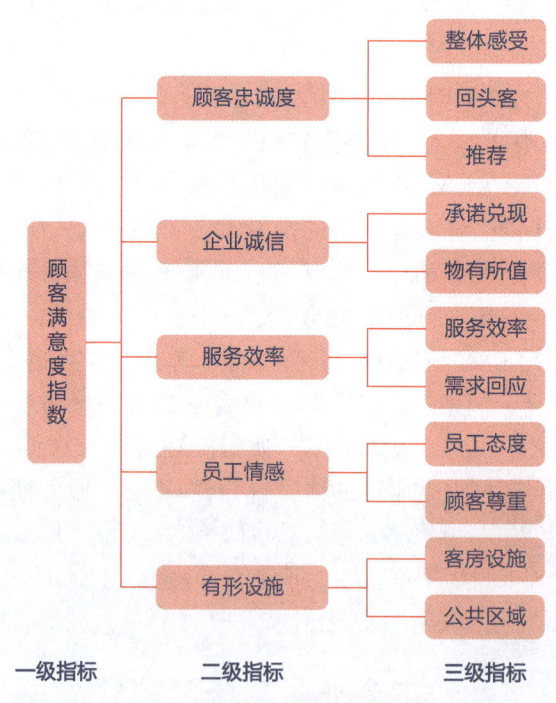

图7-4　GSTS顾客满意度测评的三级指标体系

二、顾客满意度的分析技术

顾客满意度是指顾客对所购买的饭店产品和服务的满意程度,以及未来继续购买的可能性。顾客满意度是站在顾客立场而设,它是顾客期待与顾客感知的比较,而不再是过去饭店标准与顾客感知的比较。这一改变是饭店服务质量管理理念本质性的变革,意味着新型的饭店服务质量管理方式。

(一)顾客满意度指标

顾客满意度指标是明确顾客满意度调查结果,以及进一步分析的必要工具,它又被称作 CSI(CS Index)。

顾客满意度指标(CSI)设定的基本原则是简单易懂,例如可采用如下方法。

(1)利用百分比来表示。

(2)使用易懂的图表,如饼图、曲线图等。

饭店 CSI 的实质在于对调查结果予以定量化、形象化和直观化(见表 7-2)。

表7-2 某饭店客人满意度指标

	占样本百分比 /%		占样本百分比 /%
5段式	非常满意(7) 满意(80) 无所谓(10) 不满意(2) 非常不满意(1)	3段式	满意(87) 无所谓(10) 不满意(3)

有不少饭店对测定客人满意度持怀疑态度,以下是常见的疑虑。

(1)满意度是客人内心深处的感受,怎样具体测定?

(2)每个人的想法不同,满意的判断基准也各异,测定的标准如何设定?

(3)满意度因客人与饭店产品、服务的接触度的不同而异,如何测定?

解决这些难点的基本思路是将多数人的满意度平均化。例如,在餐厅询问客人对菜肴和服务是否满意时,可以设计如表 7-2 中 5 段式的指标,根据各指标占样本总数百分比来了解客人的满意程度。

(二)饭店客人满意度加权平均法

在把握饭店客人满意度的时候,首先区分样本的属性,分别掌握不同属性客人的满意度,然后以各属性客人占全体客人样本的比重为权数,进行加权平均,得出客人整体满意度。其计算公式如下:

$$客人整体满意度 = \sum(各属性客人所占比重 \times 各属性客人的满意度)$$

因此,把握饭店客人的各属性(如职业、旅游动机、性别、年龄等)、各属性客人的数量比例及其满意度,是综合分析顾客满意度的必要条件。

(三)顾客满意度调查结果的总结与分析

1. 顾客满意度调查的结果

顾客满意度调查结果的统计总结,主要是依照各调查项目的设定和预先的意图来进行,另外还要对问卷回收率及其他执行情况进行总结,以认定调查的可信度和实际意义。

顾客满意度调查结束时,可对调查结果做出如下总结。

(1) 问卷回收率状况。

(2) 整体满意度状况。

(3) 今后的意愿状况(如是否再次光临等)。

(4) 对饭店诚信度的满意状况。

(5) 对服务效率的满意度状况。

(6) 对饭店员工情感服务的满意度状况。

(7) 对饭店有形设施的满意度状况。

2. 顾客满意度调查结果的分析

结果分析通常采用如下程序。

(1) 整理、加工、分析。将各项调查所得内容加以整理、分析,再从各种答案中找出潜在性的因素。

(2) 寻找饭店客人满意的接触点。饭店客人满意度的调查,不仅是了解客人对饭店的产品或服务是否满意,同时要借此分析与满意度关系密切的客人接触点,并将此结果作为以后提高客人满意度的参考。因此,要从调查所获得的资料中探索客人满意度与客人接触点之间的关系。

(3) 判断饭店需重点改善的客人接触点。在明确各客人接触点与客人满意度之间的相关性大小之后,需结合各接触点客人满意的现状进行综合分析。分析的基本方法是比较。以现状评价和相关性为横轴和纵轴,将二者加以比较,比较结果的不同组合构成四方图,见图7-5。显然,问题项目是今后需改善的重点领域。

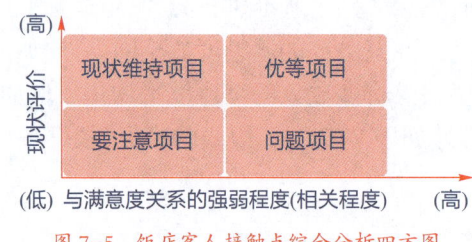

图7-5 饭店客人接触点综合分析四方图

三、服务质量差距分析模型

根据顾客满意度测评模型的内涵,顾客感受的服务质量与顾客对服务质量的期望之间的差距形成了服务质量得分。服务质量差距分析模型表明,饭店提供的服务可能存在五个方面的差距(见图7-6)。

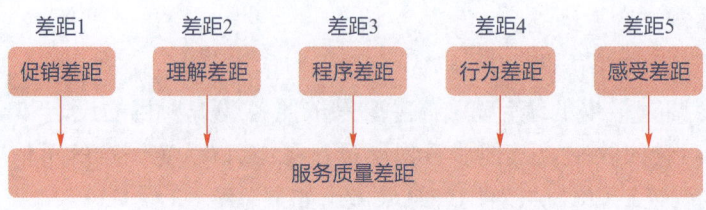

图7-6 饭店服务质量差距成因分析模型

(一) 促销差距

促销差距，即饭店广告宣传与实际提供服务之间的差异。顾客的期望值常常受饭店广告和营销宣传的影响。如饭店营销时，向顾客承诺可免费使用饭店某些设施，但是顾客入住后发现并非如此，因而感到失望。这就是外部沟通造成了顾客期望值的扭曲。

饭店需要控制服务提供与外部沟通的差距。首先，要做好营销宣传，饭店的广告与营销宣传要与实际相符。其次，要做好饭店服务的有形展示，提升顾客的认知度和顾客对服务质量的感知度。最后，要保证服务承诺的兑现，尽可能维护饭店的信誉。

(二) 理解差距

理解差距，即饭店管理者对顾客期望的理解不准确导致的服务差距。在现实生活中，饭店管理者常常并不知道顾客的真正需求是什么。例如，饭店管理者很可能认为顾客在进出楼层时希望看到服务人员的迎候，而许多商务客人恰恰更需要一种宽松的住宿环境。

饭店要控制顾客期望与管理者认知的差距。首先需要进行市场调查，收集与顾客服务偏好有关的信息资料和数据，注重管理者与顾客的直接接触，了解顾客期望。其次，要鼓励员工与顾客直接接触，保持信息传达渠道的畅通。最后，饭店的组织结构设计应呈扁平化，以减少上下沟通的环节，提高信息沟通的效率。

(三) 程序差距

程序差距，即饭店没有把对顾客期望的理解转换到适当的服务运作程序中去。饭店管理者也许已正确地认识到顾客的真正需求，但并不知道这一需求的标准是什么。例如，客房部经理感到顾客需要安全、便利的服务，但他却无法确定怎样才能做到顾客真正需要的那种安全、便利的客房服务。

饭店要控制管理者的认知与服务质量标准的差距。首先，分析顾客期望的可行性，在确定顾客的需求重点的基础上，设定或修改服务质量标准。其次，要根据饭店企业特点制定服务质量标准，对重复性、非技术性的服务实施标准化管理。

(四) 行为差距

行为差距，即饭店员工提供的服务和饭店制定的服务标准有所不同。由于训练不当、能力不强或其他诸多因素，饭店员工无法按饭店的服务标准向客人提供所需要的服务。

饭店要控制服务质量标准与实际提供服务的差距，应当做到以下几个方面。首先，加强员工培训，使饭店员工具备服务工作胜任力和合作精神。其次，建立有效的服务质量监督体系，及时发现和处理服务过程中的质量问题。最后，为员工提供必要的服务信息，避免员工与顾客之间产生矛盾。

(五) 感受差距

感受差距，即顾客的感知与饭店服务产品实际价值的不一致。顾客的需求和饭店的质量标准存在差异，使顾客在某些方面的体验感受不好，导致顾客过低评价服务质量。

饭店要控制实际提供的服务与顾客感受的差距。首先，注重顾客期望值的管理，调整好顾客的期望值。其次，正确把握顾客的需求，"好钢用在刀刃上"。最后，注重饭店个性化服务的提供，能根据不同顾客在不同环境下的不同需求，提供针对性服务。

第三节　服务质量管理理念与方法

视频:服务质量管理理念与方法

服务质量是饭店的生命线,要提高饭店的服务质量,必须树立正确的服务质量理念,掌握有效的质量管理方法,采取有效的质量管理手段。

一、饭店服务质量管理的理念

饭店作为服务型行业,在企业经营活动过程中,服务成分占核心地位。因此,饭店企业不应照搬工业企业质量管理方法和措施来进行服务质量管理工作。在饭店服务质量管理中,必须强调整体质量管理的观念,提高顾客感觉中的饭店整体服务质量,其含义更广泛,更丰富。饭店整体质量管理的理念可以归结为以下八个方面。

（一）情感质量

在服务人员和顾客相互接触、相互交往过程中,社交性礼节和感情交流极为重要。要提高整体服务质量,饭店必须招聘、培训、激励、保留善于与顾客交流的劳动者。这就要求饭店管理人员做好服务文化建设工作,要求全体员工设身处地为顾客着想,理解顾客的需求,关爱顾客,为顾客提供充满爱心的优质服务。

（二）环境质量

饭店是在开放式服务操作体系中为顾客提供服务的。服务环境对顾客感觉中的整体服务质量会有很大影响。在服务消费过程中,顾客不仅会根据服务人员的行为,而且会根据服务环境中的各种有形呈现,如服务设施、服务设备、服务人员的仪态仪表等,评估服务质量。因此,饭店应根据目标细分市场的需要和整体营销策略的要求,做好每一项服务工作和对外呈现管理工作,为顾客创造良好的消费环境,以便提高顾客感觉中的整体服务质量。

（三）顾客质量

顾客只有参与服务过程,才能接受服务。在消费过程中,顾客必须遵守社会公认的行为准则和服务型企业的合理规章制度,为服务人员提供必要的信息,配合服务人员的工作,以获得优质的服务。为了贴近顾客的个性化需求,有时顾客可以自主选择服务内容,如自助办理入住、自助洗衣等。因此,饭店不仅应做好员工服务行为的管理工作,而且应做好顾客消费行为的引导。

（四）过程质量

饭店的服务过程和消费过程同时发生。在饭店里,质检人员事后检查服务质量,并不能防止服务中的差错,而只能发现服务人员已经提供、顾客已经消费的劣质服务。因此,饭店的每一位员工都应该是质量管理员,做好服务关键时刻(服务人员和顾客的每次接触都是服务关键时刻)质量管理工作和检查工作。在服务过程中,饭店必须加强每个服务细节的质量管理工作。在与顾客相互接触、相互交往的整个过程中,某个服务细节出现差错,都可能影响顾客感觉中的整体服务质量,服务工作无小事。管理人员必须高度重视服务细节,无微不至地关心顾客。做好竞争对手忽视的小事,才能与竞争对手区别开来,增强自身的竞争优势。

(五) 关系质量

饭店与顾客之间的关系,会影响顾客感觉中的服务质量。关系质量是服务整体质量的重要组成部分,关系质量指顾客对饭店的信任感和忠诚感。要增强顾客的信任感,饭店必须遵守商业道德,履行诺言,自觉地接受顾客的监督,并通过优质服务,形成良好的市场声誉。要增强顾客的忠诚度,饭店必须为顾客提供优质的服务,使顾客获得更多利益、更大消费价值,与顾客建立、保持并发展长期合作关系与信任关系。饭店要为顾客提供优质服务,服务人员必须详细了解顾客的需要和要求,为顾客提供定制化、个性化、多样化的服务,满足每一位顾客的特殊需要。要不断地提高服务质量,必须主动地征求顾客的意见,以便改进服务操作体系。此外,应为顾客提供精确、易懂的信息,使顾客对服务质量形成正确的期望,帮助顾客购买和消费服务,引导顾客配合服务工作。

(六) 补救质量

饭店的服务质量既受可控因素的影响,也受不可控因素的影响。高度重视顾客满意程度的管理人员绝不会以少数不可控因素作为本饭店无法保证服务质量的借口。他们会采取一系列措施,防止不可控因素影响服务质量。在不可控因素引起服务质量问题之后,他们也会尽最大努力,采取补救性服务措施,解决顾客面临的问题,争取顾客的谅解。

(七) 内部质量

要为顾客提供优质服务,饭店必须加强内部服务质量管理工作。管理人员必须以身作则,为服务人员树立优质服务的榜样。要求服务人员尊重顾客,管理人员必须首先尊重服务人员;要求服务人员为顾客提供优质服务,管理人员必须首先为服务人员提供优质内部服务。管理人员应加强服务文化建设,在整个饭店里形成高层管理人员为基层管理人员服务、管理人员为员工服务、后台员工为前台服务人员服务、职能部门为服务部门服务的组织氛围。

(八) 技术质量

高新技术飞速发展,为饭店企业提高服务质量和经营管理工作效率提供了极为有利的条件。饭店不仅应采用高新科技成果,创造高效定制化服务操作体系,为顾客提供优质服务,而且应将高新技术设备质量管理工作作为整体质量管理工作的一个重要组成部分。

二、饭店服务质量管理的方法

现代饭店服务质量管理的方法,可以归结为流程分析与量化管理、过程控制与服务补救、定点超越与持续改进三个方面。

(一) 流程分析与量化管理

1. 流程分析

饭店要想提供较高水平的服务质量,必须理解影响顾客认知服务产品的各种因素。而流程分析(又称蓝图技巧法)为饭店有效地分析和理解这些因素提供了便利。流程分析是指通过分解组织系统和架构,鉴别顾客同服务人员的接触点并从这些接触点出发来控制饭店服务质量的一种方法。

流程分析借助流程图来分析服务传递过程的各个方面,包括从前台服务到后台服务的全过程。它通常涉及四个步骤:

(1) 把服务的各项内容用流程图的方式画出来,使得服务过程能够清楚、客观地展现出来(见图7-7)。

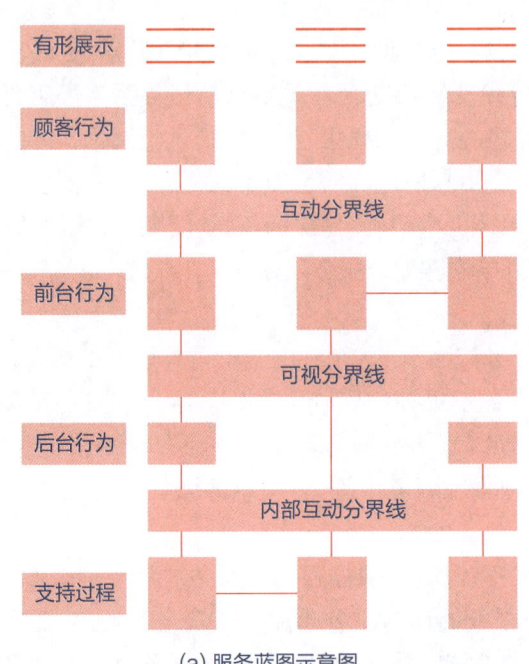

(a) 服务蓝图示意图

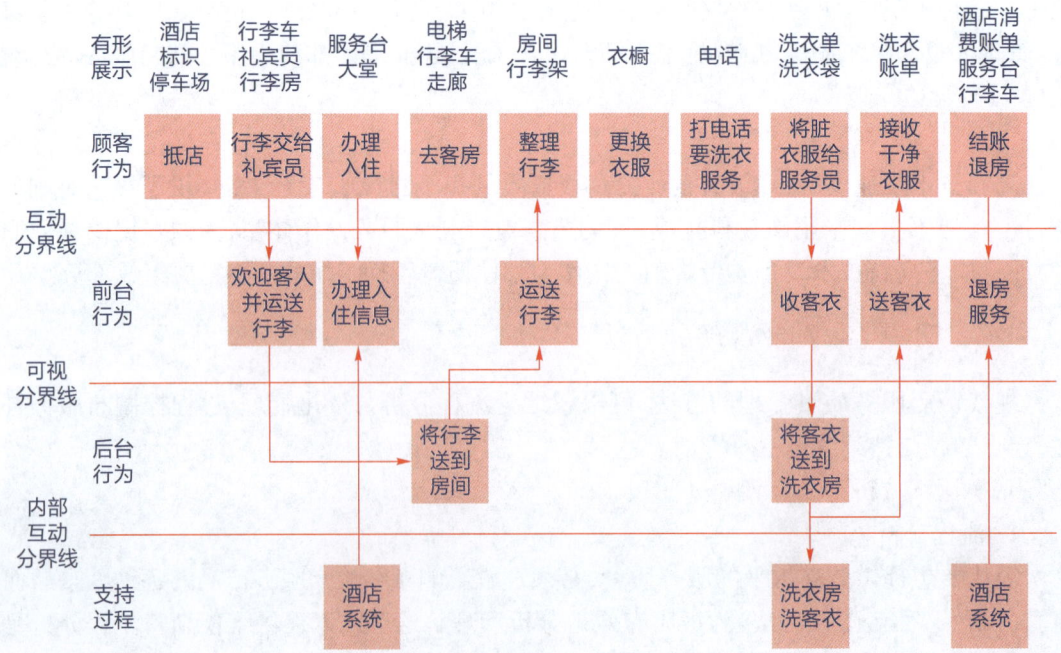

(b) 酒店服务蓝图示意图

图7-7 服务蓝图

(2) 把那些容易导致服务失败的点找出来,不断优化服务标准框架和流程。

(3) 确立执行标准和规范,而这些标准和规范应体现到饭店的服务质量标准。

(4) 找出顾客看得见的服务展示,而每一个展示将被视为饭店与顾客的服务接触点。

在运用流程分析的过程中,识别和管理这些服务接触点具有重要意义,因为在每一个接触点,服务人员都要向顾客提供不同的功能质量和技术质量。而在这一点上,顾客对服务质量的感知情况将影响他们对饭店服务质量的整体印象。

现代饭店在服务质量管理中,常用到的一个重要定律是峰终定律,峰终定律是由2002年诺贝尔奖得主、心理学家丹尼尔·卡尼曼提出的。他发现人们对体验的记忆由两个核心因素决定:第一个是体验最高峰的时候,无论是正向的最高峰还是负面的最高峰。第二个则是体验结束时的感觉。人们体验一个事物或服务之后,所能记住的只有在峰值与终值时的体验,而在整个过程中每个点好与不好、时间长短,相对而言对记忆或者感受则没有那么大的影响。

所以在识别出饭店与顾客的服务接触点之后,饭店在服务设计中需要将重要资源集中提供在关键服务时刻及节点中,用最少的努力,获取最好的服务效果,从而实现饭店收益和管理效率的提升,提高顾客满意度及忠诚度。

2. 量化管理

量化管理,即对事物进行定量处理,从中找出可供比较、衡量、验证的量化标准和尺度。标准尺度的精确度越高,管理也就越有效。在饭店服务过程中,对每一个服务程序都尽可能地确定一个量化标准,是稳定服务质量、进行服务质量控制的有效方法。因为服务过程的量化管理,一方面确定了饭店的服务质量,使员工的服务行为有了标准,另一方面为饭店的服务绩效考核提供了依据。饭店量化管理的内容主要有以下几方面。

(1) 服务时间的量化。饭店的服务流程大部分都可以用时间标准来规定。一般而言,服务质量越高的饭店,对服务时间的量化标准越精准。国内外不少先进的饭店集团都对服务过程中的各项服务规范有时间要求。例如,客房登记手续在3分钟以内完成;客人步入餐厅1分钟后必须把菜单送到客人手里;电话总机必须在铃响3秒钟内接听;客人预订房内用餐服务后,30分钟内将饭菜送进房等。

(2) 服务空间的量化。在为顾客服务的过程中,为方便顾客的饮食起居,增加服务环境的舒适感,还需对长度、宽度、高度、厚度、间距等服务空间尺寸予以量化。比如,餐饮铺台要求四角相等,餐具放于客人座位正中,各种就餐器皿等距离摆放;西餐的刀叉按间距30厘米摆放,西餐面包每片大约1厘米厚;前厅服务人员引领客人到登记处办理住宿手续时,应站在客人身后1.5米处等候;等等。

(3) 其他方面的量化。在饭店服务过程中,度量的概念除了"时间""空间",还包含"温度""湿度""频度""角度""速度"等内容。饭店服务的质量与这些内容同样息息相关。如客房内空调装置的温控标准;客房热水供应的水温标准;每天清扫整理客房的次数规定;员工进入客房时的敲门次数规定;等等。例如,汉庭酒店为了更好地解除顾客旅途中的疲乏,把浴室热水设置到科学验证体感最舒适的温度(40~45℃)和触感水压0.2~0.35Mpa;为了保障顾客隐私,在员工进入客房服务时需严格执行"两敲两报"的标准,即完成敲门－自报身份－再次敲门－再次自报身份后,才可进入房间。

(二)过程控制与服务补救

1. 过程控制

过程控制,就是将相关的服务和活动作为过程进行管理,以更高效地达到饭店期望的服务质量结果。

如果说服务规范强调了"做什么"与"怎么做",那么服务过程控制则主要检查"有没有做到"应该提供的服务,是否有效地达到了饭店服务的各项标准。饭店服务过程控制要达到的目标是:

(1) 对饭店服务的关键活动进行识别与控制。

(2) 明确与服务质量控制活动有关的责任。

(3) 配备服务质量控制所需的设施。

(4) 满足对人员的技能和配置要求。

2. 服务补救

物质产品出现质量问题,可以通过售后服务解决,如退换、维修等。但饭店服务产品出现质量差错,则不能通过退换进行解决。顾客关注的服务质量属性中最重要的一点就是可靠性,但是饭店服务要做到100%的可靠是不现实的。当饭店服务传递出现故障时,服务补救(Service Recovery)就格外重要。

(1) 服务补救的定义。服务补救是饭店企业在为顾客提供服务出现失败和错误的情况下,对顾客的不满和抱怨当即做出的补救性反应。其目的是通过这种反应,重新建立顾客满意和顾客忠诚。

服务补救与传统意义上的投诉处理不同。投诉处理关注的是内部效率,尽可能地以较低成本来解决顾客抱怨;服务补救关注的是外部效率,着眼于与顾客建立长期的关系,而不是短期的成本节约。

(2) 服务补救的好处。服务补救是饭店对服务失败或者顾客不满意所采取的应对行动,目的是希望顾客能重新评价服务质量,留住顾客,避免反面宣传。服务补救把赢得顾客满意从成本层面转变为价值层面。

服务补救给饭店带来的好处有以下几点。

① 提高顾客的满意度:顾客遭遇服务失败是一件非常扫兴的事情,它破坏了顾客美好的消费经历,降低了对服务质量的评价。服务补救从另一个角度审视问题,可以把坏事变成好事,重新给顾客一个惊喜。

② 再次与顾客建立良好关系:服务补救是饭店服务失败后与顾客的再一次沟通。由于服务补救体现了对顾客的尊重,重新向顾客做出承诺,不但不会破坏与顾客的关系,反而因为饭店的诚意巩固了与顾客的关系。

③ 避免顾客对饭店的反面宣传:对饭店而言,公众的口碑宣传不但是有效的营销渠道,而且对树立饭店的形象至关重要。对服务特别满意的顾客不仅成为饭店的忠实客人,而且会进行义务宣传。反之,对服务不满意的顾客也会向别人倾诉自己的遭遇,使饭店的形象遭受打击。"1—10—100"这一饭店服务的著名法则就形象地说明了这一道理。

④ 有利于饭店服务的改进：饭店服务传递过程是一个非常复杂的系统，经常会因各种原因造成服务质量问题。在服务补救过程中，有助于饭店寻找让客人满意的方法。每一次的服务补救都是饭店服务改进的过程。

⑤ 激励员工提供卓越的服务：服务失败会打击员工的情绪，而且会干扰下一次的服务活动。采取恰当的服务补救措施，会激励员工努力提供更好的服务。当员工服务失败时，管理者的职责不是责备员工，而是帮助他们分析问题，找出解决问题的方法，尽力使顾客满意。

饭店的服务补救

服务补救，作为饭店应对服务过程中可能出现失误的关键策略，其核心在于及时有效地回应顾客的不满和抱怨。在饭店管理中，服务失误虽难以完全避免，但通过实施精准的服务补救措施，可以最大限度地缓解顾客的不满情绪。一个高效的服务补救体系不仅能够迅速弥补服务缺陷，更能展现出企业的责任心与诚意，从而巩固与顾客之间的关系，确保企业保持市场竞争力。扫描二维码查看完整资料。

资料：饭店的服务补救

【思考】

1. 请概括此次饭店服务补救的过程。
2. 请对饭店复盘会提出的改进方案分享自己的见解。如果你是前台经理，针对此次事件你会怎么做？

(3) 服务补救的方式。研究表明，如果顾客的抱怨得到了迅速有效的解决，则90%以上的不满顾客会得到挽留。与此相反，如果问题拖延了很久才最终解决，企业只能留住60%左右的顾客。营销中有个1-10-100法则：即服务失误出现后，当场补救可能要使公司支出1元，但第二天补救支付的费用会是10元，以后补救的费用则会上升到100元。由此可见，速度和时间是决定服务补救能否成功的关键因素。因此，饭店必须借助不间断的服务监控系统，及时发现服务失误，及时、有效地解决服务失误，并从质量问题和服务补救中吸取经验教训。表7-3表明了顾客所期望的服务补救的基本步骤与程序。

表7-3 饭店服务补救的方式

顾客期望	饭店补救方式
道歉	亲自道歉，即使服务失误不是由饭店造成的。但在很多情况下仅仅道歉是远远不够的
合理赔偿	在特定情况下，饭店与顾客根据相关法律法规和公平原则确定合理的赔偿金额或方式
善待顾客	真诚对待提出反馈和建议的顾客，主要是安抚遭遇不好服务体验的顾客的情绪
超值补偿	把顾客认为有价值的东西送给顾客，在有些情况下合理补偿即可起到这种作用
遵守诺言	与顾客接触的员工对服务补救中所做出的承诺都要保证兑现

(三)定点超越与持续改进

1. 定点超越

定点超越法是指饭店将自己的产品、服务和市场营销过程等同市场上的竞争对手,尤其是最强的竞争对手的标准进行对比,在比较和检验的过程中逐步提高自身的水平。

饭店在运用这一方法时可以从战略、经营和业务管理等方面着手。

(1)在战略方面,饭店应该将自身的市场战略同竞争者成功的战略进行比较,寻找他们的相关关系。比如,竞争者主要集中在哪些子市场,竞争者追求的是低成本战略还是价值附加战略,竞争者的投资水平如何及投资是如何分配在产品、设备和市场开发等方面的,等等。通过这一系列的比较和研究,饭店将会发现过去可能被忽略的成功战略因素,从而制定出新的、符合市场条件和自身资源水平的战略。

(2)在经营方面,饭店主要集中于从降低竞争成本和增强竞争差异化的角度了解对手的做法,并制定自己的经营战略。

(3)在业务管理方面,饭店应该根据竞争对手的做法,重新评估那些支持性职能部门对整个饭店的作用。比如,一些饭店与顾客距离较远的后台部门,缺乏应有的灵活性而无法同前台的质量管理相适应。学习竞争对手的经验,让二者步调一致无疑是饭店提高服务质量的重要保证。

2. 持续改进

持续改进是饭店服务质量的一个长期目标。饭店通过PDCA质量管理的循环方法,促进饭店服务质量持续改进。

PDCA质量管理循环包括策划(Plan)、实施(Do)、检查(Check)和处理(Action)四个阶段和八个步骤,见图7-8。

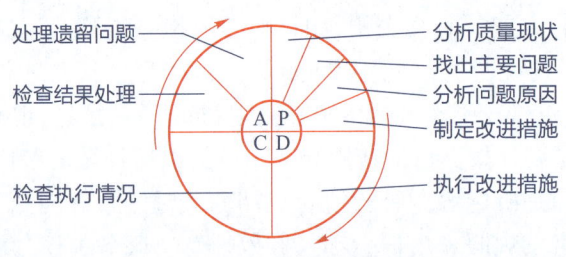

图7-8 PDCA服务质量管理循环图

(1)P——策划阶段。

① 分析了解服务质量现状:饭店可以从目标顾客的需求与饭店服务实绩的比较中寻找存在的问题。

② 寻找主要质量问题:饭店可以通过制定服务质量问题统计表与绘制帕累托图(Pareto Chart)的方法来寻找存在的主要问题(见表7-4、图7-9)。

③ 分析质量问题产生的原因:饭店管理者可借助鱼骨图来寻找服务质量问题产生的原因(见图7-10)。

表7-4 服务质量问题统计表

质量问题	问题数量	比率/%	累计比率/%
菜肴质量	235	67.1	67.1
服务态度	62	17.7	84.8
外语水平	29	8.3	93.1
娱乐设施	17	4.9	98.0
其他	7	2.0	100.0
合计	350	100.0	100.0

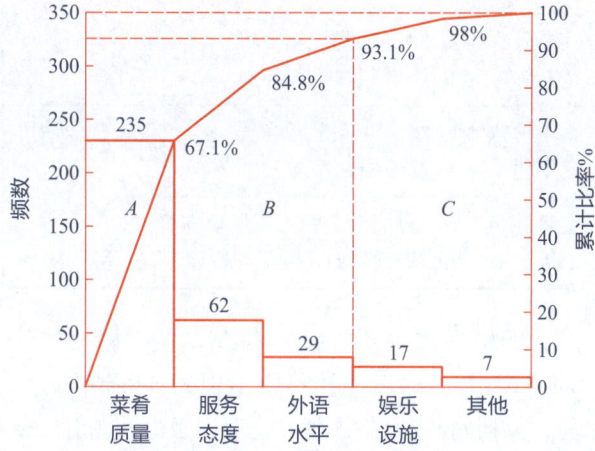

图7-9 帕累托图(服务质量问题排列图)

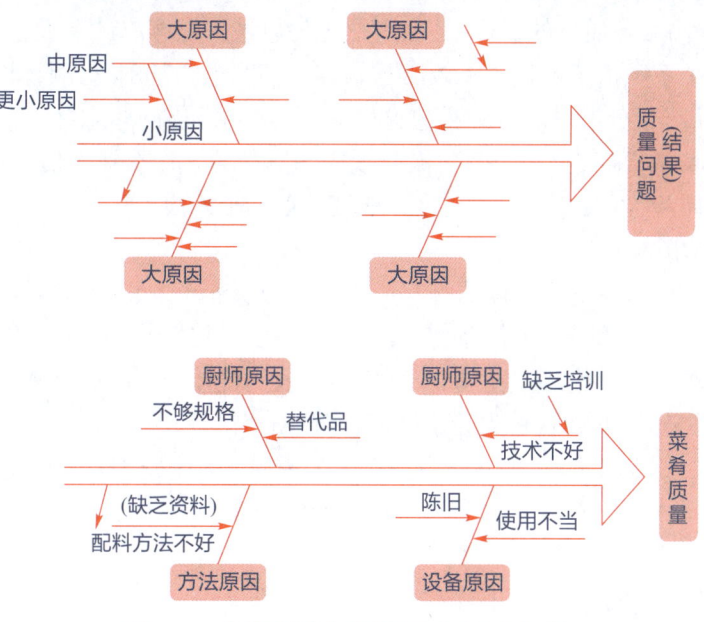

图7-10 鱼骨图(菜肴质量问题的因果分析图)

④ 制定改进措施：即根据质量问题产生的原因，制定具体的、切实可行的改进措施。改进措施一般应包括 What（做什么）、Who（谁去做）、Where（在何处）、When（何时做）、How（如何做）五个基本要素，简称"4W1H"法。

(2) D——实施阶段。即执行改进措施。这一步骤的工作要求就是严格执行制定的改进措施。饭店可借助对策表这一改进服务质量的工具来控制措施的实施过程（见表7-5）。

表7-5 提高菜肴质量对策表

序号	问题	现状	对策	负责人	进度				
					5	10	15	20	25
1	原料不符规格	菜肴外形不美观	1. 制定采购规格标准 2. 严格原料入库手续	张××	—				
2	无标准菜谱	菜肴份额不均	1. 制定"标准菜谱" 2. 增设厨房配菜员	李××	—	—			
3	技术水平低	菜肴花色单调	1. 参加厨师等级培训考核 2. 聘请特级厨师现场指导	王××				—	—

(3) C——检查阶段。即检查改进措施执行情况。在实施改进措施过程中，要边实施边检查，注意做好各种原始记录，及时反馈执行中出现的各种情况。

(4) A——处理阶段。包括对检查结果进行处理以及改进标准，转入下一循环。

三、现代饭店服务品质的塑造

现代饭店提高服务质量的目标，是赢得顾客的忠诚。顾客忠诚是顾客对饭店与品牌形成的信任、情感维系和情感依赖。在饭店与顾客长期互惠的基础上，顾客长期、反复购买和使用饭店的产品与服务形成。有一批忠诚顾客，是成功饭店的标志之一，有利于降低饭店市场开发成本，增加饭店的经营利润，提升饭店的竞争力。饭店业经历了从注重产品功能性，到关注顾客体验，再到打造圈子文化和地域特色三个阶段。

（一）顾客需求的变化

随着时间的推移，新消费群体的崛起成为推动饭店变革的重要力量。这些新消费群体朝时尚化、个性化及自我彰显的方向发展，他们更注重住宿产品的品牌价值，包括形象价值、文化价值和消费价值等，希望能够获得自我价值和群体归属的满足感。

1. 消费者在选择酒店时，首先会关注网评分

网评分在4.5分以上的酒店一般为消费者的首选；网评分4.0分为消费者的心理分界线；网评分低于4.0分的酒店基本上不会被消费者搜索。图7-11显示了网评分对消费者选择的影响度。

2. 消费者对价格的敏感度在下降

据统计，出生在1990—1994年的客户平均消费金额为445元/间；出生在1995—1998

年的客户平均消费金额为680元/间,对中高档次酒店尤为偏爱。消费者对酒店特色、酒店品牌、房型、早餐表现出了前所未有的关注度。

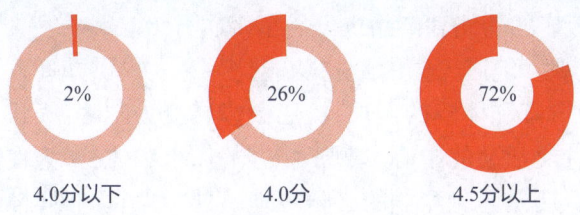

图7-11 网评分对消费者选择的影响度

3. "时尚"和"科技"被认为是体验时代消费者渴望的两大内核

酒店经营者应围绕这个核心,丰富酒店产品的内涵和外延,把握吸引消费者关注度的大方向。

随着消费观念的改变,顾客更注重场景体验,喜欢选择与众不同、参与性强的产品,并愿意为这些产品的价格买单。酒店需要从传统商业功能为核心的思维,转向现代商业场景氛围为主导的思维。在酒店搭建的消费场景里,每一位顾客不仅住得舒适,而且玩得尽兴。

 小资料

慢下来的旅途,在艺术范与烟火气之间

随着旅行到旅程的转变,酒店的角色也在发生深刻变化,从旅途中的配套服务逐渐演变成目的地的核心组成部分。深圳龙岗漫心酒店以其独特的服务品质塑造策略,成为了一个典型案例。酒店不仅重视顾客忠诚度的培养,以赢得长期顾客并提升经营利润,而且还紧随消费趋势的变化,将艺术融入日常生活,打造了一个集旅居美学与社区文化于一体的新"第三空间"。通过将一个老旧工业区改造为文化创意街区,漫心酒店不仅提供了高品质的住宿服务,更深度融入城市生活,成为推动社区互动和共生的活力引擎,展现了未来酒店发展的新趋势。扫描二维码查看完整资料。

资料:慢下来的旅途,在艺术范与烟火气之间

【思考】

1. 结合案例,分析案例中的漫心酒店如何通过艺术融入生活,来塑造其独特的服务品质。

2. 分析案例中的漫心酒店与其所在的街区融合共生的模式,对其他存量酒店改造项目有哪些启示。

(二)产品变革的浪潮

在早期阶段,饭店的核心在于提供基本的住宿服务,如舒适的床品、卫生的洗浴设施等。饭店业主要关注的是硬件设施和服务质量,确保顾客的基本需求得到满足。当然,随着消费需求的变化,饭店的功能和产品也经历了多次升级。

大堂是饭店的灵魂。饭店大堂的最初功能是为客人提供办理入住手续的场所。随着科技革新和新时代对分享和体验的需求,饭店大堂转变为吃喝、娱乐、休闲、工作等住客共享的公共空间,成为社交活动的中心。源于顾客的需求和体验,为住客提供客房以外的第二空间,将成为未来饭店差异化竞争的必争之地。处于大堂的咖啡厅、酒吧等空间加强了饭店与住客之间的联系,大堂不再是住客匆匆路过的地方。饭店还利用大堂的共享空间,换来顾客的停留时间。从此,饭店住宿不再仅仅等同于一个"歇脚的地方",而将成为消费者在旅途中值得期待的惊喜。

简单、实用和美观,成为顾客的基本消费要素。基本功能之上的颜值诉求和仪式感,则成为饭店更具消费力群体的偏好。饭店B&B(床和早餐)的两大基本功能没有变,但需要在床的色彩氛围、灯光氛围上加以升级;在床边设施的便利性、智能化控制、充电设备、睡眠记录分析等附加值上做文章。

同时,不同领域两种及以上产品的跨界设计,往往可以给饭店带来全新的商业模式和一种前所未有的客户体验:

(1)与家居装饰公司合作,展示新生活的方式;
(2)邀请米其林星级厨师为客人烹饪当季美食;
(3)酒店SPA与知名护肤品牌合作推出SPA套餐;
(4)与时尚设计师合作,推出酒店限量版手袋;
(5)在酒店设置艺术空间开辟艺术画廊,并不定期举办艺术展览交流活动;
(6)与运动品牌合作,供客人在店内免费使用运动用品;
(7)定制化的酒店沐浴用品、智能客控、视听音像系统……

如今,我们已进入体验经济的时代。体验经济就是饭店以服务为舞台,以商品为道具,以消费者为中心,创造能够使消费者有记忆点的活动。其中的商品是有形的,服务是无形的,而创造出的体验是令人难忘的。

(三)服务品质的塑造

当今的饭店业开始关注通过文化元素和地域特色来吸引顾客。饭店品质的塑造,尤为重视"文服务"的经典创造、"精服务"的理念推广和"云服务"的体系完善。

1."文服务"的经典创造

通过饭店服务的仪式感、主题文化氛围的营造,彰显中国文化的元素和魅力,对提升饭店服务的品质具有极大帮助。

(1)仪式感。仪式是文化的外在表现。所谓仪式感,是在特定时间、特定场合,依托仪式的外在表现形式,让人们获得心理上的满足。饭店业是一个充满仪式感的行业,饭店服务程序与规范的仪式化创新,能增加客人对饭店服务的价值感知。

(2)主题文化。主题饭店是市场竞争的产物,它赋予饭店某种主题来体现其建筑风格、装饰艺术、经营项目及服务特色,让客人获得富有个性的文化感受。地域特色、可识别性和美好体验是塑造饭店主题文化的基本要素,从而为饭店营造出一种竞争者无法模仿和复制的个性特征。

2."精服务"的理念推广

"精服务"强调工匠精神,注重细节服务,重视亲情服务和心理服务的提供。

(1) 亲情服务。就是要求每一个员工把客人当作自己的亲朋好友看待,真心实意,在自然而然中体现出酒店的好客之道。亲情服务,体现的是东方的好客传统和文化内涵。

(2) 心理服务。心理服务是员工与顾客之间心与心的交流,但这种心灵的交流是通过行为来实现的。一方面,员工的行为必须具有很强的表现力,能强烈地表达出员工对顾客的热情和关切;另一方面,员工应随时关注顾客的行为,洞察其行为所蕴含的内心需求。表面上看,员工与顾客只是行为间的互动,而实际上顾客得到的却是一种心理上的深层次满足。

3."云服务"的体系完善

互联网及智能手机的应用,使饭店可以与个体直接联系,高度适应不同顾客的个性需求。这种沟通机制是双向互动的,使顾客更容易获得信息并进行信息反馈,饭店也可以更精准地把握顾客对产品和服务的需求。

在"互联网+"方面,饭店向智慧化转型,打造智慧饭店。依托互联网、5G、云计算、大数据、人工智能等信息化技术,实施智慧营销、智慧管理、智慧服务。如今,信息互联网已经走向物体互联网、价值互联网的新阶段。

人工智能(AI)正创造饭店行业的无限可能。从创造个性化的顾客体验到识别潜在的收益机会,AI正在给现代饭店业带来诸多变革。

本 章 小 结

服务质量是饭店的生命,优质服务是现代饭店企业赢得顾客、取得企业持久竞争优势的保证。对饭店服务特性的研究和饭店服务质量构成要素的解析,是饭店开展服务质量管理的出发点。

通过顾客满意度的测评,有助于饭店全面、客观地了解服务质量的现状,把握饭店服务质量控制的正确方向。通过对服务质量差距成因的分析,有助于饭店寻找改进服务质量的有效途径。

要提高现代饭店服务质量,就必须树立整体服务质量管理的理念,掌握饭店服务质量管理的科学方法。在体验经济时代,现代饭店必须把握顾客消费的变化趋势,及时提升功能产品的质量,不断提升饭店服务的品质。

赛证直通

一、在线练习

扫描二维码,进行在线练习。

在线练习 7

二、问题思考

1. 饭店服务质量有哪些构成要素?

2. 如何运用 SERVQUAL 模型测定饭店的服务质量。

3. 描述现代饭店整体质量观念的内涵,并探讨饭店应如何运用相关方法提升整体质量。

4. 现代饭店应如何提升服务的品质?

三、拓展训练

三至四人为一小组,进行以下问题的研究,将调研结果在课堂上进行小组演示讲解。

1. 设计一份饭店顾客满意度的调查表。

2. 选择一家饭店,根据饭店现有情况对顾客满意度进行实地调研。

第八章 饭店人力资源开发与管理

学习目标

知识目标

1. 理解饭店人力资源管理的概念和任务。
2. 知晓饭店人力资源管理的方法。
3. 掌握饭店人力资源管理主要模块(招聘、培训和绩效管理)的流程。

能力目标

1. 能够根据饭店实际情况制定人力资源规划。
2. 能够进行有效的人力资源招聘和选拔。
3. 能够设计和实施员工培训计划。

素养目标

1. 树立职业生涯发展意识。
2. 树立良好的职业道德和诚信意识。
3. 提升职业自豪感和行业认同感。

第一节 饭店人力资源的规划

视频：饭店人力资源的规划

人力资源是相对于自然资源或物质资源而言的，它是一种以人的生命力为载体的社会资源。作为饭店人、财、物、时间、信息五大资源之一的人力资源，是饭店经营活动中最基本、最宝贵的资源。一个饭店若不能很好地调动员工的积极性、创造性，不能提高员工的满意度，那么即使拥有先进的设备、严密的组织制度，也不能成为一流的饭店，也不可能在激烈的竞争中取胜。因为饭店是劳动密集型服务企业，服务产品的质量直接取决于员工的素质及其对工作和企业的满意程度。所以说，人力资源管理已成为现代饭店管理的核心，是饭店经营管理成功的重要保证。

一、人力资源管理的任务和作用

饭店人力资源管理是在企业特定环境中进行的一种以人为对象的、包含一系列活动步骤的专项或专业管理工作。其基本过程如图8-1所示。

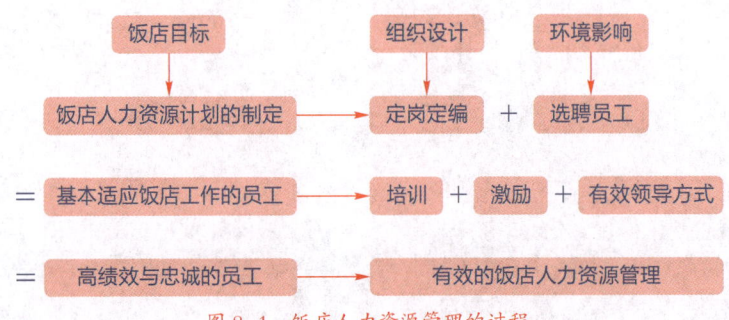

图8-1 饭店人力资源管理的过程

（一）饭店人力资源管理的任务

饭店人力资源管理的核心任务是提升员工的满意度，培育员工的忠诚度。具体体现在两个方面：一是激发员工的奉献精神；二是培养和发展员工的能力。第一方面解决员工愿不愿意做事的问题，第二方面解决员工能不能做事的问题。在竞争日趋激烈的时代，对员工工作积极性和工作能力的要求比以往任何时候都高，因而人力资源管理的任务就更为重要。

21世纪，在人力资源管理上，体现企业人力资源管理精髓的"土壤学说"替代了原有的"屋顶学说"。"屋顶学说"是指企业提供许多资源，修建成一个大屋，让员工在屋里面成长，企业替员工遮风挡雨；员工通过工作来回报企业。而"土壤学说"则是指现代企业是员工成长的沃土，所有的员工在这片丰硕的土地上自然成长，接受风吹雨打，能够长多高就可以长多高。人力资源管理的最终目的不是以规范员工的行为为终极目标，而是要在饭店企业内部创造一种员工自我管理、自主发展的新型人事环境，充分发挥人的潜能。因此，未来的饭店企业将会更加注重提高员工的知识水平，在人员培训上，将会以一种"投资"观念进行大投入。在饭店企业内部,将会建立一套科学的人事体制。通过员工的合理流动,发挥员工的才能;通过目标管理,形成一套科学的激励机制,让员工在企业内部自主发展;通过饭店企业文化的渗透力,培养忠诚员工,确保饭店企业人力资源的相对稳定。

(二) 饭店人力资源管理的作用

饭店人力资源管理的作用主要表现在:一方面,它会创造出一种环境,使员工将他们所有的资质和潜能发挥出来,并且能够通过在企业中工作来满足自己的成长、发展和自我实现需要;另一方面,这种管理活动会通过特有的方式将个人与企业牢固地联系在一起,使员工从内心深处把企业看作他们自己的,从而在工作中表现出高度的能动性、创造性和责任感。有效的人力资源管理活动要求做到满足企业的需要与满足员工个人的需要的有机统一。

(三) 与传统人事管理的区别

人力资源管理,顾名思义,是将人视为企业经营中的一种特殊的和宝贵的资源,从有效开发人力资源的角度进行企业的人事管理工作。

人力资源管理是从传统的人事管理发展而来的。传统人事管理把人看作需要企业耗费成本开支的简单生产要素——劳动力,从这一着眼点出发考虑如何通过对人的管理工作来提高对该要素的利用效率。与这种人事管理仅单方面地关注企业目标的实现不同,人力资源管理则力图将企业的目标与员工个人的目标结合起来,注重员工的能动性和他们内在潜能的开发,认为人不仅仅为企业提供劳动力,而是管理工作的目的本身。将这种"以人为本"的价值观转化为实际管理行动,就形成了一套人力资源管理的独特的原理、程序和方法。

二、饭店人力资源规划的内容

员工是人力资源的载体。饭店的人力资源规划与饭店整体的经营管理是紧密联系在一起的。通过制定人力资源规划,可以将饭店企业的目标和任务计划转换为需要哪些人员来实现这些目标和完成这些任务的人员配备计划。饭店人力资源规划一般包括如下四项主要内容。

(一) 通过任务目标分析,确定人力资源需求计划

预估企业将来需要什么样的人力资源,这是制定人力资源规划的第一个步骤。人力资源规划应当匹配饭店总体经营计划,这是因为各项计划要满足一致性的要求。因为任何企业对人力资源的需要,从根本上说,都是由企业落实其未来发展目标和战略的需要决定的。比如,开办一家新的饭店,可能会因经济衰退而缩小经营的规模,这些总体经营计划会对企业人力资源需求产生很大的影响。人力资源需求计划应是对企业未来经营状况的一种反映。基于对饭店发展目标和经营规模的估计,管理者就可以估算出为达到预定的目标和经营规模所需要相应配备的人力资源的规模和素质状况。

(二) 通过职务分析,确定具体的职位空缺计划

职务分析,亦称职位分析、工作分析或岗位分析,旨在确定某项工作的任务和性质是什么,以及应寻找具备何种资格条件的人来承担这一工作。职务分析无论是由直线管理人员

还是由人力资源管理专业人员来做,都必须着眼于了解和确定以下几方面的信息。

(1) 这一职务包含的工作内容有哪些。

(2) 工作中人应有怎样的行为。

(3) 工作中使用什么机器、设备、工具以及其他辅助用具。

(4) 衡量工作的绩效标准是什么。

(5) 这一职务工作的有效开展对人的素质条件有什么要求。

职务分析结束后要编制职务说明书(亦称工作说明书),以作为后面各阶段人力资源管理工作(如招聘、考评、激励、培训等)的依据。

一旦明确了饭店需要开展的工作,那么,将它与现有饭店的职务设计情况相比较,就可以制定出具体的职务空缺计划。职务空缺计划反映了饭店未来需要补充的人力资源类别和结构。

(三) 结合人力资源现状分析,制定满足未来人力资源需要的行动方案

根据饭店任务目标和职务分析的要求,确定了饭店在未来某一时刻需要填补空缺的职务。下一步的工作就是针对企业当前人力资源供应情况制定人力资源的增补计划与方案,确定是采取内部提升与轮换还是外部选聘,以及如何进行人才开发与培训等。

通过职务分析,确定满足饭店各项工作的开展所需要的人员。然后,要分析饭店现有人力资源的供应情况,确定人力资源的供求差距,可在全饭店范围开展人力资源调查。对于绝大多数企业来说,在计算机技术高度发达的年代,要形成一份准确、全面的人力资源调查报告不是一件困难的事。这份报告的数据来源于员工填写的调查表。调查表可列姓名、最高学历、所受培训、就业经历、所说语种、能力和专长等栏目,发给饭店中的每一个员工填写。此项调查能帮助管理者评价饭店中现有的人才与技能状况。

对人员未来需求和饭店现有人力资源情况做了以上评估以后,在正式制定人力资源规划之前,管理者还要进行两方面的人员供给预测:一是内部候选人供给预测;二是外部候选人供给预测。在预测基础上,管理者可以测算出未来人力资源短缺的情况和饭店中可能出现超员配置的领域,然后决定寻找合适人员填补空缺职位的途径。制定增补、选拔员工或减员的行动方案,要因地制宜,不能采取过于简单或强求统一的办法来处理。

(四) 从人力资源开发需要出发,制定有益于员工成长和发展的职业管理计划

饭店人力资源规划的制定必须将员工职业生涯的发展阶段纳入考虑范围内,这是因为任何人都需要在职业生涯中发展自己的技能,并获得工作收入。

人力资源规划的制定不仅影响饭店的经营管理活动,也直接关系到员工的发展与前途。在越来越重视人力资源开发的现代企业中,采取措施帮助员工成为他们能够成为的人,促进员工实现工作中的成长与发展,这已经不仅是一个口号或价值观,而成了切实的行动。培训、教育机会的提供,工作丰富化、工作轮换,以职业发展为导向的工作绩效评价,以及以能力而不是以资历为依据进行的晋升等各项实践活动,就是其中有代表性的事例。它们表明,企业界已在努力采取措施帮助员工实现工作中的成长与发展。而对于这些以促进员工成长或发展为己任、注重人力资源开发的企业来说,人力资源规划的制定就不能不兼顾企业发展和员工发展这两个目标,并在两者的综合考虑中形成行之有效的、综合性的职

业管理计划。

三、劳动定额与人员编制的确定

劳动定额与人员编制的确定是饭店人力资源规划的基础工作,同时,也为饭店人力资源的开发提供了依据。

(一) 劳动定额的确定

劳动定额是指在一定的物质技术设备和劳动组织下,在保证饭店服务质量和充分发挥员工积极性的基础上,制定出每个员工平均应达到的定额工作量标准。劳动定额的制定必须科学而符合实际,即从本饭店的实际出发,包括员工素质、经营效益、工作内外环境、设备设施、管理方法及运营机制等方面。它应来自饭店内部各部门、各岗位的工作实际,而不是管理人员纸上谈兵式地提出一些不符合实际的指标。核定劳动定额是调动员工积极性和创造性、节约劳动成本、提高劳动效率的有力手段。实施劳动定额有利于员工明确任务,有利于饭店各部门的管理者对员工进行考核、评估、奖惩等工作,也有利于饭店的正常运营。劳动定额的编制方法依据各部门的具体情况也有所不同,通常有以下几种。

1. 经验估工法

它是根据饭店员工的实际工作经验,综合分析提高劳动效率的各种有利和不利因素的影响程度而制定劳动定额。这种方法适用于饭店工作过程中随机性大的部门,它的特点是方法简便、易于掌握、能较好地反映员工的劳动效率,尤其适用于难于进行具体量化测定的工种和部门,如公关部、市场营销部等。

2. 统计分析法

它是利用饭店经营多年的统计资料,在分析各类因素和总结的基础上制定的一种劳动定额方法。这种方法适用于业务量变化不大的部门和工种,如客房部、商务部等。其计算公式为:

$$劳动定额 = (综合平均数 + 最优完成数)/2$$

3. 技术测定法

它是通过对生产技术、生产组织和劳动组织的劳动条件的分析,在总结成功经验、挖掘生产潜力及实际操作合理化的基础上,采用观察测定和分析计算制定劳动定额的方法(见表8-1)。这种方法的主要优点是有充分的科技数据,制定的劳动定额质量较高,定额水平易于达到平衡,比较适合于客房部清洁工作的定额和餐饮部工作定额的确定。其计算公式为:

$$劳动定额 = \frac{规定时间 - (准备作业 + 结束时间)}{(基本作业 + 随机服务时间) \times (1 + 休息系数)}$$

4. 比较类推法

它是以过去达到的指标水平为基础,参照同类饭店同类型工种先进的管理经验,然后结合本饭店的实际情况,估算出工时消耗,从而制定劳动定额的一种方法。该方法简单易行,有较强的实用性,尤其有利于国内外同行的交流与学习,但资料必须准确、可靠(见表8-2)。

表 8-1　饭店客房单项操作时间测定例表

项目序号	工作项目	基本时间/分钟	间歇许可/%	意外耽搁/%	标准时间/分钟
1	整理一张床	1.8	22.0	10	2.38
2	重做一张床	3.9	22.5	10	5.17
3	清洁一只脸盆	1.2	13.0	10	1.48
4	清洁一只浴缸	1.92	14.5	10	2.40
5	清洁一套淋浴器	1.0	13.0	10	1.23
6	清洁一只坐厕	0.94	16.0	10	1.18
7	擦净一张梳妆台	0.43	11.0	10	0.52
8	一张梳妆台的打蜡	0.85	13.0	10	1.05
9	清洁一只废纸桶	0.72	11.0	10	0.87
10	10 m² 硬地吸尘	0.8	12.5	10	0.98
11	10 m² 地毯吸尘	4.3	16.0	10	5.42
12	10 m² 硬地推尘	1.2	13.5	10	1.48
13	10 m² 硬地湿拖	2.4	16.0	10	3.02
14	人工洗地 10 m²	3.7	22.0	10	4.88
15	机器洗地 10 m²	2.3	13.0	10	2.83
16	机器抛光 10 m²	2.1	11.0	10	2.54
17	擦玻璃 1 m²	0.65	13.5	10	0.8

表 8-2　国外饭店主要劳动生产率参照表

岗位	标准	工时/小时
客房服务员	16 间客房	8
行李员	25 个服务次数	8
咖啡厅服务员	30~40 客数	4
餐厅服务员	20~25 客数	4
厨师	90~100 客数	8
洗碗工	150~200 客数	8
酒吧服务员	20~30 客数	8
楼层领班	90~100 间公用客房	8
楼层应接员	100 应接次数	8

(二) 人员编制的确定

定员工作直接关系到劳动力的使用和劳动效率的提高,是人力资源管理的重要内容。由于饭店各部门、各环节的各类人员工作性质及特点各不相同,因此定员的具体方法也不相同。通常,饭店定员编制的方法主要有以下几种。

资料:数字化运营赋能酒店人效提升

1. 劳动效率定员法

劳动效率定员法以劳动效率为基础,根据员工的工作量、劳动率、出勤率来计算定员。凡是实行劳动定额管理并以手工操作为主的工种都可采用这种编制方法,如客房楼层班组和餐厅定员。该方法的计算公式为:

$$定员人数 = \frac{每一轮应完成的工作量 \times 每日轮班次数}{服务员的劳动效率 \times 出勤率}$$

例如,某饭店有500间客房,预期出租率为80%,日班清扫服务员的工作定额为10间,晚班清扫服务员的工作定额为40间,每周实行5天工作制(暂不考虑其他节假日),则客房部所需服务员人数可作如下计算:

$$客房部所需清扫服务员 = \frac{工作量预测}{工作定额 \times 出勤} = 70 人$$

其中:

$$白班清扫服务员 = \frac{500 间 \times 80\%}{10 间 / 人 \times 5/7} = 56 人$$

$$晚班清扫服务员 = \frac{500 间 \times 80\%}{40 间 / 人 \times 5/7} = 14 人$$

2. 设施定员法

以设备数量和实际工作量为基础编制定员。主要适合于工程技术人员。其计算公式如下:

$$定员人数 = \frac{发挥功能的设施数量 \times 设施启动次数}{员工看管定额 \times 出勤率}$$

3. 比例定员法

它是依据饭店的统一标准,根据饭店内部各类人员在数量上存在的一定比例关系进行定员编制。根据相关报告数据显示,不同类型饭店的客房与员工数量比例大致如下:三星及有限服务型饭店的人房比约为0.39(即100间房配39个员工);四星级饭店的人房比约为0.59;五星级饭店的人房比约为0.88,有的甚至更高。但随着数字化在饭店中越来越多地应用,人房比呈现逐年下降趋势。表8-3为某中档品牌客房数和人员配比示例。

表8-3 某中档品牌客房数和人员配比示例

岗位 \ 房量	<120间	<240间	<300间
店助	1	1	1
前厅经理	1	2	3

续表

岗位 \ 房量	<120 间	<240 间	<300 间
前台	6	7	8
客房经理	1	1	1
客房主管	1	2	2
客房服务员	7	13	16
公共区域保洁员	1	1	1
工程维修工	1	2	3
厨师	1	1	1
厨工	1	2	2
安全服务员	2	2	2
销售经理	1	1	1
总计	24	35	41

4. 岗位定员法

它是根据饭店内部的机构设置和各种服务设施、岗位职责与要求，再考虑各个岗位的工作量、工作班次和出勤率等因素来确定人员的方法。这种方法适合于饭店管理人员及门迎、行李员和综合服务设施服务人员的定员。

(三) 影响饭店定员的因素及对策

1. 影响饭店定员的因素

在饭店制定人员编制时，影响饭店按上述科学方法配备员工的因素主要表现在以下三方面。

(1) 员工的病假与事假。

(2) 员工的即时流动。

(3) 市场需求变化与相应工作量的波动。

2. 饭店解决干扰因素的对策

(1) 适当安排员工的工作时间和休假时间。如全年带薪假期可安排在淡季或实习生进店顶岗的时候；可根据工作需要采取灵活的上班时间制和分段工作时间制。

(2) 对专业相近岗位的员工进行交叉培训，以便他们在忙闲不均时能互相协助及顶岗。这种互相协助，既可以表现在正常工作时间内，又可以表现在业务时间里做超额工作。如某些饭店在餐厅忙时，会安排宴会厅的员工去帮忙；在宴会厅忙时，会安排客房部的员工去帮忙。

(3) 建立一支反应迅速、到岗及时的临时工与后备员工队伍。这既可解决临时缺员的紧急问题，又可适应不断补充正式员工的需要。在维也纳的万豪饭店，除了有一支季节性的临时工队伍,他们还与旅游学校的实习生建立良好的关系,为饭店建立了一支稳定的后备员工队伍。

第二节　饭店人力资源的开发

饭店人力资源开发的目的,就是寻找满足饭店在数量、质量和结构等各方面的员工需求。与传统人事管理相比,人力资源开发更强调将员工作为一种具有潜能的资源,更重视有效的人力资源对整个企业运营活动的支持与配合作用。饭店人力资源开发的内容包括员工的招聘、培训和绩效考评。

视频:饭店人力资源的开发

一、饭店员工的招聘

饭店员工的招聘,就是按照已制定的人力资源计划,获得能够胜任饭店工作的员工的过程,也是对社会或饭店的可利用的人力资源进行的第一次开发过程,因此,是饭店人力资源管理的重要环节。

(一)饭店员工招聘的渠道

按照招聘员工的来源划分,饭店员工招聘渠道有外部招聘和内部招聘两类。外部招聘适合于饭店有大量职位空缺的时候,如新饭店开业或老饭店扩建;内部招聘适合于企业少量职位空缺的时候,如人员流动或岗位调动等。

1. 外部招聘渠道

饭店外部招聘的主要渠道有以下几种。

(1) 职业院校或普通高校的毕业生。学校的毕业生是饭店业招聘的主要对象。随着中国教育水平的提高和教育规模的扩大,尤其是旅游业的迅猛发展,国内许多所院校都开设了旅游管理和酒店管理专业,每年都有大批的毕业生走向社会。由于他们具有较好的饭店经营管理的业务知识,并通过专业实习具备了一定的饭店管理实践经验,因而是饭店业最佳的招聘对象。

(2) 社会人员。在社会人员中,一部分为专业人员,即有过饭店工作经历,由于种种原因离开了原来饭店的人员。这部分人既有丰富的工作经验,又有一定的专业技能,是饭店理想的招聘对象。另一部分为非专业人员,他们有志于饭店业工作,有较高的工作热情,但由于缺少饭店业的专业知识,因而对这部分人的招聘,饭店应该较为谨慎。

饭店的外部招聘,具有广开门路、公平竞争、为企业输入新鲜血液的益处。

2. 内部招聘渠道

饭店内部招聘的途径主要有以下几种。

(1) 饭店内部员工的提升。饭店内部员工的提升,不仅可以将有管理才能的员工放在合适的职位上,更重要的是对饭店的员工能产生激励作用。但是,如果内部提升工作没有做好,也会对饭店人力资源的开发工作起到消极作用。因此,饭店的人力资源管理者首先在主观上要克服情感化的影响,真正做到任人唯贤;其次要掌握好饭店内部提升的方法。

(2) 饭店内部员工职位的调动。饭店内部员工职位调动的原因主要是：

第一，饭店的组织机构调整。例如，饭店根据经营的需要，新设了品质开发部；或根据管理的需要，把前厅和客房部两个部门合并为房务部。在此情况下，部分员工可能被调动到新的部门工作。

第二，为了增强员工的适应能力（尤其是规模较小的饭店），使员工掌握两种以上的操作技能，也可能采用轮岗的方式来培训员工；或为了员工的职业生涯规划，也会采用轮岗的方式来培养员工。

第三，一部分员工由于工作兴趣的转移，对原工作职位失去工作兴趣。为了调动他们的工作积极性，在可能的情况下，可采用调职的方法，重新安排员工到他们感兴趣的工作岗位上去。

第四，可能有些员工经培训后投入工作，而经过一段时间发现他们掌握的技能与工作表现不相适宜，则应对这些员工进行工作调动。

第五，如果发现有些员工在原工作部门或班组产生较严重的人际关系问题，不利于他们工作积极性的发挥，也应对这些员工进行工作调动，为他们创造新的工作环境。

饭店的内部招聘，有利于员工忠诚度的培养。

(二) 饭店员工招聘的程序

为了保证招聘工作的顺利进行，体现招聘工作的公正、公平和公开性，在市场经济的条件下，饭店已形成一套较规范的招聘模式。

1. 外部招聘的程序

外部招聘一般可以分六步进行。

(1) 发布招聘信息。发布本饭店招聘信息时，既要考虑发布方式的有效性和针对性，即招聘信息能直接传递给潜在的应聘者，又要考虑节约成本。因此，饭店往往采取到专业院校发布招聘信息和举行招聘活动的方式。饭店根据所招聘的岗位特点，还可在人才市场、劳务市场发布信息，利用人才交流会直接与求职者见面。在信息时代，更多饭店选择在招聘网站、社交平台上发布招聘信息，可以快速、大量地传播招聘需求，吸引各地的应聘者。对技术性强、层次较高的工作岗位，通过同行介绍和推荐，也不失为人才招聘的一种有效方法。

(2) 简历筛选。饭店招聘主管人员要对应聘者递交的申请表及个人资料进行审阅和核实，以确保应聘人员基本情况的可信度。通过审核材料，初步淘汰一部分基本情况不合适的应聘人员，并在此基础上，确定下一步参加正式面谈和测试的人员名单。

(3) 测评和面试。面试能使饭店招聘主管人员有机会直接接触应聘者，直观地了解应聘者的外表、举止、表达能力，并能澄清已有资料中未能定论的疑点，对应聘者的综合素质进行评估，为录用决策提供依据。

在面试前，饭店要做好充分的准备，如选择好合适的场所；在仔细阅读应聘人员材料的基础上准备好面试的提纲；配备好合适的面试官，由专业部门的人员与人事主管人员组成面试小组等。

在面试中，面试官要营造良好的气氛，创造一个能使应聘者充分表现和发挥的环境。某些岗位还要增加相应的测验，如外语水平测试、心理测试、技能测试等，以深入地了解应聘者的实际能力和水平。

面试结束后,面试小组要及时整理和汇总记录,作出结论,报人事部门作出最终决定。

(4) 体格检查。对拟录用的人员要进行体格检查。根据饭店服务行业的特点,要防止患有传染性疾病的人员从事服务性工作。

(5) 办理录用手续。向合格的新录用人员发出书面的通知书,与新录用的人员签订劳动合同。劳动合同是饭店与员工之间为确立双方劳务关系而订立的具有法律效力的协议。

在招聘工作中,饭店的招聘者应树立正确的观念,应把招聘与录用的过程看成树立饭店形象的公关过程。因此,在招聘中,态度应和蔼、热情、耐心,给人以亲切、礼貌的感觉,营造一种宽松、和谐的氛围,使应聘者无论是否会被录用,都对饭店留下良好的印象。另外,在招聘中,招聘者应坦诚,不能忽视应聘者同样有选择雇主的权利,应如实地向应聘者介绍饭店的情况,特别是饭店的某些弱点与不足之处,以免使新招聘的员工在入职后,觉得实际状况与自己想象或招聘者扬长避短式的介绍相去甚远而在短期内离职,勉强留任者的情绪也因此受到影响。

2. 内部招聘的程序

内部招聘一般可以分三步进行。

(1) 确定提升候选人。这是完成内部招聘工作的基础。考察一个员工是否具有提升的资格,必须严格按照"才职相称"原则,从以下四个方面进行考核:第一,个人的才能。包括知识面、分析问题的能力和管理能力。第二,个人的品德。这是对管理者道德修养和品质方面的要求。第三,个人的工作表现。这方面的考核关键是看员工在工作中是否踏实肯干、尽职尽责且有业绩成果证明工作能力。第四,工作年限。提升候选人虽不应论资排辈,但工作年限一方面可以反映工作经验,另一方面影响管理效果。

(2) 测试提升候选人。对提名候选人进行测试是选拔员工过程中一个必要环节。因为提名候选人往往多于岗位的实际需求人数,在这种差额选拔中,必须通过竞争来淘汰。公平竞争的合理方法,就是进行能力测试,包括分析能力、决策能力、领导能力及人际关系灵敏度的测试。

(3) 确定提升人选。在测试考核的基础上,通过量化的分数值进行比较,可以最终确定提升人选。评分项目要科学、实用,真正反映各种能力。通常采用简单评分法和加权评分法。

① 简单评分法:即将各位候选人的考评项目分值相加,最高分者即为提升对象(见表8-4)。

表8-4 部门经理候选人评分表

候选人员	分项得分					总分
	分析问题能力	知识结构	组织能力	工作年限	风度气质	
A	4	5	2	2	3	16
B	3	3	5	5	1	17
C	3	4	1	5	5	18

通过总分比较，应该挑选 C 候选人担任部门经理。

② 加权评分法：不同的工作岗位，对各人的具体要求是各不相同的。例如，确定公共关系部的经理，风度气质和知识结构比较重要；挑选客房部或餐饮部的经理，则组织能力与问题分析能力就很重要。采用加权评分法可以较好地解决这个问题。所谓"加权"就是通过对各个评分项目的得分乘上一个权数（比例系数），以突出某些项目的重要性。

$$总分 = \Sigma（权数 \times 项目得分） \div \Sigma 权数$$

权数必须是等差级数，如表 8-5 所示。

表 8-5 餐饮部经理候选人加权评分表

候选人员	分项得分					总分(注：加权后计算的总分)
	组织能力	问题分析能力	知识结构	工作年限	风度气质	
A	2	4	5	2	3	3.2
B	5	3	3	5	1	3.8
C	1	3	4	5	5	2.9
权数	5	4	3	2	1	

表 8-5 是用来确定餐饮部经理的。因为按照餐饮部管理工作特点，必须有很强的组织能力和问题分析能力，所以赋予二者较大的权数。

通过总分比较，选 B 候选人担任餐饮部经理最为合适。

二、饭店员工的培训

开展员工培训工作是开发饭店人力资源和提高员工工作能力的重要手段。只有重视员工素质投资，加强员工培训，才能不断提高饭店的效率，从而为企业带来较高的经济效益。国内外著名饭店都十分重视员工的培训，将其视为智力资源开发和饭店重要的经营战略。同时，饭店员工培训工作也是吸引人才的一个重要方面。

（一）员工培训的类型

根据实施培训的不同时间阶段，饭店员工培训可分为职前培训、在职培训和职外培训三种类型。

1. 职前培训

职前培训也称就业培训，即饭店员工上岗前的训练。职前培训对饭店服务质量的提高和业务的发展起着至关重要的作用。职前培训目标是为饭店提供一支专业知识、业务技能与工作态度均符合企业要求的员工队伍。

职前培训因训练内容侧重不同，又可分为一般性职前培训与专业性职前培训。一般性职前培训指对新入职的员工就饭店行业知识、饭店工作的性质与特点、饭店工作人员素质要求与职业道德、饭店情况介绍等常识性内容进行传授，以增进新员工对饭店工作的了解与信心；专业性职前培训侧重对新员工分部门、分工种进行专业针对性训练，要求员工在上岗前切实了解所在部门业务的原则、规范、程序、技术与方法,以便培训后立即能适应并胜任所分配的工作。

2. 在职培训

在职培训是指饭店员工在工作场所、在完成工作任务过程中所接受的培训。员工的在职培训是职前培训的延续,是从培训的初级阶段迈向中级阶段的过程。对一个注重培训的饭店企业来讲,在职培训会始终贯穿每一个员工就业的全过程。

饭店业的在职培训旨在不断提高员工队伍的素质水平,它将直接影响饭店的经营水准与服务质量。在饭店日常经营中会产生各种矛盾或问题,在职培训就是解决各种经营问题的有效手段之一;饭店在发展过程中要不断采用各种新技术、新设备,要使员工能掌握这些新知识、新技能,也必须靠在职培训来实现;不同形式的在职培训也有助于改进饭店的服务方式,改进服务中的不足,改善饭店盈利状况。

在职培训是在饭店照常营业的情况下进行的长期活动,因而在职培训在计划制定、训练方式选择、培训实施上都有特殊的难度。

在职培训要重视对饭店关键工种与岗位的员工,按等级标准定期进行等级培训与考核,并使培训考核结果与员工工资及职务晋升挂钩。在职培训中,还要经常开展对职业道德的教育。

3. 职外培训

因饭店经营业务发展需要或员工因工种变更、职位提升等,需要接受某种专门训练,这种培训要求受训员工暂时脱离岗位参加学习或进修,因而称为职外培训。

(二)员工培训的内容

饭店员工培训的内容,从总体上可以分为三个方面:职业知识(Knowledge)、职业技术(Skill)、职业态度(Attitude),简称"KSA"培训。职业态度是每一位员工都必须拥有的,而职业知识与技术对不同的员工则有不同的要求。对员工和领班来说,关键是要掌握有关作业的知识与技术;对主管和部门经理来说,关键是要掌握有关本部门组织督导的知识与技术;对总经理和董事长来说,关键是要掌握经营管理的知识与技能。

处在饭店不同岗位层次的员工,所需掌握和使用的知识与技能的比率也是各不相同的。职业技能培训的主要对象是基层操作人员,职业知识培训的主要对象是管理人员(见图8-2)。

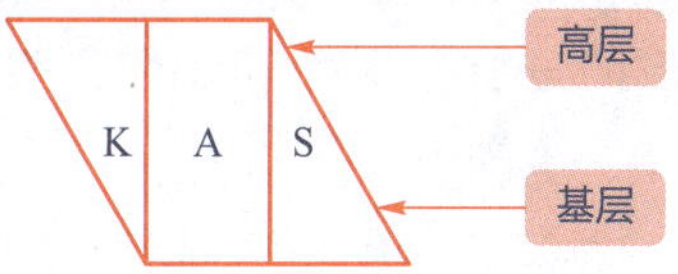

(三)培训的实施

图8-2 培训内容与培训对象

饭店员工的培训工作,可以按以下顺序进行。

1. 发现培训需求

发现培训需求既是饭店培训工作的开始,又是衡量培训工作效果的主要依据,即培训是否满足了需求。培训需求的产生主要有三个方面:一是由于饭店经营环境(包括内部环境和外部环境)的变化,员工缺乏应具备的知识和技能而产生培训的需求;二是由于饭店各部门工作上产生问题而产生培训的需求;三是由于饭店员工流动而产生培训的需求。

193

2. 制定培训计划

参照国内外著名饭店管理的经验,制定培训计划的方法是:

由饭店培训部门与有关业务部门沟通明确培训需求,并制定培训计划。培训计划应包含培训内容、培训方法、培训时间、培训师及受训人员、考核方式等。完成培训计划制定后可以按一定频率在饭店内部发布,如月度、季度、半年度、年度等。每次培训活动结束后要填写培训活动反馈。

3. 准备培训材料

培训材料应准备完全,印刷要求整齐、清晰。在材料的编排上,尽可能考虑到趣味性,深入浅出,易懂易记。应充分利用现代化的培训工具,采用视听材料,以增加感性认识,激发学员认真练习的动力。在准备培训内容时可采用工作分析表,它是详细、系统说明某一岗位的工作具体做什么、如何做、在做时要注意的问题以及所使用的工具与资料等的实用培训教材,我们可以运用工作分析表来对员工进行实战性培训。

4. 具体实施培训

饭店培训的方法一般可以简单地概括为"TSFC"四步培训法。第一步是传授(Tell you),就是告诉你如何去做;第二步是示范(Show you),就是演示给你看;第三步是练习(Follow me),就是让你跟着练;第四步是纠正(Check you),就是对你所做的进行检查与纠正。

知识、技术的熟练掌握与运用,是以记忆为基础的。据调查,人通过不同器官实现记忆的有效率如下:通过阅读可记住10%,通过听课可记住20%,又看又听可记住50%,自己复述一遍可记住80%,一面复述一面动手做可记住90%。因此,我们应该尽量采取视听、研讨和角色扮演这些身临其境的培训方法以增强培训效果。

5. 评估培训成效

评估培训成效包含两层意义:一是对培训工作本身的评价;二是对受训者通过培训后所表现的行为是否反映出培训效果的评价。评估培训成效,能使培训工作不断改善。

三、员工的绩效考评

绩效考评是对员工工作行为表现进行核实、评定的方法和过程,是现代饭店人力资源开发的一项重要工作。

(一) 绩效考评的内容

绩效考评的内容主要包括德、能、勤、绩四个方面。德是指思想品德;能是指胜任本职工作、完成特定任务表现出来的能力水平;勤主要包括纪律性、积极性、责任感、出勤率等;绩是指工作实绩,包括规定任务的完成情况、创造性和工作效率等。

绩效考评的内容或评价指标有时和岗位任职资格的评价中采用的指标相同,但后者是以岗位的职责(事)为评价依据,而绩效考评则是以人与事结合的结果(实际行为表现)作为评价依据。

(二) 绩效考评的方法

绩效考评的方法很多,主要可以从以下6个方面加以区别。

1. 根据考评的持续与否,可分为日常考评与定期考评

其中考勤经常采用日常考评的形式,而在考绩中定期考评形式的适用面更广。

2. 根据考评结果的表现形式,可分为定性与定量考评

定性考评的结果表现为对某人工作评价的文字描述,或人员之间评价高低的相对次序,以优、良、中、差等形式表示,例如简单分等法、短句分等法等。定量考评的结果则以分值或系数等数量形式表示。

3. 根据考评标准与工作结果的关系,可分为直接考评与间接考评

直接考评是直接根据工作结果进行考评,即考评标准就是工作结果必须达到的质量、数量规定(定额)。例如,计件考核,是以应该完成的符合质量要求的实物数量(定额)为考核标准。直接考评除了计件考核,还有目标考核等形式。无论何种形式的直接考评,都必须以相应的定额为基础,故适用于工作结果可见性强、事件感强的工作场合。直接考评通常都是定量考评。间接考评是间接根据工作结果进行考评,即考评标准不是工作结果的质量、数量规定,而是从与工作结果有关的其他方面进行考评。定性考评中有关方法均为间接考评。在定量考评中,间接考评也是一种运用很广的方法,特别适用于工作结果的可见性和事件感不强的工作场合。直接考评、间接考评和定量、定性考评间的关系如图8-3所示。

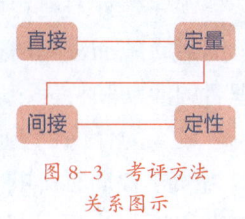

图8-3 考评方法关系图示

4. 根据评分的参照标准,可分为绝对评分考评和相对评分考评

在间接定量考评中,通常采用参照一定内容或对象进行评分的方式。绝对评分考评是对照预先规定的评分标准进行评分,而相对评分考评则是对照其他考评对象的实际情况进行评分。在绝对评分考评中,评分标准有完全统一的形式,如图式评定、尺度法等,都是采用完全相同的标准去考评每一对象,有点类似于岗位评价中的因素评分法。但为了适应实际需要,也有按对象分别建立评分标准的形式,主要用于考评对象的工作性质差别较大的场合。

5. 根据考评中的评分者,可分为机构考评、自我考评、主管考评与互相考评

机构考评是由专门的考评机构实施考评,在日常考评中这种机构往往是常设的专职机构,在定期考评中,则往往是由非专职人员组成的临时机构。机构考评可独立实施,也可与自评等其他形式结合进行。自评与互评通常需与其他考评形式结合进行。主管考评是由部门主管对所属人员进行评分,也可独立实施,在两级或多级考核中较为有效。

6. 根据考评层次,可分为一级考评和二级(多级)考评

一级考评直接考核到每一个员工,适用于考评对象较少或奖金进行一级分配等情况。二级考评先对部门考核,再按部门对个人进行考核,是多级考评中最常见的,主要适用于考评对象较多或奖金进行两级分配等情况。

第三节 饭店人力资源的管理

现代饭店人力资源管理的目标,是提升员工的满意度,培养员工对企业的忠诚度。通

视频:饭店人力资源的管理

过科学的、有效的人力资源管理,将人力资源的能量挖掘出来。在不同的饭店环境和人际关系中,员工潜力的发挥会产生相当大的差别。饭店管理者需通过科学的领导方法,使员工的积极性和创造性得到充分的发挥,形成对饭店的高度忠诚。

一、饭店领导艺术

饭店管理者的职责是在饭店经营活动中进行计划、组织、指导、控制和协调等方面的工作,以达到饭店既定的整体目标。在管理者完成这些工作的过程中,他们所表现出的领导艺术将影响饭店员工的行为。运用有效的领导行为和方式,是饭店人力资源管理的重要一环。

(一) 领导影响力的来源

领导是针对有组织集体的一种活动和行为,是为该组织集体确立目标、实现目标所进行的活动施加影响的过程,而致力于实现这个过程的人,就是领导者。由此可知,领导是管理者的活动和行为,其作用是影响员工个人或群体,使他们努力达到某个特定的目标。

员工为什么能够服从领导者的指示,听从领导者的命令呢?这是因为领导者拥有影响力,能够影响和改变他人的思想和行为。领导的有效程度取决于领导者所具有的影响力的大小。决定领导者影响力的因素很多,如领导者的权力、地位、知识、素质、能力等。从影响力的性质来区分,主要可分为强制性影响力和自然影响力(见图8-4)。

图8-4 领导影响力

1. 强制性影响力

强制性影响力是由社会、组织赋予个人的职务、地位和权力所构成的。当饭店某员工接受了饭店组织(或有关部门)所授予的职务和相应的权力后,便具有了这种影响力。强制性影响力的特点是对他人的影响带有强迫性和不可抗拒性。因为领导者可以利用他们所掌握的权力来奖励(包括金钱、实物、精神等各种形式)服从指挥的员工,惩罚不服从命令的员工,以达到影响员工的行为的目的。

2. 自然影响力

自然影响力是不可能由饭店组织和上级有关部门授予的,而是建立在领导者本身所具有的使人信服的素质和威信的基础之上。这种影响力的基础主要是领导者的德和才,领导者的思想觉悟、道德品质、行为作风、文化素养、专业知识和管理技能使他人心悦诚服,从而产生领导者的影响力。员工是出于对领导者的尊重、信任而愿意追随领导者的。

这两种影响力可以用一个词来概括,即领导者的"权威"。"权威"这个词表达了两层含义:权力与威信。权力意味着强制性影响力,而威信则需靠领导者自己去建立。一个领导者如果仅仅依靠权力来维护其领导地位,充其量只是一个高级监工而已。而真正的领导者对下属不是命令而是引导,不是强调权力而是倾注自己的热情,不是要求下属安分守己而是鼓励创新。

(二)有效的领导方式

领导有两种方式,就是工作与关系。工作是指达成目标的活动;关系是指处理领导者与被领导者之间的关系。

以工作为主的领导行为是建立在 X 理论基础之上的。X 理论假设一般人都不愿工作,尽可能地逃避工作,并认为绝大多数人怕承担责任,宁愿被领导。因此,为了达成目标,必须采用强制、监督和惩罚等手段。基于这样的假设,领导对员工没有信心。因此,所采用的领导方式是自己决定与工作有关的一切事宜,并发号施令,命令员工执行。如果工作达不到要求,员工将受到训斥或惩罚。这种强制性的领导行为的特点是"命令和统一""权威和服从"。

以关系为主的领导行为是建立在 Y 理论基础之上的。Y 理论认为一般人不是不愿意工作,只要赋予与工作有关的目标,人们在工作时是愿意自我控制和自我管理的,并且会有效地完成工作。根据 Y 理论,领导与员工的关系是坦诚、友好和相互信任的关系。因此,所采用的领导方式是经过与员工商议后,制定目标和发出命令。领导强调员工的价值和重要性,一切决定都反映了员工的建议和意见。这种民主的领导行为,体现了领导的权力基本来自下属员工,员工可以参与领导的决策。

两种截然不同的领导行为,分别体现了领导工作的两种方式。研究发现,在一种情境下具有相当效能的领导方式,在另一种情境下可能失去效能。因此,不存在一种普遍适用的领导方式,有效的领导方式是因情境而权变的。

那么,在饭店经营活动中,管理者采取哪种领导方式最适宜呢?根据领导生命周期理论,领导者在选择合适的领导方式之前,必须考虑被领导者的成熟度。所谓被领导者的成熟度,主要反映下属在执行某一特定任务时承担起自己行动责任的能力和意愿。它从低到高可以划分为四个程度,与此相对应,能够取得成功的、合适而有效的领导行为也就表现出不同的方式、风格(见图 8-5)。

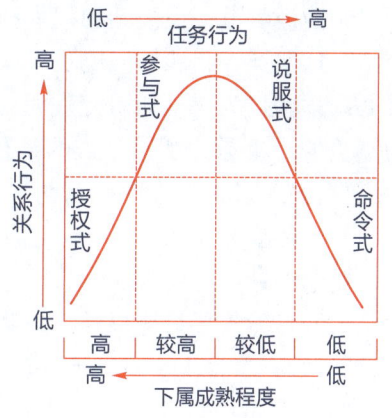

图 8-5 领导生命周期曲线图

1. 命令式

这是一种高任务与低关系组合的领导行为,适用于下属成熟程度很低的情形,即被领导者既无能力也无意愿承担责任。这时,领导者需要为被领导者确定工作任务,并以下命令的方式告诉他们做什么,怎么做,何时何地做。

2. 说服式

这是一种高任务与高关系组合的领导方式,适用于下属成熟程度中等偏低(较低)的情形。这时,由于被领导者虽有意愿承担责任但缺乏应有的能力,所以需要领导者对其工作任务做出决策,但在决策下达过程中宜采取说服的方式让被领导者了解所作出的决策,并在决策任务执行中给予大力的支持和帮助,使其高度热诚又充满信心地采取预期的行动。

3. 参与式

这是一种低任务与高关系组合的领导方式,适用于被领导者有能力但不愿意承担责任的中等偏高(较高)成熟程度的情形。这时需要让被领导者参与做出决策,领导者则从中给予支持和帮助。

4. 授权式

这是一种低任务与低关系组合的领导方式,只能适用于被领导者既有能力也有意愿承担责任的高度成熟的情形。领导者既不下达指令,也不给予支持,而是让被领导者自己决定和控制整个工作过程,领导者只起监督的作用。

总之,随着下属从不成熟逐渐向成熟过度,领导行为应当按命令式、说服式、参与式和授权式方向逐步推移和权变。因为这种趋势类似于产品生命周期曲线的变化,所以这种权变领导理论被称为领导生命周期理论。

二、饭店员工的激励

激励是指由于需要、愿望、兴趣、感情等内外刺激的作用,使企业员工始终处于一种持续的兴奋状态中,就是通常说的调动人的积极性。员工的潜能是否能得到充分发挥,不仅取决于人力资源使用配置的客观情况是否合理,更重要的还受员工积极性高低的影响。因此,通过科学的激励方法提高员工的主观积极性,从而充分发挥员工的潜在能力,也是饭店人力资源开发的重要途径。

调动饭店员工积极性的因素很多,归纳起来大体有两类:一类是物质因素,一类是精神因素。这两类因素能够激励员工的行为,是与人具有的自然属性和社会属性分不开的。现代心理学和行为科学的研究表明,人的劳动行为是有原因的,这种原因称为行为动机,而行为动机的产生是为了满足人的某种需要。人的需要包括自然需要和社会需要两方面。自然需要是指人的衣、食、住、行等方面的需要,是维持人的生命存在和生理健康的自然性要求。社会需要是指人对友谊、交流、受尊重、自我实现(事业心)等方面的需要,是保持人的心理健康的社会性要求。

人的自然需要只能靠外在的物质生活资料去满足,人的社会需要则要通过与他人的交往,通过社会或他人对自己的评价,从工作成就中去满足。因此,通过适当的物质激励和精神激励,可以激发员工的劳动动机,促使员工通过劳动来满足其各方面的需要。

(一) 物质激励的主要形式

目前,饭店企业中常用的物质激励形式主要是工资、奖金和福利等。

饭店企业工资的表现形式多种多样,其实质仍然是基于计时与计件的两种工资形式。

1. 计时工资

计时工资的优点,一是考核和计量简便,二是适用范围比较广泛。其具体形式包括小时工资制、日工资制和月工资制。计时工资的缺点是不能将员工的工作表现准确地与工资激励结合起来,因此,一些饭店在计时工资的基础上注入了新的形式,如结构工资、岗位工资、提成工资、全浮动工资等。其中结构工资一般由四部分组成,包括基础工资、工龄工资、职务或岗位工资和浮动工资。

2. 计件工资

计件工资是根据员工完成一定的工作量，以劳动定额为依据，按预先规定的计件单价来计算劳动报酬的工资形式，具有较大的激励作用。其具体形式有直接无限计件、超额计件、包工计件等。但无论何种形式，都要首先确定计件单价。

计件工资有以下优点：一是能够把员工的劳动报酬同他们的实际劳动贡献紧密联系起来，激励其工作积极性；二是有利于员工的全面发展；三是有利于促进企业劳动定额等基础管理工作。其局限性主要是只适用于能实行准确劳动定额的工作场合，如饭店客房打扫等。

工资是员工定额劳动的报酬，奖金是员工超额劳动的报酬。这两部分对于员工工作行为的激励作用都不可忽视。从能力的角度看，取得工资说明员工具备担任目前工作或者职务的能力，取得奖金意味着员工具有超过担任目前工作或者职务的能力。由于它们都影响员工对自己能力的评价，因此它们又在一定程度上可以满足员工的精神需要。一般情况下，奖金比工资更具有灵活性、适应性，便于及时直接激励员工的劳动积极性。

除了工资和奖金，福利也是饭店企业中一项较重要的物质激励内容。员工福利好，就会对饭店经营的发展起到重要的激励作用。

（二）精神激励的主要形式

饭店管理者在调动员工积极性过程中所采用的精神激励方式主要有以下几种。

1. 目标激励

心理学家的研究表明：激发人的动机要有一个激励的目标。饭店管理者要把饭店企业的目标与员工个人的目标结合起来，形成目标链，从而能对员工产生激励的作用。

实施目标激励，首先饭店企业的目标应是能鼓舞和振奋人心的。引导员工奋发向上，但又必须是切实可行的，而且要把饭店企业的总目标分解，明确为各部门、每个人的具体目标，从而形成一个目标链，使每个员工都清楚自己在目标链中所处的位置，意识到自己的责任，鼓励员工发挥各自的积极性去达到目标。

2. 情感激励

情感激励是针对人的行为最直接的激励方式。管理者要用自己真诚的感情去打动和征服员工的感情，真正地尊重、信任和关心员工，从感情上赢得员工的信赖。管理者与被管理者之间在感情上的融洽能产生难以估量的激发力量，使员工保持高昂的工作积极性。

管理者对员工进行情感激励要注意两点。首先，应真诚对待每一个被管理者，切忌因人而亲疏；管理者不仅要在工作上关心和鼓励员工，而且要关心员工的生活和事业发展，从而普遍地在员工心中营造一种和谐的心理气氛。其次，管理者对属下员工的关心和帮助可表现为朋友之间的友好感情。

3. 参与激励

参与激励就是创造和提供各种机会和途径，使员工主动关心饭店的发展，参与饭店各个层次上的经营管理活动，激发员工当家作主的热情。

在饭店层面上，应通过职工大会的形式，实行民主管理，广泛地听取、收集员工对饭店经营管理和企业发展上的建议和方案；饭店各部门和班组的管理者在日常管理中，遇事多和员工商量,多采纳员工的意见和建议。这样,既增强了上下级之间的沟通,又调动了员工参与的积极性,承认了员工的价值,可进一步激发员工的工作热情。

4. 榜样激励

榜样的力量是巨大的。在饭店中树立起实在的、生动的、让人信服的个人或集体榜样,给人以鼓舞和鞭策,激发起他人学习和追赶的愿望。

榜样激励也是一种竞争激励。对作为榜样者本身来说,得到了他人的承认,荣誉感、成就感等自尊的需要得到了满足。为了维护这个荣誉,他必须做出更大的努力。对于其他员工,尤其是对荣誉追求有较强欲望的年轻员工来说,在不甘落后于他人的心理支配下,必然想赶超榜样,从而努力工作。这就是榜样产生的激励作用。

饭店管理者必须了解各种不同的激励方式的内涵,在管理过程中针对不同的对象灵活掌握和运用,有效地激发起每个员工的工作热情,从而达到调动员工工作积极性的目的。

三、员工职业生涯规划与管理

做好员工职业生涯的规划,是调动员工的积极性、激发员工的创造性、提升员工忠诚度的极其重要的工作。

(一) 员工职业生涯阶段的划分

研究表明,一个人的一生将经历若干职业生涯阶段。管理者要有针对性地开展人力资源管理工作,就必须了解员工的职业发展阶段,并制定合理的人力资源规划和政策。一般而言,一个人的职业生涯可划分为如下几个典型阶段。

1. 探索阶段

此阶段发生在一个人开始进入职业生涯的早期。在这一阶段,个人开始探索各种可能的职业选择。他们最初可能做出一些带有试验性质的较宽泛的职业选择,然后根据对自己兴趣和能力的认识情况不断予以修正和重新界定。探索阶段的最重要任务,就是个人对自己的能力和天资形成一种现实性的评价。企业管理者在这一阶段的工作,主要是通过提供有关工作和企业的正面及负面的信息,帮助个人形成对职业工作的一种正确预期。

2. 确立阶段

此阶段发生在一个人的青年至中年时期。通常个人会在这一期间找到适合自己的职业并全身心地投入有助于自己在此职业中取得长久发展的各种活动中去。这一阶段可以分为尝试、稳定和职业中期危机等几个分阶段。尝试阶段,个人确定当前所选择的职业是否适合自己,如果不合适,则会准备换工作。稳定阶段,个人已经给自己确立了较坚定的职业目标,并制定较明确的职业计划来确定自己晋升的潜力、工作调换的必要性和所需的教育培训等。

3. 维持阶段

这是职业生涯的后期阶段。个人已经趋向于安心于现有的工作,并普遍开始享受自己的工作成就。这一时期的人们会将主要精力放在保有现时的位置,而不再表现出先前的闯劲。故管理者工作的重点宜集中于充分调动和利用这类人员的已有资源。

4. 衰退阶段

这是临近退休的人们通常不得不面临的艰难时期。对处于这一时期的员工,管理者需要帮助他们学会接受权力交接和责任减少的现实,学会使自己成为年轻人的良师益友。

(二) 员工职业生涯规划的编制

饭店可以采取以下方式帮助员工编制职业生涯规划。

1. 工作研讨会

饭店可以给所有员工提供系列的工作研讨会,以帮助员工加深对自己的了解,并了解企业需要的技能。研讨会的目的在于帮助员工在企业内获得职业发展。每个人首先进行自我评估以明确自己的价值观、技能、职业动机和兴趣,其次进行环境评估,之后确定特定的职业目标,最后制定与企业需要相吻合的员工职业生涯规划。

2. 一对一辅导

这种辅导主要是帮助员工进行自我分析和做决策,一般由人力资源开发部门主管负责。在辅导中,员工与主管人员就职业生涯规划展开讨论,力求达成共识。讨论结束后,主管人员要提出一整套的行动计划方案。

3. 自我评估和发展手册

手册旨在帮助员工更好地了解自己、评估自己,并作出切合实际的职业生涯规划。内容包括用于自我评估的测验和问题,描述个人目标及考虑因素、个人优点、发展空间、可能出现的障碍、个人职业发展计划,以及将自我评估转换成行动方案的方法。

4. 工作机会的信息传递

通过职位空缺公告、网络平台等形式,提供专门信息让员工了解目前企业内的职位空缺情况及争取该职位的申请手续。

(三) 员工职业生涯管理的步骤

企业对员工的职业生涯管理,是指企业通过考察分析员工个人的特点,了解员工成长和发展的方向及兴趣,分析个人职业生涯的企业因素和社会因素,制定协调个人职业发展目标与企业发展目标、促进企业和个人共同发展的战略设想与计划安排。职业生涯管理是一个相当复杂的过程,主要包括以下几个步骤。

1. 员工自我评估

员工自我评估,是指员工为了确定恰当合理的职业生涯发展路线和职业生涯目标,对自己的兴趣、能力、气质、性格及职业发展方面的要求和目标等进行分析和评估。

员工自我评估需要依靠个人所具备的能力和从企业所能够获得的支持。员工自我评估是否准确、合理,受员工个人的知识水平、道德观念及所了解信息的制约,因此企业应当为员工提供必要的帮助。例如,企业可以为员工提供关于如何进行自我评估的材料,还可以为员工制定一些针对员工具体情况的评价方法,以协助员工做好自我评估工作。

2. 企业对员工的评估

在员工职业生涯管理的过程中,企业需要对员工的能力和潜力作出客观、公正的评价。企业评价是企业职业生涯管理的关键步骤。企业评价员工有多种方法可以选择。评价中心是一种很好的评价方法,它是由受过训练的观察者以被评价者在专门选定的练习中的绩效为基础,对被评价者的各种性格特征进行的一种评估。

评价中心的一个关键因素是:确定成功员工的性格特征,即确定完成某特定岗位要求所需要的一种性格特征。当该性格特征被确定以后,评价人就可以依据这些性格特征,在被评价人参与评价中心设计的某一活动时,评估他们的表现。最经常采用的方法是绩效评价方法,还可以运用心理、体能测验等对员工职业素质进行评价。总之,企业要采用多种方法,尽可能获得员工的多种信息,通过比较、鉴别、核对和分析客观准确地评价员工。

一般而言,企业对员工个人的评价应由人力资源部门的人员与员工的直接管理者共同实施,员工的直接管理者担任辅助者。

3. 职业信息的传递

企业要及时为员工提供有关企业发展变化和员工个人方面的信息,包括职位升迁机会与条件限制、工作绩效评估结果、工作轮换及培训机会等,以增进员工对企业的了解,帮助员工建立自己的职业发展道路。

对企业所有空缺职位"公开、公正、公平"的做法,能够确保企业内部候选人的职业发展计划与企业内部的各种晋升机会相匹配。企业在传递职业信息时,必须注意公开、公正、公平地将有关员工职业发展的方向、职业发展途径,以及有关职位在技能、知识等方面的要求及时地利用企业内部报刊、局域网、公告等形式传递给广大员工,促进员工之间的公平竞争。

4. 职业发展通道引导

职业发展通道引导,是指在企业内从一种职位发展到另一种职位的具体途径,即员工要获得另一种职位所具备的能力而必须进行的一系列开发活动,包括工作体验、正式与非正式教育和培训等。职业发展通道引导的基本步骤如下。

(1) 确定或再次确认目标职位所必需的能力及最终行为。这项工作要随着时间的变化而变化。

(2) 经常检查核实员工兴趣、技能、经验和职业目标等背景资料的准确性与完整性。

(3) 和员工一起分析考察员工个人及其目标职位,确定员工个人与其目标职位是否匹配。

(4) 将员工的职业期望、发展需要及目标职业要求与企业的职业管理协调起来。

(5) 明确员工为获得目标职位需要进行哪些工作、教育及培训。

(6) 制定包含行动时间表的职业道路行动规划。

5. 职业咨询

职业咨询,是指企业进行职业生涯管理的各项工作中,由管理者、人力资源管理人员提供的一系列指导、建议和帮助活动。

职业咨询的主要形式有:为员工提供必要的信息,帮助员工进行实事求是的客观分析,指导其依据自己的实际情况、工作分析资料和企业需要,确定职业目标;直接管理者与员工进行讨论沟通,充分交换意见,就职业计划和有关职业发展的活动达成共识;请人力资源管理专家、职业顾问和心理学家就员工的职业选择和职业发展问题,给予有效的指导、咨询与帮助；举办专题讨论会，向员工公布企业职业规划方案及其实施办法，介绍可能的职务机会与发展途径。

职业咨询人员需要学习掌握一些人际关系方面的知识，积累一些咨询的经验和技巧。例如，要保守员工的秘密；要从员工的角度看问题，尽力与员工进行心灵沟通；学会做一名真诚的倾听者；帮助员工扩展思维，考虑多种选择；等等。

（四）员工职业生涯管理的意义

员工个人的职业生涯是与企业的发展紧密相连的。一个优秀员工的职业生涯规划如不能在本企业内实现，那么他迟早会选择离开。重视员工职业生涯规划，对饭店人力资源的管理具有积极的作用。

1. 有利于工作满意度提高

做好员工职业生涯规划，不仅影响员工个人的精神状态，还会影响其生产率水平。实践表明，员工的精神状态与生产率具有正相关关系。一个快乐的员工，会倾向于表现出更高的生产率。

2. 有利于工作投入度提高

工作投入度是指员工认可自己的工作、主动参与工作的程度，并认为工作好坏对实现个人价值至关重要。工作投入度对生产率的影响要比工作满意度更为直接，且强度更大。

3. 有利于增强对企业的忠诚度

企业忠诚度是指员工对企业的忠诚、认可、关注及参与的程度。做好员工职业生涯规划，会使员工主动、长期、全力为企业奉献自己的智慧和能力。

本 章 小 结

- 人力资源管理是现代饭店管理的核心，是现代饭店经营成功的重要保证。与传统人事管理不同，饭店人力资源管理力图将企业的目标与员工个人的目标结合起来，注重员工能动性和他们内在潜能的开发。提升员工的满意度，培育员工的忠诚度，是现代饭店人力资源管理的核心。

- 通过制定人力资源规划，可以将饭店企业的目标和任务计划转换为需要哪些人员来实现这些目标和完成这些任务的人员配备计划。确定劳动定额和人员编制，是人力资源规划的一项基础性工作。

- 饭店人力资源开发的内容包括员工的招聘、培训和绩效的考评。通过人力资源的开发，可为饭店配备在数量、质量和结构等各方面与饭店需要吻合的员工。

- 通过正确的领导方式和有效的员工激励，以及员工职业生涯的规划和管理，有助于企业塑造一支能长期保持高绩效并具有高度忠诚感的员工队伍，它也是现代饭店人力资源管理的目标。

赛证直通

一、在线练习

扫描二维码,进行在线练习。

在线练习8

二、问题思考

1. 饭店人力资源规划包括哪些主要内容?
2. 核定员工劳动定额和人员编制有哪几种方法?
3. 饭店员工激励有哪两个方面,每一种激励的主要形式有哪几种?
4. 领导行为模式有哪几种?什么是有效的领导方式?

三、拓展训练

三至四人为一小组,通过互联网查找资料或实地考察饭店,编制一份饭店员工的培训计划和考核方案,在课堂上进行交流分享。

第九章 饭店绩效评价体系与分析

学习目标

知识目标

1. 理解饭店绩效评价系统的要素、设计要求和方法。
2. 理解饭店绩效评价的指标含义和指标体系。
3. 掌握评价饭店获利能力的主要指标体系。

能力目标

1. 能解读饭店绩效评价四大指标。
2. 能运用饭店绩效评价指标进行实证分析。
3. 能结合案例进行主要指标的计算和分析。

素养目标

1. 培养财务素养和数字思维。
2. 培养职业道德,提升诚信意识。
3. 培养经营管理意识。

第一节　饭店绩效评价系统的建立

视频：饭店绩效评价系统的建立

绩效评价（Performance Appraisal）是指根据确定的目的来测定对象系统的属性，并将这种属性变为客观定量的计值或者主观效用的行为。绩效评价是现代饭店经营管理的一项重要内容。

开展饭店绩效评价，首先要确立绩效评价系统，确定绩效评价指标体系的要素，选择合适的绩效评价方法。

一、饭店绩效评价系统的要素

绩效评价系统作为饭店管理控制系统中一个相对独立的子系统，由以下几个基本要素构成。

（一）评价目标

饭店绩效评价系统的目标是整个系统运行的指南和目的，它服从和服务于饭店目标。绩效评价系统要处理好评价系统目标和饭店目标之间的依存关系。饭店目标的实现需要各方面的努力：建立合适的组织结构，建立管理控制系统，制定预算，设计绩效评价系统和激励系统等。

（二）评价对象

绩效评价系统有两个评价对象：一是饭店，二是饭店管理者，两者既有联系又有区别。评价对象的确定非常重要，评价的结果对绩效评价对象必然会产生影响。对饭店的评价关系到饭店的扩张、维持、重组、收缩、转向或退出；对管理者的评价关系到奖惩、职业发展等问题。

（三）评价指标

关键成功因素（Key Success Factors，KSFs）具体表现在评价指标上。关键成功因素有财务方面的，如投资报酬率、销售利润率、每股税后利润等，也有非财务方面的，如售后服务水平、产品质量、创新速度和能力等。因此，作为用来衡量绩效的指标也分为财务指标和非财务指标。如何将关键成功因素准确地体现在各具体指标上，是绩效评价系统设计的重要问题。

（四）评价标准

绩效评价标准是指判断评价对象业绩优劣的基准，选择什么标准取决于评价的目的。在饭店绩效评价系统中，常用的三类标准，分别为年度预算标准、资本预算标准及竞争对手标准。为了全面发挥绩效评价系统的功能，同一个系统中应同时使用这三类不同的标准。在具体选用标准时，应与评价对象密切联系。一般来讲，评价对象为管理者时，采用年度预算标准较为恰当；评价对象为饭店时，最好采用资本预算标准和竞争对手标准。

（五）分析报告

绩效评价分析报告是通过定量与定性的绩效指标结果呈现，发现问题并说明事实，最后给出结论与优化建议。绩效评价人员以绩效评价对象为单位,通过财力、人力、运营等数字化系统,获取与评价对象有关的信息,经过数据统计后得出绩效评价对象的评价指标数值或状况,将评价指数的数值状况与预先确定的评价标准进行对比,通过差异分析,找出差异的原因,得出评价对象业绩优劣的结论,分析差异可能造成的影响,给出优化改进的建议,最终形成绩效评价分析报告。

上述五个要素共同组成一个完整的绩效评价系统,它们之间相互联系、相互影响。目标是绩效评价系统的中枢,没有明确的目标,整个绩效评价系统将处于混乱状态。不同的目标决定了不同的对象、指标和标准的选择,其报告的形式也不同。

在饭店管理体系中,绩效评价系统有两个基本层次:一是饭店投资人对饭店及其管理者的评价,二是饭店内部管理者对下属部门和人员的评价。

二、饭店绩效评价系统的设计要求

《国际会计》中指出:"一个设计得很好的绩效评价系统可以使高层管理者判断现有经营活动的获利性,发现尚未控制的领域,有效地配置企业有限的资源,评价管理业绩。"绩效评价系统应使管理者能够:评价单位管理者的业绩、追踪并监督饭店目标(包括战略目标)的实现进程、帮助实现有效的资源配置。

绩效评价系统的设计,必须满足以下要求。

(一) 准确、及时和客观

准确地了解到计量什么及如何计量,可以帮助饭店确认实际绩效是否符合预期绩效。

信息只有及时获得才是有用的。迟到的信息可能导致不适当的反应或根本没有反应。因此,何时计量及以多快的速度反馈计量结果就成为一个有效的绩效评价系统的关键。

信息必须尽量客观,而不是限于个人片面的意见。感性的偏见很可能影响即使看起来是客观的绩效计量。

(二) 可接受与可理解

如果一个控制系统不能为组织成员所接受,那么他们会无视它的存在,或是不情愿地遵守它。这样就无法提供有效的信息。

信息只有当它是可理解的和能被用户恰当地解释时才是有用的。难以理解的信息会导致错误的行动,确保所提供信息的清晰,是设计有效绩效评价系统的一个重要方面。

(三) 适配饭店特性,提供决策依据

有效的绩效评价系统,应根据饭店特性与发展需求来设计,没有一个绩效评价系统适用于所有饭店。一个良好的绩效评价系统可以为饭店提供管理决策的有效信息,创造更大的价值。

(四) 目标一致性

有效的绩效评价系统,其评价指标应是战略目标实施计划的分解,评价指标完成也就能保证战略目标计划的完成。

(五) 可控性和激励性

对管理者的评价只有将评价范围限制在他所能控制的范围内,他才能接受,才会感到

公平。即使某指标与战略目标非常相关,只要管理者无法对他实施控制,他也无法对该指标的完成情况负责,用它来评价管理者的业绩会引起抵触。非可控指标应尽量避免出现。此外,指标应具有一定的挑战性,以激发评价对象的工作潜能。

(六) 良好的应变性

饭店管理者应对饭店战略变化及内外部变化非常敏感,并且能较快作出反应,对系统进行相应调整,以适应变化的要求。

三、饭店绩效评价的方法

饭店绩效评价一般采用综合评价(Comprehensive Evaluation,CE)的方法。综合评价指对以多属性体系结构描述的对象系统作出全局性、整体性的评价,即将多个评价指标通过一定的权重计算,综合得出一个得分,用于评价被评价对象的综合水平。综合评价的三个关键点分别是:指标选择、权重分配和得分计算。

目前国内外常用的综合评价法可分为经济分析法、专家评价法和多目标决策法等。

(一) 经济分析法

这是一种以事先议定好的某个综合经济指标来评价不同对象的方法,常用的有:直接给出综合经济指标的计算公式或模型的方法、费用-效益分析(Cost-Benefit Analysis)法等。该方法含义明确,便于不同对象的对比;不足之处是计算公式或模型不易建立,而且对于涉及较多因素的评价对象来说,往往很难给出一个统一的量化公式。

(二) 专家评价法

这是一种以专家的主观判断为基础,通常以"分数""指数""序数""评语"等作为评价的标准,对评价对象做出总体评价的方法。常用的方法有评分法、分等法、加权评分法及优序法等。该方法简单方便,易于使用,但主观性强。

(三) 多目标决策法

多目标决策(Multiple Objective Decision Making,MODM)法本身有很多种,一是化多为少法,即通过多种汇总的方法将多目标化成一个综合目标来评价,最常用的有加权和方法、加权平方和方法、乘除法及目标规划法;二是分层序列法,即将所有目标按重要性依次排列,重要的先考虑;三是直接求所有非劣解的方法;四是重排次序法;五是对话法。该方法较严谨,要求评价对象的描述清楚,评价者能明确表达自己的偏好,这对某些涉及模糊因素、评价者难以确切表达自己偏好和判断的评价问题求解带来了一定的困难。

第二节 饭店绩效评价的指标体系

视频:饭店绩效评价的指标体系

评价饭店的经营绩效,首先要明确经营绩效的内涵。所谓经营绩效,也可称经营成果,指经济实体在一定时期内利用其有限资源从事经营活动所取得的成果,一般表现为效果和效率两个方面。饭店经营绩效的表现形式是多方面的,如总产值、净产值、销售收入、净收益、产量、投资报酬率、销售利润率等,各种表现形式在不同条件下有不同的作用。出资人投资饭店的目的就在于取得令人满意的利润,一般而言,可从财务指标与非财务指标两方面来评价。

BSC 即平衡计分卡(Balanced Score Card),是常见的绩效评价方式之一,平衡计分卡是从财务、顾客、内部业务流程和学习成长四个维度全面评价企业的绩效。饭店业也可运用平衡计分卡来构建绩效评价的指标体系(见图 9-1)。

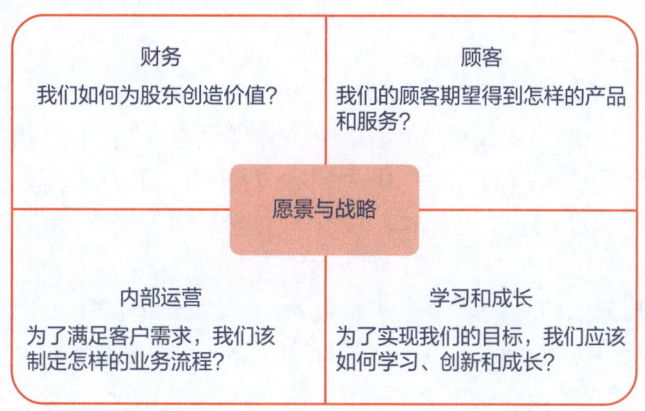

图 9-1　BSC 评价模型的四个基本问题

一、财务评价指标体系

(一)净收益和每股收益额

净收益就是企业的净利润。在其他条件不变的情况下,提升净收益是饭店的根本目的。从表面上看,它受收入和成本的影响。实际上,它还反映饭店产品产量及质量、品种结构、市场营销等方面的工作质量,因而在一定程度上反映了饭店的经营管理水平。无论是用货币数额还是关联股份数额表示的会计净收益均被广泛用于企业绩效的计量。

(二)投资报酬率

投资报酬率是收益与投入资本之比,反映投资的有效性,是一个效率指标。投资报酬率(ROI)把一个饭店赚得的收益和所使用的资产联系起来,评价饭店资产使用的效率水平,并且把经营成本考虑在内。因此,ROI 是监控资产管理和经营策略有效性的工具。

当用 ROI 评价绩效时,所用的净资产是饭店产生现金流量和收益的历史成本。ROI 等于某一个时期实现的收益或现金流量与所使用净资产的比值。饭店投资基础可以是全部资产、使用的净资产(负债、递延项目及权益)或权益。

(三)剩余收益

剩余收益是指净收益与投资成本的差异。计算公式为:

$$剩余收益 = 净收益 - 投资额(投资成本)$$

剩余收益是净收益之外的另一个可选用的指标,它确认资本成本,用货币数量代替投资收益率。从观念上看,投资报酬率最大化告诉饭店最大限度地提高投资报酬率,而剩余收益最大化告诉饭店最大限度地提高收益额,使之超过最低报酬额。

用剩余收益来评价饭店经营绩效的基本要求是：只要投资的收益大于投资成本，该项投资便是可行的。因而，它避免了投资报酬率的缺陷，使饭店能够选择既有利于其自身又有利于总公司的投资机会。

前三个评价指标的会计基础均是权责发生制，在商业信用极为频繁的情形下，会计的收益与企业的实际现金收入相差极大。为此，也可采用营业现金流量来评价饭店的经营绩效。

（四）营业现金流量

营业现金流量是指饭店正常经营活动所发生的现金流入与现金流出之间的净额，它可以用来评价饭店绩效，也可以用来评价饭店支付债务利息、支付股息的能力及偿付债务的能力，还可用于现金管理业绩的计量。由于同净收益相比较，现金流量受会计估算和分摊的影响较小，因此它有助于理解一个饭店的经营、投资以及财务活动的动态。

（五）市场价值

理论上，饭店的价值即为饭店潜在未来收益的综合计量结果，是由市场所决定的理论假设，在一个有序、有效的股票市场中，所有者预期未来现金流量的变化是受饭店股票市场价格变化影响的。所有者预期的未来利润包括股息和存货增值，如果预期未来利润是建立在饭店真实价值或现金生产能力的基础上，那么市场价格的变化也许是饭店绩效的一个恰当的指示器。

市场价值比率主要有市盈率、净资产倍率等。

（六）经济增加值

在经济术语中，企业绩效的主要计量方法是经济增加值。经济增加值是指从一个时期到另一时期对所有者产生的预期未来现金流量的现值减去企业所有者的净投资后的差额。

贴现是预计未来现金流量所得到的现值，常被用于评价饭店经营活动，评价购置资产备选方案，制定资本投资决策。计量饭店绩效的目的即衡量经济增加值，经济增加值是指在绩效计量期内，由于提升管理人员工作效率而使饭店增加的价值。

二、客户评价指标体系

绩效评价体系中的客户评价指标，使客户结果评价标准同其目标客户和目标市场相关联。关于客户方面的一般评价指标有以下几项。

（一）市场份额

在确定目标客户和目标市场之后，就可评价市场份额。饭店协会、贸易协会和政府的统计数字及其他公众组织，通常可对市场的总体规模进行估计。

（二）获得客户

饭店若想扩大自己的市场份额，就应制定计划来扩大客户来源。获得客户的工作既可通过新客户的数量来评价，也可通过统计向这些新客户销售的产品总额来评价。

（三）客户满意程度

评价客户的满意程度可以对饭店绩效提供反馈。无论多么重视客户的满意程度都不过分。研究表明，只有在客户购买产品时完全满意的情况下，才会促进产生复购的行为。

(四)留住客户

若想通过特定的客户群体保持或增加市场份额,需要保住现有的客户。除了留住客户,许多饭店依据现有客户的交易量来评价这些客户的忠诚性。

(五)获利率

饭店不仅要评估客户的交易量,在特定的客户群体中也要评估这种交易是否产生利润,且能否长期获利,如尽管目前来自新客户的利润较低,但这些客户仍然很重要,因为有增长潜力。

通过对市场份额和客户是否产生利润的评价,经营者可以得到有关其市场战略效果的反馈信息。

三、内部运营评价指标

在饭店内部运营过程中,有三个主题推动着内部绩效改进,即收入增长、降本增效、资产利用与投资战略。收入增长是指增加产品和服务的提供,获得新的市场和客户,调整产品和服务的构成以实现增值,以及重新确定产品和服务的价格;降本增效,是指努力降低产品和服务的直接成本和间接成本,以及与其他经营单位分享共同的资源;从资产利用的角度来说,管理者要降低支撑业务的特定数量和运营资本水平。管理者还通过在新的业务中利用目前未加利用的生产能力、提高资源的利用效率和清除其市场价值盈利不足的资产,竭力提高对其固定资产基础的利用。

(一)收入增长

对处于成长阶段和扩张阶段的经营单位来说,最常用的收入增长评价方法是销售额增长率和市场份额。

1. 新产品

处于成长阶段的饭店通常注重扩大现有的产品种类或者提供全新的产品和服务。关于这一目标,常用的评价方法是一个具体期间,比如2~3年推出的新产品和服务占所创造收入的百分比。

2. 新的客户和市场

如对增长收入的来源进行调查,包括以下评价指标:新客户、市场份额和地区创收率。一家饭店在目标市场上所占的份额,是一项常用的计量方法。这项方法还使饭店能够估计,它的市场份额的增大是来源于自身竞争力的提升,还是来源于市场总规模的扩大。销售额增大,但在市场上所占份额遭受损失,这可能表明饭店的战略或者其产品和服务的吸引力存在问题。

3. 新产品和服务的构成

饭店可以选择通过改变其产品和服务的构成来增加收入。

4. 新的定价战略

利润增长计划,特别是那些成熟的或者处在收获期的饭店企业的利润增长计划,可能是通过提高产品和服务的价格来实现的。一些饭店已经发现,可以提高一些特殊的产品或是根据客户特殊要求定做的产品的价格;或取消价格优惠,以便在现有产生利润较低的产品和客户身上收回成本。产品的利润率,或者是低利润产品和客户的百分比,可提供反映过去实行的定价战略成功与否。对于同类产品和服务项目来说,一个简单的定价公式,如每间客房的收入等,都可反映出饭店的定价战略。

(二)降本增效

除了建立有关收入的增加与构成等目标,饭店还可能要改善自己在成本费用和生产率方面的业绩。

1. 提高生产率

处于成长阶段的经营单位,其生产率目标应当注重增加收入,比如员工人均收入等,以促进向附加值较高的产品和服务转移,提高饭店的实物和人力资源的能力。

2. 降低单位成本

对处于维持阶段的饭店来说,实现有竞争力的成本水平、提高经营利润、监测间接和辅助性开支水平,将有助于提高获利能力和投资回报率。对产出比较单一的饭店来说,重点是达成降低成本的目标。

3. 降低营业成本

许多饭店积极致力于降低销售成本、一般性成本和管理成本。这可通过这些成本的绝对数量或其在总成本或利润总额中所占的百分比来评价。削减成本的计划应与饭店绩效评价体系的其他手段综合使用,如客户的反馈、产品质量和员工的工作表现等,这样,削减成本才不会影响重要的客户计划和内部经营目标的成功实施。饭店应对间接成本和后勤成本所产生的价值进行评估,而不应局限于削减这些成本和减少后勤支持,更应着眼于提高这些开支和后勤支持的效率,如发展更多的客户、增加销售额、增加交易额、提供更多的新产品、改进服务技术等,同时提高后勤支持部门的工作效率,增加这些部门的投入和产出比例。通过以经营活动为基础的成本分析可以看出间接成本、后勤支持和管理成本同这些成本产生的经营活动和成果之间的联系。

(三)资产利用和投资战略

饭店可利用资本回报率、投资回报率和经济附加值等目标提供对内部运营绩效的总体评价。

四、学习及成长评价指标体系

现代企业绩效评价制度需全面考虑影响企业长期发展的因素,因此强调对未来进行投资的重要性。不同饭店的学习及成长评价指标体系会根据饭店的战略或发展状态有所不同。一般来说,评价指标会分为员工个人能力和企业组织能力两个维度。它们相互影响和联系,员工个人能力决定了企业组织能力,企业组织能力也会影响员工个人能力的发展。

(一)员工能力

饭店要想超越现有的财务和客户业绩,提高员工能力相当重要。

1. 对员工的满意程度进行评价

员工感到满意是提高劳动生产率、反应速度和服务质量的一个必要前提。对本职工作最满意的员工同时能使饭店的客户最满意。所以,饭店要想使客户感到高度满意,就应该使员工对本职工作感到满意。每年对员工的满意程度进行一次调查,或每月对员工的满意程度进行一次抽查。员工感到满意的因素一般有以下几项。

(1) 参与决策。
(2) 认为本职工作不错。
(3) 在做好本职工作时得到肯定。
(4) 主观能动性得到鼓励。
(5) 后勤部门提供积极支持。
(6) 对企业整体上感到满意。

员工可以根据上述标准给本人对饭店的满意程度打分,非常满意可打最高分,不满意给最低分。这样,可列出员工满意程度的综合指数。

2. 对员工保留率的评价

员工保留是指企业保留那些对企业有长期利益的员工。饭店对员工进行长期投资,这些员工不辞而别将给饭店造成知识资本的损失。长期聘用的、忠实的员工代表着企业的价值观念。

3. 对员工劳动生产率的评价

评价员工的劳动生产率是对员工进行的总体培训的效果进行评价,这种总体培训包括加强员工技能、改善工作态度、改进经营程序并使顾客感到满意,培训目的是使员工的劳动生产率同投入的员工数量成正比。

评价员工劳动生产率最简单的标准是每位员工给饭店带来的收入。因为饭店和员工都注重向客户提供高附加值产品和服务,每位员工给饭店带来的收入应有所增加。

(二) 信息沟通能力

要想使员工在今天的竞争环境中有效地发挥作用,就必须使他们获得足够的信息,即有关顾客、过程程序及财务决策的后果等方面的信息。

第一线的员工需要及时、准确、全面地了解每一位顾客同饭店的关系。这些信息可能包括成本分析和每个顾客可能给饭店带来的利润。第一线的员工必须得到的信息还包括在多大程度上满足现有顾客的现有需求,并且满足顾客潜在需求。第一线的员工需要及时、准确地得到所生产的产品和所提供的服务的信息反馈,只有得到这些信息反馈,员工们才能有效改进计划,系统地解决问题,并且在服务过程中减少不必要的人力、物力和时间成本。

良好的信息系统可以帮助员工不断地改进生产和服务过程。一些企业已制定了信息覆盖比率,用于评价现有的信息系统满足员工需要的能力。对信息系统的灵敏程度进行评估的标准可能包括反应时间、周期、成本反馈,以及直接面对顾客的员工接触信息系统的途径等。

(三) 积极性和创造能力

如果不激发员工的积极性,使他们以最好的状态为饭店服务,或不给他们决策和采取行动的自由,那么技术熟练的员工获取完美的信息途径也不能保证饭店获得成功。所以,饭店内部的学习成长过程的第三个要素是营造饭店内部环境,激发员工的积极性和创造力。

1. 测定被采纳建议的数量并对改进结果进行评价

可通过多种手段评价饭店是否已激发员工的积极性并向员工授予一定的权力。一种广泛采取的简单方式是,测定每个员工提出建议的数量。这一手段可评价出员工对改善饭店绩效的参与程度。饭店还可采取其他措施对这一手段进行补充,包括测定被采纳或执行的建议的数量,这一附加手段可评价员工提出建议的质量高低,同时可向其他员工表明:员工的建议受到饭店重视和认真考虑。对建议进行反馈并采纳做法会促使员工提出更多的建议。

2. 员工之间及部门之间协作的评价

员工之间与部门之间能否实现协作,取决于个人、各部门和企业的目标是否有联系。在部门的较低层单位实行绩效评价制度有两个目的:① 使个人及部门的目标、报酬和认知程度同实现企业目标息息相关;② 对工作表现进行集体评估。

3. 对团队的表现进行评价

饭店逐渐依赖于团队合作来执行关键的经营流程——产品开发、对客服务及推广营销等。这些饭店需要一些目标和评估手段来鼓励团队建设,并评估团队所取得的业绩。

第三节 饭店绩效评价指标的分析

视频:饭店绩效评价指标的分析

饭店绩效评价指标的分析有两大用途:一是确定饭店的偿债能力;二是评价饭店的经营业绩。通过饭店绩效评价指标的分析,将反映过去的经营成果和财务状况的饭店财务数据,转变成预计饭店未来的有效信息,从而体现传统饭店会计报表数据信息的真正价值。

一、饭店偿债能力分析

偿债能力是指饭店偿还各种到期债务的能力。偿债能力分析包括短期偿债能力分析和长期偿债能力分析两个方面。

(一)短期偿债能力分析

短期偿债能力是指饭店以流动资产偿还流动负债的能力。通过分析流动资产与流动负债的关系,即饭店资产的流动状况,可判断饭店短期偿债能力。这类比率主要包括流动比率、速动比率、现金比率三个比率。

1. 流动比率

流动比率是指流动资产总额与流动负债总额之比。表示每元流动负债可由多少流动资产来偿还。其计算公式是:

$$流动比率 = \frac{流动资产}{流动负债}$$

公式中的流动资产指货币资金、应收账款净额、应收票据、存货、预付货款、短期投资及其他应收款和待摊费用。流动负债指短期借款、应付账款、应付票据、应收货款、应付工资福利费、应付利润、应交税金等各种未交款、其他应付款、预提费用及一年内到期的长期负债等。

流动率反映了饭店的短期偿债能力。比值越高,偿债能力越大,反之则越小。一般而言,流动比率能达到 2∶1 的水平,就表明该饭店的财务状况是稳妥可靠的。因为此时饭店的运营资金(流动资产减流动负债后的余额)是流动负债的 1 倍,一方面使债务偿还有保证;另一方面不至于使大量资金滞留在流动资产上。从另一个角度看,在扣除了约占流动资产的一半、变现能力最差的存货金额之后,剩下的一半流动性较大的流动资产至少要等于流动负债,饭店的短期偿债能力才会有保证。

流动比率并非越大越好,因为流动比率大,可能是存货积压或滞销的结果,也可能是拥有过多的货币资金,未能很好地在经营中加以运用的缘故。所以,在评价流动比率时应注意:对债权人来说,流动比率越大越好,但对饭店来说应该有个上限。

2. 速动比率

标志饭店偿债能力、反映流动资产的流动性指标,除上述流动比率外,还有速动比率。速动比率是指饭店的速动资产对流动负债的比率。速动资产是那些可按其本身市值即时转换为现金、偿付流动负债的那些流动资产,它是流动资产中最具流动性的一部分。速动资产主要包括货币资金、应收账款、应收票据(扣除坏账准备)和可替代现金的短期投资,以及其他应收款。速动资产不包括存货,这是因为:存货变现速度慢,要通过市场销售才变为现金,并且其转换为现金的时间和数额都不好确定;部分存货可能已损失报废或抵押出去而未做处理;由于计价方法的影响,存货的估价存在成本与市价的差距。

速动比率比流动比率更足以表明饭店的短期偿债能力。流动比率只能表明饭店的流动资产总额与流动负债总额之间的关系,如果流动比率较高,而流动资产总额的流动性都很低时,其偿还能力仍然是不高的。因此,在不希望饭店用变现存货的办法来还债,而又想了解饭店当前的变现能力时,可计算速动比率,因为它抛开了变现力较差的存货。

速动比率计算公式为:

$$速动比率 = \frac{速动资产}{流动负债}$$

分子中的速动资产计算方法有两种:一是用减法,即流动资产减存货,或流动资产减存货、待摊费用和预付费用;二是用加法,从流动资产中去掉其他一些可能与当期现金流量无关的项目,即用现金、可上市短期有价证券、应收账款净额三项作为速动资产与流动负债相比。第二种方法称为保守速动比率或超速动比率。这是因为预付款只能减少未来的现金支出,不能转换为现金,不属速动资产;待摊费用因缺乏市场价值而无变现价值可言,也不属速动资产。

假定饭店面临财务危机或办理清算时,在存货、待摊费用、预付费用等无法立即变现的情况下,速动比率反映饭店以速动资产支付流动负债的能力,即饭店应对财务危机的能力。速动比率越大,其偿还能力就越高,一般认为速动比率以 1∶1 为宜。当然,这个比率也不是绝对不变的,应视每个饭店速动资产构成等因素而定。如果速动资产过多,可能使饭店丧失良好的投资获利机会。

3. 现金比率

现金比率只把现金和可上市短期有价证券之和与流动负债进行对比。即：

$$现金比率 = \frac{现金 + 短期有价证券}{流动负债}$$

这是衡量饭店短期偿债能力的一个最保守的指标,反映饭店的即刻变现能力。它表明饭店在财务状况最坏情况下随时可以还债的短期偿债能力。

在饭店把应收账款和存货都抵押出去没有或者已有证据可以肯定应收账款和存货的变现能力存在严重问题的情况下,可用现金比率分析饭店的短期偿债能力。

过高的现金比率,说明饭店的闲置资金或尚未充分利用的现金资源的投入经营赚取更多利润;过低的现金比率则可能反映饭店当前付款的困难。

(二) 长期偿债能力分析

对饭店长期偿债能力的分析主要是为了确定该饭店偿还债务本金与支付债务利息的能力。这种分析可从资产负债表反映的资本结构的合理性和损益表反映的偿还借款本息的能力两方面进行。前者用负债经营比率表示,后者用利息保障倍数反映。这两个指标也称资本结构比率或杠杆比率。其用途一是提供偿债能力指标,二是提供所有者所负风险程度的指数。通过这些指标可以分析权益与资产的关系、权益之间的关系和权益与收益之间的关系,从而最终评定饭店资本结构的合理性,评价饭店的长期偿债能力。

杠杆比率衡量了企业债权人提供的贷款和所有者提供的资金的比值。其含义在于：第一,债权人所提供贷款的安全程度,将由所有者提供的资金来保证。如果所有者提供的资金在资本总额中只占很小的比例,企业的风险将主要由债权人承担。第二,通过举债筹资,所有者可以得到用有限的投资而保持企业控制权的利益。第三,如果企业所获得的利润多于所支付的借款利息,所有者的利润就随之而扩大。

1. 资产负债率

它是饭店负债总额与资产总额(权益总额)之比。反映在总资产中有多大的比例是通过举债而筹资的,也表明债权人债权的保障程度。其计算公式是：

$$资产负债率 = \frac{负债总额}{资产总额}$$

饭店的负债控制在什么水平比较有利,主要取决于饭店的投资收益率与借款利息率的比较。当投资收益率高于借款利息率时,负债率越高,饭店的资金成本越低,利润越多,对饭店越有利,股东所得利润也相应增加；反之,当投资收益率低于借款利息率时,负债率越高,利润越少,对饭店越不利,股东所得利润也相应减少,如果饭店的经营收益少于应付的利息,则饭店将发生亏损,甚至因此面临破产的危险。

从股东的立场看,企业的借入资金与股本在经营中发挥的作用是相同的。股东所关心的是借入资本的计价,当饭店所得的资本利润率超过借款利息率时,归股东所得的利润将随之扩大。这样,股东的好处一方面是获得较高的投资收益,另一方面是参与甚至控制饭店的管理。

当经济衰退时,负债比率低的饭店风险较小,但其预期的利润也较少;当经济繁荣时,负债比率高的饭店风险较大,但有赚取较多利润的机会。负债比率反映了一个企业理财决策的效果和举债经营的能力。

从债权人的立场看,债权人权益比率(负债比率)反映了债权人提供的资本占全部资本的比率,这个比例的大小反映了债权人所提供贷款的安全程度,如果这个比率很大,则说明饭店的风险将主要由债权人负担,这当然不是债权人所希望的。

从经营者的角度看,这个比率反映了饭店的魄力和能力。举债经营手法,是所冒风险和所获利润的较量,实质上是权益上的衡量。

如果饭店发生清算的话,与债权人相比,所有者则更可能由于要扩大利润或筹措新的资金而放弃某种程度的饭店控制权,去寻求更高的杠杆。如果负债比率过高,可能产生鼓励所有者对饭店经营不负责任的风险,因为他们对饭店只承担其股本额为限的经济责任。他们可能铤而走险从事投机活动,成功了,他们会获得巨额利润;失败了,他们的损失却很少,因为他们的投资很少。

下面是负债比率反映资本结构的衍生指标。

(1) 产权比率。也称股东权益比率或净资产比率。这个比率是指股东投入的资金与资产总额的比率。它反映了属于股东投入资本在全部资本中所占的比重,即股东权益在权益中的比重。

它是一个与债权人权益比率(负债比率)相配合的比率,两者相加之和应为100%。计算公式是:

$$产权比率 = \frac{股东权益}{资产总额}$$

(2) 负债权益比率。它是指负债总额与股东权益的比率,表示债权人提供的资金与股东提供资金的相对关系,它表明饭店财务结构的强弱以及债权人的资本受到股东权益的保障程度。其计算公式是:

$$负债权益比率 = \frac{负债总额}{股东权益}$$

(3) 负债与有形净值比率。有形净值指股东权益减去无形资产,即账面上股东具有所有权的有形资产的价值。负债与有形净值比率是更保守和谨慎地衡量长期偿债能力的指标,也反映在饭店清算时保护债权人利益的程度,且比值越低越好。

由于无形资产不一定能用来还债,出于谨慎,在净资产(股东权益)中将其扣除之后再行计算。公式如下:

$$负债与有形净值比率 = \frac{负债总额}{股东权益 - 无形资产}$$

2. 利息保障倍数

反映长期偿债能力的另一个指标就是利息保障倍数,即债务中获得的收益是所需支付的债务利息的多少倍。只要利息保障倍数足够大,饭店无力偿债的可能性就很小,如果饭店在支付利息方面不存在困难,通常也将有能力再借款用于归还到期的债务本金。

举债的目的是获得必要的经营资本,但前提是所付利息必须少于借款所赚取的利润,即举债经营。利率越高,借入资本的盈利少于利息的风险就越大,衡量这种风险的程度可用利息保障倍数指标。其计算公式是:

$$利息保障倍数 = \frac{息前税前利润}{利息费用}$$

公式中息前税前利润=税后净利润+利息费用+所得税,或=利润总额+利息费用。之所以用息前税前利润,是因为所得税和利息费用也是以借款赚取的,且本身不影响利息的支付。利息资本化导致把那些本该按费用支付出去的利息加到了固定资产价值上去。这部分利息也应该包括在上述公式中的利息费用中。

由于饭店支付的利息计入当前费用后直接影响当前的利润,所以,在其他因素不变的前提下,利息负担越重,利润越低;反之,就越高。因此,这个比率高,表示负债尚未形成企业负担,债务的安全性就大,饭店的偿债能力也强;反之,这个比率接近1,表示该饭店的利息负担过重,债务的安全性差。

从长远看,一个饭店的利息保障倍数至少要大于1,否则,就不能举债经营。但短期内,可能在指标低于1的情况下,仍有能力支付利息,这是因为有些减少利润的费用项目不需要当前支付现金,如折旧、摊销等。债权人和所有者都希望这个比率越高越好。

二、饭店营运能力分析

反映饭店资产周转营运能力的比率指标,主要包括应收账款周转率、存货周转率、营业周期、客房收益、营运资金周转率、总资产周转率六个方面。

(一)应收账款周转率

应收账款周转率是指销售收入与应收账款的平均余额之比。表现为以下三个指标:

$$应收账款周转次数 = \frac{商品销售收入}{应收账款平均额}$$

$$收回应收账款的平均天数 = \frac{365}{应收账款周转次数}$$

$$应收账款周转天数 = \frac{应收账款平均余额}{商品销售收入} \times 365$$

在上述应收账款周转率的三个指标中,应收账款周转次数是计算期内应收账款转为现金的平均次数。应收账款周转天数则是饭店从取得应收账款的权利到收回款项转化为现金所需要的时间,即应收账款周转一次所需天数。周转次数越多,周转天数越少(平均收款期越短),则应收账款周转率越高,说明应收账款的收回越快,可以减少坏账损失,增强资产的流动性和短期偿债能力,避免了营运资金过多地长时间地滞留在应收账款上,一定程度上可以弥补流动比率低的不利影响。收回应收账款的平均天数则是天数越少越好。但是,如果应收账款周转率过高,则可能是付款条件过于苛刻所致,这可能影响饭店销量的扩大而制约饭店的盈利水平;如果饭店的应收账款周转率过低,说明饭店的收账效率太低,信用政策太松而影响资金周转和资金利用。

计算这些指标时,应收账款应是扣除坏账损失后的净额,且包括应收票据。其平均数的计算是:(期初余额+期末余额)/2。

(二) 存货周转率

存货周转率是指销售成本与存货平均之比,说明饭店的存货量是否适当及销售能力的强弱。表现为以下两个指标:

$$存货周转次数 = \frac{商品销售成本}{存货平均余额}$$

$$存货周转天数 = \frac{存货平均余额}{商品销售成本} \times 365$$

$$或 = \frac{365}{存货周转次数}$$

存货周转次数表示计算期内存货转化为现金或应收账款的次数;存货周转天数表示存货转化为现金或应收账款一次所需的天数,即存货额相当于多少天的销售额(成本)。存货周转次数越多,周转天数越短,则存货周转率越高,说明存货的流动性好,即占用数量少,周转速度快;在利润率不变的条件下,则利润就多,或利润额不变,其存货资金占用量就少。因此,存货周转率是衡量饭店销售能力大小和存货过量或短缺的指标,它与饭店的获利能力有着直接的联系。

当然,也不能绝对地认为存货周转率越高,效率就越高。库存少,周转率肯定高,但订货次数多使订货成本增加且不能享受数量折扣,还有不能按时交货的风险。因此,必须寻求最佳存货批量。存货周转率过低,则说明存货积压或销售不畅或是囤积所致。另外,饭店经营方针的调整、存货计价方法的变更等都会影响存货周转率。

(三) 营业周期

营业周期是指从取得存货开始到销售存货并收回现金为止的这段时间。其计算公式是:

$$营业周期 = 应收账款周转天数 + 存货周转天数$$

营业周期指的是需要多长时间才能把期末存货全部变为现金。营业周期的长短说明资金周转的快慢。

(四) 客房收益(RevPAR)

客房收益是饭店每间可供出租房每天产生的平均实际营业收入。用以衡量饭店住宿设施的利用情况,说明饭店的营运能力。其计算公式为:

$$客房收益 = 实际客房营业额 / 可售客房数$$

$$= 实际平均房价 \times 客房出租率$$

(五) 营运资金周转率

营运资金周转率是指产品销售收入和平均营运资金之比。其计算公式是：

$$营运资金周转率 = \frac{产品销售收入}{营运资金平均余额}$$

营运资金周转率这个比率表明饭店所拥有的平均每百元营运资金能实现多少商品销售收入。

(六) 总资产周转率

总资产周转率也称总资产利用率，是饭店销售收入净额与平均资产总额的比率。其计算公式是：

$$总资产周转率 = \frac{销售收入}{平均资产总额}$$

公式中的平均资产总额 =（期初资产总额 + 期末资产总额）/2。该比率反映饭店全部资产的使用效率，衡量饭店运用全部资产创造销售收入的能力，它的高低会影响饭店的获利能力，应采取措施提高销售收入和降低资产占用。

三、饭店获利能力分析

饭店资本增值获利能力是指饭店以成本赚取利润、以资本获得增值的能力。它是饭店生存和发展的根本。

资本增值获利能力是上述资金周转营运能力的结果，是资金流动偿债能力的基础，具有综合性和核心性。

饭店资本增值获利能力比率的指标较多，主要有销售利润率、客房收益率、资产收益率、资本增值率和市场价值率五个方面。

(一) 销售利润率

销售利润率是利润与销售收入净额之比。主要有毛利率和净利率两个指标。

1. 毛利率

毛利率表示每一元销售收入有多少可以用于各项期间费用和形成税前利润。

$$毛利率 = \frac{毛利润}{销售收入}$$

毛利润仅指销售收入扣除销售成本（包括流转税）后的余额。毛利率的作用在于：揭示饭店销售产品的主营业务的获利能力；反映占饭店费用支出最主要部分的销售成本对饭店当前利润的直接影响；可以看出售价、流转税对饭店获利能力的影响；估计饭店承担销售费用、管理费用、财务费用等期间费用的能力。

2. 净利率

净利率反映每一元销售收入带来多少税后净利润。

$$净利率 = \frac{净利润}{销售收入}$$

净利润指的是所得税后净利润。净利率受行业特点影响较大,竞争方式、经济条件、筹资方法、资本结构及营业特点等因素,都会使不同饭店的利润水平不一致。

(二) 客房收益率

客房收益率是反映饭店客房经营成果的指标,是饭店实际实现的销售收入与潜在的销售收入的比值。计算公式如下:

$$客房收益率 = \frac{实际客房销售额}{潜在客房销售额} \times 100\%$$

$$= \frac{实际客房数}{客房总数} \times \frac{日平均实际房价}{日平均潜在房价}$$

$$= 出租率 \times 房价实现率$$

其中:

$$实际客房销售额 = 实际售出客房数 \times 日平均实际房价$$

$$潜在客房销售额 = 实有客房数量 \times 日平均潜在房价$$

$$日平均实际房价 = \frac{客房总销售额}{客房总销售数}$$

$$房价实现率 = \frac{日平均实际房价}{日平均潜在房价} \times 100\%$$

客房收益率指标兼顾了客房出租率与房价两大要素,为了解饭店的客房获利能力提供了一种全面、客观的评估分析手段。

(三) 资产收益率

资产收益率包括总资产收益率和净资产收益率。

1. 总资产收益率

总资产收益率是指饭店税后净利润加利息支出与资产总额平均数的比率关系。总资产收益率用于衡量饭店运用全部资产(投资总额)产生利润的能力,反映饭店全部资产的使用的综合效果和全面经营效率。计算公式如下:

$$总资产收益率 = \frac{税后利润 + 利息支出}{平均资产总额}$$

$$平均资产总额 = (期初资产总额 + 期末资产总额)/2$$

总资产收益率一方面反映了所有者和债权人提供资本的获利能力,即投入产出能力;另一方面反映了饭店管理资产、利用资源的效率。这个指标的高低与饭店的资产存量、资产结构、资产增量密切相关,综合体现了饭店的经营管理水平。

2. 净资产收益率

净资产收益率是指净利润与所有者权益之比,是所有者投资的投资利润率。其计算公式是:

$$净资产收益率 = \frac{净利润}{平均所有者权益}$$

公式中的平均所有者权益，是指资产总额减负债总额后的净资产的期初、期末平均数。净资产收益率反映所有者投资的收益水平，也称所有者权益报酬率。

（四）资本增值率

资本增值率是在不考虑货币时间价值和物价变动因素影响的情况下，期末所有者权益与期初所有者权益的比率。即：

$$资本增值率 = \frac{期末所有者权益}{期初所有者权益}$$

资本增值率这一指标反映饭店的资本保全和资本增值，等于1为保全，大于1为增值。

（五）市场价值率

市场价值率是反映上市公司财务状况、股票价格和盈利能力的重要指标。上市公司是指股票经过批准已公开挂牌上市交易的股份有限公司。市场价值率主要包括每股收益率、市盈率、净资产倍率和股利支付率。

1. 每股收益率

$$每股收益率 = \frac{净利润 - 优先股股利}{普通股流通股数}$$

2. 市盈率

$$市盈率 = \frac{每股市价}{每股净利润}$$

该指标表示投资者对每赚一元税后利润所愿支付的股票价格。该指标的倒数是以股票市价计算的股东投资报酬率。市盈率越高，表示股东所要求的投资报酬率越低。股东如愿意接受目前较低的投资报酬率，可能是公司预期股票会增值或税后利润会增加，而愿冒此投资风险。

一般认为市盈率以 10%~20% 为正常。比率小说明股价低，风险小；比率大说明股价高，风险大。发展前景较好的饭店通常都有较高的市盈率；前景不佳的饭店这个比率也就较低。

3. 净资产倍率

净资产倍率指普通股每股市场价格与每股账面价值的比率。公式是：

$$净资产倍率 = \frac{每股市场价格}{每股账面价值}$$

每股账面价值 =（所有者权益总额 - 优先股权益）/ 发行在外的普通股股数

净资产倍率反映普通股股票本身价值的大小，净资产倍率越大，股票的价值越高。因此，该比率反映了饭店发展的潜在能力。

4. 股利支付率

股利支付率是每股股利与每股收益的比率，也可以表示为分配的现金股利总额与税后净利润总额的比率,即当前净利润中有多大部分用于支付股利,其中,每股股利 = 分配的现金股利总额 / 流通在外股数。计算公式是：

$$股利支付率 = \frac{每股股利}{每股收益} \times 100\%$$

$$或 = \frac{现金股利总额}{税后净利润总额} \times 100\%$$

股利支付率表示属于普通股股东的收益中,已经以现金支付部分所占的比例,其高低只取决于饭店的股利政策,即在实现的净利润中,留归饭店发展和向股东发放股利的分配关系。这种政策往往影响股市价格。股东有时以每股股利除以每股市价来衡量其投资报酬的大小,以取得股利收入为主要目标的长线投资股东,尤其重视这一现金报酬率或股息率。

四、财务比率综合分析

综合分析是将具有内在联系的各种财务比率进行系统的加工整理,形成对饭店财务状况和经营业绩的总体评价。饭店财务综合分析一般采用杜邦财务分析体系。

杜邦分析法是通过几种主要财务比率的关系系统和等式来综合分析企业财务状况的方法。因美国杜邦公司最先采用这种分析技术,故称杜邦分析法或杜邦系统。杜邦分析法的核心内容是把资金周转快慢和销售利润实现幅度联系起来,并显示这些比率相互影响的情况,以确定资产的盈利情况及其原因。这些内容可通过杜邦恒等式和杜邦系统图表示(见图 9-2)。

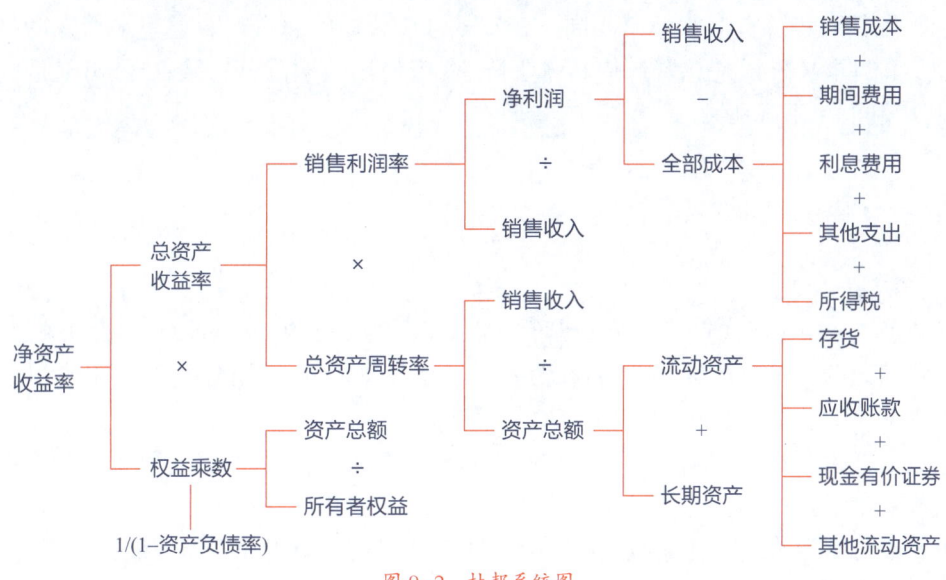

图 9-2 杜邦系统图

（一）杜邦恒等式

净资产收益率 = 总资产收益率 × 权益乘数

总资产收益率 = 销售利润率 × 总资产周转率

净资产收益率 = 销售利润率 × 总资产周转率 × 权益乘数

权益乘数 = 资产总额 / 所有者权益 = 1/(1－资产负债率)

（二）杜邦系统图

杜邦分析法通过列示几个主要比率的相互关系，把资产收益率这一综合指标进行逐步分解，用以解释指标变动的原因。用一个综合指标更能说明问题，如表9-1所示。

表9-1　财务比率综合分析

总资产收益率	销售净利润率	总资产周转率
A 公司		
第一年　10%	5%	2.0 次
第二年　10%	4%	2.5 次
B 公司		
第一年　10%	4%	2.5 次
第二年　8%	4%	2.0 次
C 公司		
第一年　10%	4%	2.5 次
第二年　8%	3.2%	2.5 次

A公司资产使用效率提高，总资产周转率加速0.5次，被成本上升销售净利润率下降1%抵消，使其两年总资产收益率相同。B公司与C公司的总资产收益率水平变动趋势相同，但原因不同：B公司是总资产周转率下降、资产使用效率降低所致；C公司则是成本上升、销售净利润率下降所致。

本 章 小 结

- 效益是根本，现代饭店开展经营管理活动的主要目的，就是取得良好的经营绩效。饭店经营绩效的分析与评价，为饭店经营者了解经营现状，分析经营中产生问题的原因，以及改进经营绩效的决策活动，提供了有益的帮助。
- 绩效评价是指根据确定的目的来测定对象系统的属性，并将这种属性变为客观定量的计值或者主观效用的行为。饭店绩效评价可从财务指标与非财务指标两方面进行，采用国际流行的综合平衡计分卡方法，从财务、客户、内部业务流程和学习与成长四个方面，构建饭店绩效评价的指标体系。
- 饭店绩效评价指标的分析，主要针对偿债能力、营运能力、获利能力和财务比率综合分析四个方面。通过上述分析，确定饭店企业的偿债能力和经营业绩，将反映过去的经营成果和财务状况的企业财务报表数据信息，转变成预计企业未来的有用信息。

赛证直通

一、在线练习

扫描二维码,进行在线练习。

在线练习9

二、问题思考

1. 饭店绩效评价系统由哪些要素构成？
2. 饭店偿债能力分析的指标有哪些？
3. 饭店的营运能力可从哪些方面了解？
4. 有哪些反映饭店获利能力的指标？
5. 什么叫杜邦分析法？

三、拓展训练

三至四人为一小组,通过网络查找资料或实地考察饭店,进行中国星级饭店出租率和平价房价格变化分析的研究,将调研结果在课堂上进行小组演示讲解。

第十章 饭店管理的数字化运营

学习目标

知识目标

1. 了解饭店管理的数字化发展历程。
2. 了解数字化技术应用在饭店管理领域的具体表现。
3. 了解数字化技术应用在饭店管理领域的发展趋势。

能力目标

1. 能结合案例分析数字化技术和顾客体验感之间的关联。
2. 形成对饭店数字化前台、数字化运营中台和数字化管理后台的整体认知。
3. 能结合数字化技术对酒店管理运营提出优化意见。

素养目标

1. 增强数字化意识。
2. 培养创新思维和创新意识。
3. 激发对饭店行业的热情和好奇心。

第一节 饭店管理的数字化运营概述

视频:饭店管理的数字化运营概述

随着信息技术的迅猛发展,饭店管理迎来了数字化运营的新时代。数字化运营不仅改变了饭店传统的管理模式,更借助了现代信息技术手段,实现高效、精准的管理,从而优化顾客体验,提高运营效率。

数字化运营的核心在于运用大数据分析、云计算、人工智能、物联网等核心技术,深入挖掘顾客需求,优化资源配置,提升服务质量。通过大数据分析,饭店可以精准掌握顾客喜好和行为模式,制定个性化的服务策略;云计算助力饭店实现数据共享和协同工作,提高运营效率;而人工智能的应用,则使饭店服务更加智能化、便捷化;物联网技术使得饭店设备实现智能化管理。

数字化运营的优势在于高效性、精准性和个性化。通过实时监控和数据分析,饭店能够迅速发现问题、优化流程;同时,数字化运营也使饭店更能把握客户需求,提供个性化的服务,增强顾客黏性。饭店业需紧跟时代步伐,积极拥抱新技术,不断创新服务模式,以应对市场的挑战和满足顾客的多样化需求。通过数字化运营,饭店将实现更高效的管理、更优质的服务和更广阔的发展前景。

一、饭店管理的数字化发展历程

我国饭店行业的数字化发展历程,经历了从信息化到网络化发展,再到移动化与智能化探索,直至如今数字化转型的深化阶段。每一个阶段都标志着行业在技术进步和业务创新上的重要突破。随着科技的飞速发展,饭店行业正深化数字化转型,通过数据驱动决策、智能化服务等手段,不断提高资源利用率及运营效率,为顾客提供个性化的服务体验,为行业带来了前所未有的发展机遇。

第一阶段:信息化起步阶段(20世纪90年代至21世纪初)

在这一阶段,互联网技术开始向饭店行业渗透,引入了计算机和简单的电子管理系统,如电子预订系统、电子收银系统、电子门卡等,实现部分业务流程的自动化处理。这些技术的应用初步提升了饭店的工作效率,并为其后续的数字化发展奠定了基础。

第二阶段:网络化发展阶段(2000年中至2010年初)

随着互联网技术的普及,饭店行业开始进入网络化发展阶段。饭店通过建立官方网站、在线预订平台等,实现了与顾客的在线互动和服务。同时,饭店也开始利用网络技术进行内部管理和协作,进一步提高了工作效率和协同能力。

第三阶段:移动化与智能化探索阶段(2010年中至2020年初)

随着移动互联网、大数据、人工智能等技术的快速发展,通信技术的日趋完善,平板电脑、智能手机等移动设备的普及,饭店行业开始进入移动化与智能化探索阶段。饭店通过开发移动应用、引入智能客房控制系统、智能机器人等,实现了对客服务的个性化和智能化。同时,饭店也开始利用大数据技术进行市场分析和预测,为决策提供有力支持。

第四阶段:数字化转型深化阶段(2020年初至今)

当前,饭店行业的数字化转型进一步深化。饭店不仅关注技术和服务的智能化,还开始注重数据的收集、分析和应用,以数据驱动业务决策和精细化运营。同时,饭店也开始与其他行业进行跨界合作,探索新的商业模式和服务方式。

这一阶段的数字化发展,更加注重顾客体验和个性化服务,同时关注饭店运营管理的智能化和高效化。饭店开始采用物联网技术,实现对设备的实时监控和维护,确保其稳定运行。此外,通过数据分析,饭店能够更好地理解消费者需求和行为,优化产品,提供个性化、人性化、数字化的宾客服务,提高顾客满意度和忠诚度。

如今,数字化转型已经成为饭店行业的核心竞争力之一,通过数据驱动决策、智能化服务等方式,饭店行业迎来了前所未有的发展机遇。展望未来,随着技术的不断进步和应用场景的不断拓展,饭店行业的数字化发展将继续深化,为饭店带来更加高效、智能的运营模式和更优质的顾客体验。

二、饭店管理的数字化技术应用

饭店管理正处于数字化转型升级的新时代,数字化技术正以其新理念、新业态和新模式,全方位地融入饭店管理的各个层面,使饭店业具有前所未有的发展潜力。在数字化运营的过程中,饭店业主要借助了大数据分析、云计算、人工智能、物联网等数字化技术。

(一)大数据的发展与应用

如今,大数据技术已在多个领域广泛应用,成为推动经济社会高质量发展的新动力。大数据是一种规模大到在获取、存储、管理、分析等方面大大超出了传统数据库软件工具能力范围的数据集合,具有海量的数据规模、快速的数据流转、多样的数据类型和价值密度低四大特征。

大数据不仅能提供海量的信息,还能对这些信息进行深入的专业化处理。借助大数据,企业能够精准洞察客户需求和行为特征,摒弃过去过度依赖主观判断的市场分析方法。更重要的是,大数据还能助力企业提升创新能力。比如,通过分析运营数据,企业能够发现运营中的不足,进而调整运营策略,提高运营效率。对于饭店业而言,大数据的应用能够使其更全面地把握市场变化的规律。在管理、营销、服务等方面,大数据都能发挥巨大作用,帮助饭店赢得更多忠实客户,实现收益最大化。

1. 大数据推动饭店管理革新

饭店的管理体系由一系列复杂的业务流程构成,如顾客入住登记、餐厅用餐等。在大数据的助力下,执行这些业务流程时不再仅仅依赖于过去的经验,而是通过深入分析数据来优化流程和决策,从而显著提升每个环节的效率,推动整个管理体系的革新。

2. 大数据引领饭店营销变革

借助大数据,饭店能够对顾客行为进行深入、全面的分析,预测他们的未来需求和行为趋势。基于这些预测,饭店可以灵活调整营销策略,增强与顾客的黏性,提升营销效果,进而提升盈利能力。

3. 大数据助力饭店服务升级

大数据是饭店了解顾客需求和喜好的重要工具。通过分析顾客的订房记录、评价信息及消费行为,饭店管理者能够精准把握客户偏好,从而制定出更符合市场需求的产品组合和定价策略。此外,饭店还可以根据顾客的个性化需求提供定制化服务,为顾客带来更加满意的入住体验。

(二) 云计算的发展与应用

随着互联网与大数据技术的飞速发展,云计算应运而生。云计算以其高度的灵活性和强大的协同能力,为企业提供了全新的管理模式,显著加快了业务流程的响应速度,极大地改变了商业模式与工作方式。

云计算,即通过网络按需访问共享计算资源的服务模型,包括网络、服务器、存储、数据库、应用程序等。这一模型赋予了资源访问前所未有的自由度和便捷性。从狭义的视角来看,云计算就是一张无形的资源网络,用户可以根据自身需求随时从中获取资源,且不受数量限制,可以按照实际使用量支付费用。对于企业而言,云计算将大部分硬件和基础设施的成本转化为可变成本,企业可以根据实际业务需求进行使用和付费,从而减少了资本支出,提高了资源的利用效率。同时,云计算还赋予了企业更强的自主管理能力,减少了繁琐的手动管理任务,提升了整体管理水平。

在饭店业,云计算同样展现出了巨大的潜力,为行业带来了诸多发展机会。

1. 云计算推动饭店管理创新

云计算为饭店管理提供了强大的技术支持。借助云计算,饭店可以优化服务器连接、数据存储和管理数据库的方式,进而降低管理成本,提升管理效率与灵活性。

2. 云计算助力饭店营销升级

云计算在饭店营销方面的应用主要体现在顾客关系维护和新营销渠道的拓展上。通过应用云计算,饭店可以更有效地管理会员信息,同时探索和开发新的营销渠道。

3. 云计算引领饭店服务革新

云计算使得饭店员工能够随时随地访问云端资源,这为他们利用移动设备为顾客提供服务带来了极大的便利。通过这种方式,饭店可以显著提升服务效率,优化顾客体验。

(三) 人工智能的发展与应用

人工智能(AI, Artificial Intelligence)已成为科技革命与产业变革的核心引擎,深刻影响着世界经济、社会进步及民众生活。其核心在于探索人类智能的规律,构建具备一定程度智能的人工系统,并通过计算机软硬件模拟人类的智能行为。

当前,人工智能已广泛应用于多个领域,如顾客情感分析、机器翻译及智能搜索等,助力人类高效获取信息,提升工作效率。在饭店业,人工智能的应用尤为突出,如迎宾机器人、送物机器人、客房 AI 助手及智能设备等,为饭店提升效率,并为其设施运营及顾客服务带来广阔发展前景。

1. 人工智能推动饭店管理革新

饭店业作为劳动密集型产业,人力成本一直是其重要支出。人工智能技术的引入,如 AI 客服取代传统接线员,不仅快速响应提升了顾客体验,还降低了员工工作负荷,进而减少人力成本。

2. 人工智能引领饭店营销创新

人工智能为饭店营销带来革命性变革。通过精准匹配顾客需求与饭店产品,实现顾客与饭店的双赢。传统营销模式往往难以达到此效果,而人工智能极大地优化了营销流程与效果。

3. 人工智能重塑饭店服务体验

借助先进的智能化客房设备,饭店能够精准地满足顾客的个性化需求,提供更为舒适、便捷的服务体验。人工智能不仅显著提升了服务效率,更让顾客享受到了前所未有的服务,从而进一步增强了饭店在市场上的竞争优势。

(四)物联网的发展与应用

物联网是基于互联网、传统电信网等信息承载体的网络,旨在实现所有能够被独立寻址的普通物理对象之间的互联互通。这些物理对象包括但不限于传感器、家庭智能设施和移动终端,它们构成了一个无处不在的末端设备和设施网络。

物联网的发展为企业带来了构建新服务和商业模式的机会,通过完善产品和服务,显著增强了顾客体验感。以饭店业为例,客房配置的智能音箱便是一个典型应用,住客仅需通过语音指令,便可轻松指挥智能音箱完成各种指定任务。

1. 物联网推动饭店管理革新

物联网赋予了饭店经营者更高效的日常运营控制能力,通过优化流程,有效减少了资源浪费。例如,物联网可用于监控大型能源设施,如暖通空调系统、热水、照明系统等,帮助饭店降低能耗成本。此外,通过物联网平台的追踪和射频识别技术,饭店布草管理变得更加透明、准确,实现了质量可追溯、寿命可分析、状态可监控的目标。

2. 物联网引领饭店营销创新

物联网促进了饭店营销创新的发展,使饭店能够从顾客的感官、情感、思考等多个层面进行精准营销,实现全渠道营销服务,有效达成营销目标。

3. 物联网重塑饭店服务体验

基于物联网、大数据、人工智能等技术的智慧酒店客房系统,通过智能设备和传感器等装置,实现了对客房环境和设施的智能化控制。方便顾客通过语音助手等设备控制房间的灯光、空调、电视等,享受更为便捷、舒适的住宿体验。

三、饭店管理的数字化发展趋势

随着信息技术的迅猛发展,数字化技术已经渗透到各行各业,饭店管理也不例外。当前,饭店管理面临着诸多挑战和问题,而数字化技术的运用则成为解决这些问题、推动饭店管理转型升级的关键所在。

根据对饭店管理数字化发展现状的总结和发展规律的把握,可以发现饭店管理的数字化发展趋势主要有以下几点。

1. 中国饭店业仍处于数字化成长期

越来越多的饭店正积极寻求数字化转型,期望通过此举提升品牌知名度和市场影响力,并利用数字化营销手段与顾客建立更紧密的联系。然而,饭店业在数字化战略规划、业务应用实施、技术能力提升、数据价值挖掘及组织变革管理等方面,还未达到成熟阶段,尚有许多待完善之处。同时,人才短缺、数据安全与隐私保护等问题也在数字化进程中逐渐凸显。

2. 中国饭店业前、中、后台一体化建设加速

当前,中国饭店业面临着前、中、后台发展不均衡的挑战。尽管饭店前台的数字化发展已相对成熟,但后台管理和员工线上化管理等方面仍在积极建设中。一个较为完善的一体化饭店管理系统能够为饭店企业带来诸多益处。对内,它有助于实现降本增效,提升运营效率;对外,能增加流量入口,构建强大的营销网络,从而优化顾客体验。因此,提升后台技术,构建完整的一体化管理体系,已成为饭店数字化转型成功的关键所在。随着技术革新,饭店业前、中、后台一体化建设将拥有更加广阔的发展空间,推动行业持续发展。

3. 数据中台成为饭店数字化的核心策略

数据中台目前已成为饭店业数字化的核心战略。这一平台具备强大的数据收集与整合能力,能够全面捕捉用户的各类信息,如行为模式、需求偏好及反馈意见等。通过对这些数据的深度分析和利用,饭店能够为顾客提供更加个性化、精准化的服务,从而大幅提升用户体验和满意度。这种精细化的服务不仅能够提升用户的忠诚度,还能够有力提高饭店的品牌价值。

随着技术的不断进步和行业的快速发展,由数据中台与业务中台共同构成的"双中台战略"在饭店业的应用将越来越广泛和深入。对于正处于数字化转型关键时期的饭店业而言,建立数据中台已成为企业不可或缺的一环。数据中台不仅能够显著提升数据的质量和管理效率,还能够增强数据的安全性,推动业务的创新与优化,并实现数据价值的最大化。

第二节 饭店经营管理的数字化应用

视频:饭店经营管理的数字化应用

随着物联网、大数据、云计算、人工智能等技术的日益精进,以智能终端为媒介,运用信息化、数字化手段高效管理饭店业务,正逐渐成为行业的主流趋势。这一趋势旨在攻克饭店业长期以来所面临的同质化严重、入住流程繁琐、人力沟通成本高等难题。数字化在饭店经营管理中应用的核心优势在于显著提升效率,特别是在管理效率、运营效率和获客效率这三个关键领域表现尤为突出。

一、饭店的数字化获客前台

饭店的数字化获客前台主要依托先进的数字化技术,旨在扩大品牌影响力、提高获取顾客的效率,从而吸引更多的潜在顾客。数字化前台并非追求无人化,其目的是解放饭店员工,使他们从简单、重复、机械性的劳动中抽身,转而将更多精力投入到为顾客提供更具人文关怀的服务上。从获客效率的角度考虑,饭店需要精准计算并分析吸引新客户,以及

将新客户转化为老客户的成本。这些关键数据的获取和分析,正是通过数字化手段得以实现,为饭店提供了更加科学、高效的决策依据。

目前,饭店的数字化前台主要聚焦两大流量领域:公域流量和私域流量。其中,公域流量平台以OTA(在线旅行社)为代表,这些平台上的饭店产品种类繁多,顾客可以根据商圈、种类等多元化因素进行自由选择。饭店企业选择公域流量平台的目的主要有以下几点。

1. 提高曝光度和流量。公域流量平台拥有庞大的用户群体和高效的推广策略,能够为饭店带来大量的流量和曝光机会,从而迅速提升饭店的知名度,扩大市场份额。

2. 获取新客户。通过在平台上展示饭店的产品和服务,饭店能够吸引更多新客户进行预订,进而扩大客户群体,拓展业务增长点。

3. 实现国际化覆盖。公域流量平台具有国际化的特点,能够帮助饭店吸引全世界的顾客,拓展海外市场,实现更广泛的市场覆盖。

4. 提高入住率。公域流量平台经常开展促销活动,饭店参与这些活动能够吸引更多顾客进行预订,提高预订量和入住率,作为一部分客源的补充。

尽管OTA平台具有诸多优势,但过度依赖也带来了一系列问题。随着移动互联网增长红利的消退,OTA平台对佣金、房价、福利等要求日益提高。同时,由于OTA平台对排名、流量的控制,饭店的获客成本不断攀升,陷入"流量困局"。在此背景下,短视频、直播、内容社区等利用私域流量的直销模式的吸引力逐渐增强。私域流量指的是饭店自身拥有的顾客数据和顾客关系资源,包括会员数据库、顾客邮箱、手机App用户等,私域流量具有以下优势。

1. 留存顾客信息。这些顾客数据可用于精准营销、个性化推荐和顾客关怀,帮助饭店更好地满足顾客需求。

2. 提升客户忠诚度。通过提供定制化服务、专属优惠和会员权益等方式,增强顾客对饭店的认知和好感,提高客户的复购率和留存率。

3. 降本增效。与OTA渠道相比,私域流量的获客成本更低,饭店企业可以利用自身顾客资源进行营销和推广,降低营销成本。

4. 数据有效性。私域流量的顾客数据更为全面,通过数据分析和挖掘,饭店可以深入了解顾客需求和行为,为个性化营销和服务提供有力支持。

目前,在饭店业中,私域流量和公域流量呈现出一种互补关系。在顾客转化和留存方面,私域流量主要用于提升现有顾客的满意度和忠诚度,而公域流量则主要用于获取新客户。通过两者的结合,饭店可以实现顾客转化和留存的双赢局面。此外,在市场覆盖度和曝光度方面,私域流量和公域流量也各自具有优势。私域流量主要覆盖现有顾客,而公域流量则可以覆盖更广泛的潜在顾客群体。通过两者的互补,饭店可以提升市场覆盖度和曝光度。最后,在业务增长和竞争力方面,私域流量和公域流量的互补也有助于促进饭店业务的持续增长和竞争力提升。私域流量通过提升顾客忠诚度、复购率和留存率,为饭店的稳定发展提供坚实基础;而公域流量则通过吸引新顾客、扩大市场份额和业务规模,为饭店的快速发展提供动力。

二、饭店的数字化运营中台

视频：数字酒店之运营管理

随着科技的快速发展，饭店传统的运营模式正逐步向数字化运营中台转变，有效解决了运营效率低下和信息孤岛等问题。饭店业的数字化运营中台，是饭店业务与数据的调度与运营中心，它集成了各项关联的业务数据和流程，并通过可视化分析，实现了饭店统一、高效的运营与管理。其核心在于支撑业务需要，促进业务间高效的信息交互与价值增强，从而在面对顾客的前台业务、内部管理的后台业务及第三方之间形成紧密的信息连接，进一步提升饭店的整体价值。

饭店业的数字化运营中台主要由业务中台和数据中台（或称管理中台）构成。业务中台作为基石，承载着饭店企业业务数字化的重任，并将产生的数据不断反馈给数据中台。数据中台则负责收集、整理顾客数据、行为、需求和反馈等信息，通过深度数据分析，为饭店顾客提供更为个性化、精准的服务。业务中台与数据中台相互支持、互为补充，形成闭环，共同推动饭店运营效率的提升。

饭店数字化运营中台的具体表现形式包括饭店管理系统、餐饮管理系统和宴会管理系统等，这些系统正逐步从管理资产向管理顾客转变。以饭店核心运营系统 PMS 为例，自 20 世纪 70 年代第一套饭店管理系统 ECCO 安装以来，历经三代发展，系统设计的核心已从单纯管理客房、餐厅等资产，转变为更加注重顾客体验和服务优化。

饭店运营中台广泛应用于各种业务场景，如客房预订、顾客服务、餐饮管理、营销推广等。以下是几个典型的模块及其功能特点。

1. 预订管理模块

预订管理模块集客房预订、取消和修改等功能于一体，为顾客提供多渠道的集中预订平台。同时，该模块与客房管理、顾客关系管理等模块紧密配合，确保预订信息的准确传递和处理。

2. 顾客关系管理模块

顾客关系管理模块用于维护顾客信息、历史记录和偏好。通过数据的收集与分析，饭店能够更深入地了解顾客需求，提供定制化的服务体验。此模块还有助于饭店建立长期稳定的客户关系，提高顾客忠诚度和满意度。

3. 营销模块

营销模块具备助力饭店制定营销策略、开展促销活动和发放优惠券等功能。饭店可通过该模块创建和管理各类营销活动，并利用数据分析工具评估营销活动效果，从而不断优化营销策略。

4. 餐饮管理模块

餐饮管理模块的数字化应用主要体现在采购、库存管理及核销等方面。在物料采购方面，数字化技术能够实现精准的需求预测和自动化的订单生成，大大提高了采购效率和准确性。在库存管理方面，数字化系统能够实时监控库存状态，智能预测物料消耗，有效减少浪费并保障供应稳定。而在顾客端，如早餐核销系统等数字化手段，通过扫描二维码或移动支付等方式，简化了用餐流程，提升了顾客体验。

5. 质量管理模块

饭店通过数字化工具实现质量审核检查线上化，把检查标准和方式分类后，按照每项分值和计算逻辑用计算机计算分数，避免人工计算分数的偏差，随时记录扣分项目并支持上传图片，避免检查项目遗漏及确保检查现场的真实还原，为饭店优化流程、规避风险等做出前瞻性决策，同时支持饭店的后续数据处理分析，完善整改闭环，为未来改善项目提供方向指引。

饭店数字化运营中台的出现，极大地提升了饭店的运营效率并降低了运营成本。它使得连锁饭店在会员计划、营销方式、定价策略、调价和渠道管控及评价监控等方面能够统一管理和操作。同时，它也强化了饭店的品牌意识、会员意识和盈利设计能力，实现了饭店全生命周期管理的数字化赋能，从而大幅提升了饭店的收益。

数字化客房管理

传统客房管理中存在很多问题，如房间卫生管理问题、排房、排班、计件耗时耗力，客需响应易错易漏等。提高客房管理效率，实现客房岗位的管理流程化、精细化是很重要的。扫描二维码，了解数字酒店之客房管理的相关内容。

视频：数字酒店之客房管理

三、饭店的数字化管理后台

饭店数字化管理后台，其核心在于通过先进的数字化技术，对饭店内部资源进行高效且合理的配置。成熟的管理后台不仅能够有效解决饭店运营过程中的人事、采购、财务等复杂问题，还能显著提升管理能力，大幅度降低管理成本。

在人力资源管理方面，数字化饭店管理后台能够显著减轻管理压力。饭店属于劳动密集型行业，且人员流失率高。借助数字化招聘平台，饭店能够高效收集并分析求职者数据，精准匹配岗位需求，同时利用人工智能技术自动筛选简历，减轻人工筛选负担，降低招聘成本。此外，数字化平台还能为员工提供职业技能培训，提升员工的专业素养和工作技能。更重要的是，饭店能够通过数字化系统整合人力资源信息，包括人员档案、业绩情况、薪酬计算、福利发放、学习成长记录等，实现人员信息的系统化管理，使管理更加透明、规范，为员工的晋升提供有力依据。

在财务管理方面，数字化饭店管理后台能够帮助饭店实现更加科学、高效的管理。传统饭店往往只关注日常经营数据的统计和整理，忽视了战略财务规划的重要性，导致对未来经济发展方向的评估不准确。而数字化技术能够推动财务管理模式的创新，帮助饭店精准分析信息数据，洞察市场发展规律，实现"有效价值增值"的目标。具体而言，数字化财务管理系

资料：华住集团组织数字化方案

统能够实现财务会计的自动化和智能化，提高财务管理的深度和广度，实现"人人财务"的数字化管理。同时，数据共享得到进一步发展，饭店所处生态圈的所有利益相关者都能够实时查收数据，共同创造价值。

在资产管理方面，数字化饭店管理后台同样发挥着重要作用。资产管理是对资产全生命周期的精细管理，然而目前饭店业在资产管理方面存在着职责不清、管理盲区等问题。这主要是由于缺乏专业的数字化赋能管理工具、资产信息更新滞后等问题。现在借助数字化技术，饭店能够优化资产结构，实时监测运营状态和市场动态变化，确保资产运营情况良好，实现资产的保值和增值。

在供应链管理方面，数字化饭店管理后台带来了显著价值。在饭店客房业务活动中，客房用品的需求量庞大且投资成本高，通过数字化管理模式的实施，饭店能够实现采购、库存、成本管理三者之间的联动，进而推动门店管理的高效化。数字化管理后台能够根据饭店用品需求的分析结果，自动推送采购建议，从而避免了仅凭经验下单的局限性，使采购过程更加省心省力。同时，系统能够实时记录运营物品的消耗情况，为管理层提供精准、快速的数据支持，使决策更加科学、合理。此外，客用品的调拨、领用、盘点等流程实现在线操作，不仅提高了工作效率，也使得移动办公变得更加便捷。

在培训管理方面，数字化饭店管理后台也发挥着高效便捷的优势。通过在线学习平台，饭店能够轻松实现培训资源的整合与共享，让员工能够随时随地获取所需的学习资料。同时，后台系统还具备个性化的学习路径规划功能，能够根据员工的岗位需求和学习进度，为他们提供量身定制的培训计划。此外，数字化饭店管理后台还支持在线考试与评估，帮助饭店快速了解员工的培训效果，及时调整培训计划，从而提升整体培训质量。这一高效便捷的数字化培训管理方式，不仅降低了饭店的培训成本，还增强了员工的培训效果，为饭店的长期发展奠定了坚实的基础。

综上所述，饭店数字化管理后台通过数字化技术的运用，实现对饭店内部资源的优化配置和高效管理，不仅提升了管理能力，降低了管理成本，还为饭店的可持续发展奠定了坚实基础。

易带教，让酒店带教更容易

华住在人才管理与发展上也采用了数字化技术。2022年华住上线了易带教系统，根据岗位自动匹配学习内容、带教任务和师徒关系，通过标准化带教内容和周期、全程可追踪的带教过程、清晰透明的反馈评价，为师徒双方提供了高效、便捷的学习与指导平台，不仅有助于提升员工学习效果和师徒关系的紧密度，还有助于企业的知识传承和人才培养。扫描二维码，了解易带教系统的相关内容。

视频：华住易带教系统

第三节　饭店顾客体验的数字化应用

数字化技术的深度应用,不仅显著提升了饭店的运营效率,更为顾客提供了前所未有的便捷与个性化服务。顾客如今可借助移动支付,享受快捷流畅的消费过程,同时利用饭店会员平台发放的优惠券与消费积分,轻松获取优惠价格或兑换各类增值服务。

视频:饭店顾客体验的数字化应用

一、顾客到店前的数字化应用

相较于传统饭店,现代饭店在顾客抵店前已能与其进行互动与沟通,从而精准掌握顾客需求与个人喜好。顾客以往对饭店房型、装修、设施配备等信息了解不足,导致入住流程繁琐且可能错过心仪房型。此外,传统的人工核查与登记方式既耗时又易出错,影响顾客体验。然而,借助数字化技术,现代饭店如今可以提前采集顾客信息,简化入住流程,并赋予顾客更多自主选择权。通过此举,饭店能更及时地了解顾客喜好,满足其需求,提供个性化服务,进而提升顾客满意度与忠诚度。

顾客到店前的数字化应用主要体现在以下几个方面。

1. 在线预订平台

饭店的在线预订平台让顾客能够随时随地通过移动设备或电脑,依据个人需求、喜好与预算,轻松检索并筛选区域内的饭店。详细的图文介绍让顾客对房间状况、饭店设施及周边环境一目了然。顾客完成选择后,可在线填写入住信息及个人偏好,系统及时处理,无需到店后再次录入,极大简化了预订流程,提升了顾客体验。

2. 在线服务预约

饭店提供的在线选房与服务预约功能,使顾客在抵店前即可预先安排相关服务。顾客可查看饭店楼层平面图,自主选择心仪的楼层与房间,部分饭店甚至能根据顾客的过往入住偏好智能推荐房型,从而避免了随机分配房间可能导致顾客偏好不能满足。顾客还可通过服务平台提前预订所需物品、工具,注明个人饮食及宗教习俗等,饭店提前准备,确保顾客入住时即可享受所需服务,无需额外等待。

3. 个性化礼遇

饭店通过在线预订平台收集并分析顾客信息,能够精准洞察顾客的潜在需求。例如,在顾客生日当天,饭店可准备贺卡与小礼物,送上温馨祝福;对于携带儿童的顾客,饭店可提前在客房中进行装饰,提供玩具、故事书等。通过关注顾客信息,设计服务体验以提升顾客的好感度,进一步拉近与顾客的关系,将其转化为饭店的忠实客户。

二、顾客住店中的数字化应用

随着人们生活水平的持续提高与消费观念的深刻变革,顾客对于入住体验的需求日趋精细化和个性化。众多饭店企业积极进行数字化转型,努力提升顾客在店期间的体验,力求让顾客在饭店内收获丰富的情绪价值,从而增强饭店在市场中的核心竞争力。

1. 顾客入住的数字化体验

借助先进的数字化前台设备"自助入住机",顾客现在能够自助完成一系列操作,包括入住登记、房间选择、房卡领取、付费及续住退房等。虽然"自助入住机"看上去只是一块屏幕,但其背后却有一个强大的后台,以对接各种系统,包括OTA平台、公安系统等。在其中的入住功能中,可以扫描身份证、查询订单信息,确认订单后还可以进行支付操作。支持包括支付宝和微信等主流支付方式。之后选择入住人数,扫描身份证并进行身份验证就完成了入住手续的办理,系统会自动打印出房号信息小票,整个流程十分便捷。当多人入住时,饭店可以通过"智慧前台"将多间房的账务关联起来操作,如一人开多间房并统一付费,为团队顾客提供了方便。

这种创新模式不仅大幅减少了顾客的等待时间,提升了效率,更让饭店前台员工从琐碎重复的工作中解脱出来,能够走出前台,拉近与顾客之间的距离,为顾客提供更人性化、贴心的服务。例如,为远道而来的顾客递上一杯热茶,或是为旅行的客人推荐周边热门景点,从传统的"低头服务"转变为真正的"抬头微笑",从"面对面"到"肩并肩"。前台功能数字化变革带来的新服务方式,极大地丰富了顾客的住宿体验。

2. 客房服务的数字化体验

客房作为饭店的核心产品,在顾客体验中占据着举足轻重的地位。为了增强体验,饭店积极连接多场景的智能设备,为顾客提供更加周到、细致的服务。顾客现在可以通过智能客控系统轻松掌控房间内的各项设施,无论是连接Wi-Fi、控制灯光、空调,还是操控窗帘开合,甚至是播放音乐或电视投屏,都能通过智能音箱或客控面板完成。比如,当顾客准备就寝时,不必再依次关闭灯光、调节空调温度、关闭电视,只需躺在床上发出语音指令就可以完成以上环节,放松地入睡。此外,饭店还通过客户端或智能客控系统,确保服务人员能够迅速响应顾客需求,提供包括客房送物、预约清洁、智慧洗衣、智能寄存及充电宝租赁等在内的便捷服务,让顾客在享受科技便利的同时,也能感受到饭店的温馨与关怀。

三、顾客离店后的数字化应用

传统饭店在顾客离店后往往难以维系与其之间的联系,导致顾客与饭店之间的关系较为疏离。然而,现代饭店通过巧妙地运用数字化技术,在顾客退房后仍然可以与其保持紧密的联系,从而有效地维护了客户关系,显著提升了顾客的复购率。同时,饭店通过积极收集并响应顾客的反馈,不断优化服务质量,使得饭店的经营进入良性循环。

1. 简单快捷的退房和开票流程

在顾客离店后的数字化应用方面,现代饭店采用了多种创新方式。尤其是退房和开票流程得到了极大的简化与提速。传统的退房流程往往繁琐耗时,而在数字化技术的助力下,顾客现在可以通过在线平台轻松开具电子发票或预约纸质发票和水单,甚至可以利用饭店前台的数字化设备进行自助退房操作。这一变革不仅减少了顾客的等待时间,也提升了饭店的工作效率,让顾客在离店时依然能够享受到便捷和愉悦的服务。

2. 贴心温暖的离店后服务延续

饭店通过数字化设施与系统，实现了离店后服务的有效延续。例如，针对离店当天仍有行程安排的顾客，有的饭店提供了"智能行李寄存柜"服务，顾客可以自助寄存和取拿行李，从而轻松处理当日事务。此外，如果顾客在客房内遗留了物品，饭店可以通过查找系统中的遗留物品信息记录，及时联系顾客寄回或代为保管，这不仅提升了饭店的服务水平，也有效避免了后续可能出现的问题。

3. 及时有效的反馈收集与响应

在顾客离店后，饭店可以通过邮件、短信或 App 消息提醒等方式，向顾客收集关于入住体验、客房设施、服务质量、餐饮体验等方面的反馈建议。这些反馈数据为饭店提供了宝贵的顾客需求信息和满意度水平参考，有助于饭店针对性地调整和改善服务。当顾客的入住评分较低时，饭店管理人员能够迅速获取相关信息，并在第一时间介入处理，解决顾客在入住期间遇到的问题，从而避免顾客流失和舆论发酵对饭店形象造成的不良影响。

资料：华住数字化宾客体验

综上所述，现代饭店通过数字化工具的巧妙运用，在顾客离店后依然能够与其保持紧密的联系并提供优质的服务，这不仅提升了顾客的满意度和忠诚度，也为饭店的可持续发展奠定了坚实的基础。

本 章 小 结

- 饭店业数字化运营主要借助了大数据分析、云计算、人工智能、物联网等尖端技术。中国饭店业目前处于数字化成长期，前、中、后台一体化建设加速，数据中台将成为饭店数字化的核心策略。

- 饭店数字化获客前台利用公域流量和私域流量，扩大品牌影响力，提升获客效率。数字化运营中台应用于预订、服务、餐饮、营销等场景，实现可视化分析和决策，提升运营效率。数字化管理后台应用于人事、采购、财务、培训等管理场景，实现资源优化配置。

- 通过数字化工具，饭店可以在顾客入住前、入住中和离店后进行深度互动和服务，从而改善客户体验，提高复购率。

赛 证 直 通

一、在线练习

扫描二维码，进行在线练习。

在线练习 10

二、问题思考

1. 饭店数字化管理后台在人力资源管理方面的主要优势是什么？
2. 数字化饭店管理后台在财务管理方面如何实现科学高效的管理？
3. 饭店在资产管理方面存在哪些问题？数字化技术如何帮助解决这些问题？
4. 数字化饭店管理后台在供应链管理方面的主要作用是什么？
5. 饭店数字化管理后台在培训管理方面的优势体现在哪些方面？

三、拓展训练

三至四人为一小组，通过网络查找资料或者实地考察任意饭店，进行以下问题的研究，将调研结果在课堂上进行小组演示讲解。

1. 结合实际，分析该饭店在数字化转型过程中面临的主要挑战及应对策略。
2. 分析该饭店在数字化进程中如何平衡利用公私域流量，以实现顾客转化和留存的双赢局面。

参考文献

[1] 穆林. 酒店数字化运营概论[M]. 北京：高等教育出版社，2022.
[2] 金辉，李达，王晨. 现代酒店管理与数字化运营[M]. 北京：高等教育出版社，2023.
[3] 朱承强. 饭店管理实证研究[M]. 上海：上海交通大学出版社，2013.
[4] 朱承强，曾琳. 现代酒店营销实务[M]. 武汉：华中科技大学出版社，2016.
[5] 朱承强，杨瑜. 酒店管理概论. 北京：中国人民大学出版社，2014.
[6] 朱承强. 饭店前厅与客房管理[M]. 2版. 天津：南开大学出版社，2010.
[7] 朱承强. 旅游市场营销[M]. 北京：中国财政经济出版社，2006.
[8] 李勇. 互联网＋酒店[M]. 北京：人民邮电出版社，2016.
[9] 陈亮，郭庆，魏云豪. 收益管理[M]. 北京：人民邮电出版社，2018.
[10] 胡质健. 收益管理[M]. 北京：旅游教育出版社，2009.
[11] 祖长生. 饭店收益管理[M]. 北京：中国旅游出版社，2016.
[12] 陈新. 走出中国酒店建设和管理的误区[M]. 北京：人民出版社，2017.

郑重声明

高等教育出版社依法对本书享有专有出版权。任何未经许可的复制、销售行为均违反《中华人民共和国著作权法》,其行为人将承担相应的民事责任和行政责任;构成犯罪的,将被依法追究刑事责任。为了维护市场秩序,保护读者的合法权益,避免读者误用盗版书造成不良后果,我社将配合行政执法部门和司法机关对违法犯罪的单位和个人进行严厉打击。社会各界人士如发现上述侵权行为,希望及时举报,我社将奖励举报有功人员。

反盗版举报电话　(010) 58581999　58582371
反盗版举报邮箱　dd@hep.com.cn
通信地址　北京市西城区德外大街 4 号
　　　　　高等教育出版社知识产权与法律事务部
邮政编码　100120

读者意见反馈

为收集对教材的意见建议,进一步完善教材编写并做好服务工作,读者可将对本教材的意见建议通过如下渠道反馈至我社。

咨询电话　400-810-0598
反馈邮箱　gjdzfwb@pub.hep.cn
通信地址　北京市朝阳区惠新东街 4 号富盛大厦 1 座
　　　　　高等教育出版社总编辑办公室
邮政编码　100029

资源服务提示

授课教师如需获得本书配套教辅资源,请登录"高等教育出版社产品信息检索系统"(https://xuanshu.hep.com.cn/)搜索下载,首次使用本系统的用户,请先进行注册并完成教师资格认证。